KB274579

가난한 부자

『하나님의 경제』

김영생 지음

나는 이 책의 서문을 쓸 수 있다는 것을 크게 기뻐하고 있다. 과거에 한국에서는 거의 시도해 본 적이 없는 기독교 경제윤리에 대한 첫 저서가 김영생 교수의 손에서 처음으로 출판되기 때문이다.

내용 자체에 대한 중요성은 말할 것도 없고 그보다도 나는 저자에 대한 흥분이 앞선다. 저자는 오랜 세월 한국은행을 통해 한국 경제의 일선에서 한 커리어를 마치고 수원대학교 교수로 임명되어 외환과 무역을 가르치다가 은퇴를 하신 분이다. 우리 사회에서 경제의 실무와 학문을 함께 겸하기 어렵다. 저자는 경제의 실무와 학문을 함께 성취하였을 뿐만 아니라 모태신앙의 기독교인으로 학생시절에도 학생신앙운동에 적극적으로 참여하여 신앙의 확실한 토대와 영성과 열정을 길러 이를 평생토록 변함없이 유지해 왔다. 현재는 할렐루야교회의 장로로서 교회를 충실하게 섬기고 있다. 자녀들을 포함한 온 가족이 완전히 하나님과 교회와 복음을 위해 헌신하고 있다. 신전의식으로 가득 찬 저자의 신앙생활은 우리를 하나님 앞으로 바로 이끌어 가고 있다. 나는 지난 15년간 김영생 장로와 함께 할렐루야교회를 섬겨 왔는데 이런 분이 기독교 경제윤리학을 쓰셨다는 그 사실 하나만으로 나에게 큰 기쁨이다. 저자는 이런 책을 쓰기에 너무나도 적합한 분이기 때문에 책의 내용을 막론하고 나는 흥분하지 않을 수 없다. 책의 저자 자신이 확실하기 때문이다.

경제의 현상이나 경제의 기본 원리들은 어느 누구에게나 동일할 것이다. 그러나 같은 데이터를 가지고 어떻게 해석하고 적용하는가 하는 것은 저자의 세계관에 따라 다르다. 저자는 기독교의 진리라는 시스템으로 경제윤리의 기초가 되는 문제들을 해석해주고 또 현실 속에서 기독교적 경제윤리를, 심지어 환경윤리에 이르기까지 다양한 분야에 적용하고 있다. 기독교 경제인들뿐만 아니라 기독인 직장인들, 또 목회를 준비하고 있는 신학생들과 현장 목회자들이 꼭 한번 읽어 보면 경제윤리에 대한 기독교적 이해를 높이는데 크게 기여할 것이다.

지금은 경제가 가장 중요한 것처럼 느껴지는 시대이다. 역사의 종말이 올 때에도 경제와 정치가 가장 두드러진 관심사가 된다고 요한계시록 17-18장에서 예언하고 있다. 이런 때에 하나님의 경제윤리는 우리에게 꼭 필요한 책이다. 앞으로 이 책을 바탕으로 기독교 경제학자들이 더 많은 연구를 계속해서 화란의 도이베르 학파와 같이 기독교 경제학을 체계화하는 계기가 되기를 기대한다.

2008년 3월
신학박사 김상복 목사
할렐루야교회 담임 횃불트리니티신학대학원대학교 명예총장 아시아신학연맹 회장

인간에게 있어서 경제생활이 차지하는 비중은 매우 크다. 주기도문에 일용할 양식을 구하는 대목이 있는데 이는 경제생활을 의미한다. 경제윤리는 올바른 경제 질서의 유지와 발전에 필요한 행동지침을 제공한다. 경제윤리에 대하여 기독교적 조명을 함으로써 이른바 기독교적 의제(Christian Agenda)를 형성한다. 여기서 기독교적 조명이라 함은 성경적 통찰로서 투시해본다는 뜻이다. 예를 들면, 사유재산제도는 하나님이 보실 때에 어떠한 의미를 가지는가를 오늘의 크리스천으로서 생각해 보는 것이다.

세계 인구 63억 중 11억의 인구가 절대빈곤 상태에 있다. 여리고 도상에서 강도 만나 거반 죽게 된 사람이 있었으나 제사장과 레위인은 외면하고 지나갔다. 오늘의 기독교회는 강도 만난 이웃을 외면하고 그냥 지나가지 않는가를 생각해본다.

그 동안 우리는 눈에 보이는 경제성장에 몰입하여 왔다. 국민총생산(GDP)의 크기에만 관심을 가지고 개미처럼 열심히 일하여 왔다. 옆을 돌아볼 여유와 시간도 없이 앞만 보고 달려 왔다. 그 결과 경제발전은 이룩하였으나 자연환경은 오염으로 파괴되었으며 기업은 도덕적 해이의 중독에서 헤어나지 못하고 있다. 심각한 도덕적 해이는 1997년 동아시아 지역 국가들을 덮친 외환위기의 한 원인이 되었다.

지금 우리는 세계화 시대에 살고 있다. 기업은 기업의 사회적 책임을 다하는 기업문화를 정착시킬 때가 되었다. 오늘날 선진국에서는 비윤리적 기업은 생존할 수 없도록 경제시스템이 변하고 있다. 최근 들어 선진국은 윤리경영의 국제적 표준화를 도모하고 있는데 이것이 완성되면 세계의 어느 기업이 윤리적인지, 비윤리적인지 한눈에 알 수 있다. 비윤리적이라고 평가 받은 기업은 국제 시장에서나 국내 시장에서 외면당할 수밖에 없어 생존하기 어렵다. 윤리경영은 생존의 조건이다.

저자는 '하나님은 왜 사람들을 가난하게 내버려두시는가? 왜 예수님은 머리를 기댈 곳조차 없는 가난한 자리로 오셨는가?' 하고 안타깝게 생각하였다. 그 해답은 하나님은 인간을 부요하게도 하시고 가난하게도 하신다는 것이다. 하나님은 부요한 자와 가난한 자에게 이웃을 내 몸같이 사랑하라는 사명을 주셨는데 이를 잘 지키는지 아니하는지 지켜보신다.

우리는 경제윤리 중 기독교 윤리와 공유하는 이슈를 살펴봄으로써 올바른 경제윤리가 무엇인가를 다시 한 번 생각하고 그 실천방안을 모색해보고자 한다. 이 책에서는 8개의 기독교 경제윤리 과제를 다루고 있다. 먼저 크리스천 경제윤리란 무엇인가에 대한 기초 개념을 살펴보고 하나님의 창조세계의 경제윤리와 인간의 환경파괴 문제의 심각성을 유의해본다. 다음으로 경제적 효율성과 경제정의 문제의 상충관계를 살펴본 후 가난한 자에 대한 하나님의 특별한 긍휼하심과 부자에 대한 하나님의 축복과 경고를 살펴본다. 또한 칼빈주의로 알려진 청교도 경제윤리가 자본주의 발흥의 원동력이었다는 막스 베버의 가설을 평가한다. 이어서 노동의 신성함과 하나님이 인정하는 노동권을 침해할 수 없음을 살펴본다. 마지막으로 기업의 사회적 책임에 대한 기독교적 행동원리를 살펴봄으로써 이를 제3의 자본주의의 대안으로 생각해 본다.

이 책에서 제시한 경제학적 과제는 매우 기초적이며 현실적인 문제에 한정하였다. 이제 대망의 21세기를 시작하면서 하나님의 경제윤리가 이 세상에 편만해져서 누구에게나 경제생활이 윤택해지는 동시에 가난한 나라와 가난한 사람이 존재하지 않는 세상이 어서 속히 도래하기를 바란다.

본문에서 성경 인용은 대한성서공회가 간행한 성경전서 개역개정판에 의하였다.

바쁘신 중에도 서문을 써주신 김상복 목사님께 감사드린다. 어려운 출판 사정임에도 불구하고 본서를 출판하여 주신 선교횃불에 감사드린다.

2008. 5.30

김영생

가난한 부자

『하나님의 경제』

목 차 >>> (하나님의 경제)

기독교 경제윤리란 무엇인가

"경제학은 희소자원을
어떻게 관리하여야 자원배분을
효율적으로 할 수 있는가를 연구한다."

― 맨큐

# 1 기독교 경제윤리란 무엇인가

윤리는 하나님 앞에서의 인간의 결단

경제 문제 전문가요 크리스천 저술가인 랜디 알콘(Randy Alcon) 목사는 성경에는 경제생활에 관한 구절이 2,350 구절이 있다고 했다.[1] 이는 하나님께서는 경제문제를 매우 중요하게 생각하신다는 증거이다. 윤리란 사람이 하나님 앞에서 어떻게 사는 것이 올바른 것인가를 알려준다. 경제윤리는 경제인(homo oeconomicus)이 하나님 앞에서 어떻게 기업을 경영하고 어떻게 소비하는 것이 올바른가를 알려준다. 경제학 교과서는 냉철한 논리로 가득 차 있으나 그 뒤에는 따뜻하고 깊은 철학적 및 도

---

1) Randy Alcon, *Money, Professions and Eternity*, 김신호 역, 『돈, 소유 그리고 영원』예영커뮤니케이션, 2007, 24.

덕적 통찰과 진실이 숨어 있다.

기독교윤리의 기준은 하나님께서 정하신다. 인간은 생애 중에 크고 작은 문제와 갈등을 만나게 되는데, 하나님이 정하신 윤리 기준을 따를 것인지, 저버릴 것인지는 자신의 자유의지로 순간순간 결정하여야 한다.

1997년 11월 우리나라를 포함한 동아시아 5개국은 외환위기를 맞이하였다. 동아시아 국가들의 대외신용도가 낮아지자 유입된 외국자본이 일시에 유출되는 동시에 투자를 위하여 대기하던 외국자본도 들어오지 않게 됐다. 하루아침에 자본의 유출입 균형이 깨어져 기업은 도산하고 국가는 외환보유액 부족으로 지급불능의 위험에 처하게 되었다. 많은 경제학자들은 동남아 국가들의 대외신용도가 갑자기 떨어진 중요한 요인으로 도덕적 해이(moral hazard)와 투명성 부족을 지적했다. 특히 한국의 경우는 과소비, 과다차입, 분식회계, 투명성의 결여 등으로 표현되는 도덕적 해이가 극심했으니 부끄러운 일이다.

본래 인간이 타락하기 전에는 윤리적으로 깨끗하였다. 조상 아담과 하와는 따먹지 말라는 선악과를 따먹고 에덴동산의 숲속에 몸을 숨겼다. 하나님이 동산에 내려와서 "아담아, 네가 어디 있느냐?" 하니 아담이 "하나님이 내게 주신 여자가 선악과나무 열매를 주어 내가 먹었나이다."라고 대답하였다. 하나님은 불순종한 죄에 대하여 여자에게는 출산의 고통을, 남자에게는 노동할 때 고통이 따르게 하여 이마에 땀을 흘리게 하였다.

사람에게는 해야 할 일(ought to)이 있고, 하지 말아야 할 일(ought not to)이 있다. 조상 아담은 불행하게도 하지 말았어야 할 일을 하고 말았다. 아담은 하나님이 제정하신 윤리를 지키지 못하였다. 단 한번 윤리를 지키지 못하였는데 에덴동산에서 내어쫓김을 당하였다.

좋은(good) 행동을 하면 윤리적이라고 하고, 나쁜(wrong) 행동을 하면 비윤리적이라고 말한다. 윤리적이다, 비윤리적이라고 하는 것은 인간의 행위가 좋은 결과를 낳을 것인지, 아닌지가 결정한다. 비윤리적인 생각을 하였다고 비윤리적인 인간이라고 판단하지 않는다. 생각이 행동으로 나타나면 그 행동의 결과를 윤리적 기준에 비추어 보고 비로소 윤리적인가, 비윤리적인가를 판단한다. 동물세계에서는 윤리가 없으며 오직 본능에 따르는 행동이 있을 뿐이다.

[표 1-1]   윤리의 판단 기준

윤리적	비윤리적
해야 한다(ought to)	하면 안 된다(ought not to)
자연주의(자연법)	직관주의
좋다(good)	나쁘다(bad)
옳다(right)	그르다(wrong)
도덕적(moral)이다	비도덕적(immoral)이다
합법적	불법적
양심적	비양심적

윤리적으로 좋다, 나쁘다의 기준은 행위의 상대방에게 선(善)이 되면 좋은 것이고, 해악(害惡)이 되면 나쁘다고 한다. 그러면 선은 무엇인가? 행위자가 소속된 공동체 또는 사회가 공동으로 선한 행위라고 인정할 때 선하다고 할 수 있다. 옳다 또는 그르다의 기준은 공평과 정의이다. 어떤 행위가 정의로우면 옳다 하고, 정의롭지 않으면 그르다고 한다. 기독교에서는 공평과 정의의 기준은 하나님의 말씀이다. 하나님의 말씀을 지키면 옳다고 하고, 불순종하면 그르다고 한다. 아담이 하나님이 따먹지 말라고 한 선악과 열매를 따먹은 행위는 하나님께 불순종하였으므로 잘못된 것이다. 옳으냐, 그르냐의 기준은 법률일 수도 있고 도덕적 기준일 수도 있으나 궁극적인 기준은 하나님의 말씀이다.

윤리학의 철학적 기초는 그리스의 철학자들인 소크라테스, 플라톤 및 아리스토텔레스 등에 의하여 세워졌다. 윤리의 기본 내용은 그리스 철학에 있었으나 서구 문명사회에서는 기독교 철학에 의하여 많이 개발 되었다.

윤리철학의 영웅들의 사상을 살펴보면, 플라톤(B.C. 428-348)은 옳다, 그르다의 판단은 이성이 지배하는데 이성은 지혜, 용기, 절제, 정의의 4대 덕목을 가진다고 하였고, 아리스토텔레스(B.C. 384-323)는 인간은 이론적 지혜, 실천적 지혜 및 좋은 성품의 3가지 덕목을 실천할 때 행복을 찾을 수 있다고 했다. 제노(B.C. 335-264)는 인생의 궁극적인 목표는 지혜를 얻는 것인데, 지혜는 자연에 순응하여 사는 것을 말하였다. 어거스틴(354-430)은 인간은 하나님을 추구하게 되어 있는데, 하나님의 내적 조명을 받을 때 진정한 행복을 누릴 수 있다고 했다.

토마스 아퀴나스(1225-1274)는 인간은 행복을 추구하나 행복은 하나님의 능동적 사역에 의한다고 했다. 인간의 이성이 하나님의 존재를 인정한다. 아퀴나스는 인간의 주요 덕목으로 믿음, 소망, 사랑을 들었다. 16세기의 종교개혁자들은 인간 구원은 오직 믿음으로만 얻을 수 있으며 인간은 하나님께 직접 기도할 수 있다고 했다. 모든 직업을 소명으로 받아들여 일자리에서 성실, 검소, 근면, 절제의 덕목을 갖추어야 한다고 했다. 칼 바르트(1886-1968)는 하나님의 명령에 순종하는 것이 선이요 도덕이라고 했다. 본회퍼(1906-1945)는 세속 속에서 일하시는 하나님의 뜻을 이루는 것이 윤리의 기본이라고 했다.[2]

어거스틴과 토마스 아퀴나스의 기독교 윤리 철학은 중세 유럽사회의 정신적 지주가 되었다. 중세기에는 아리스토텔레스와 스토아 철학에 기초를 둔 자연법사상에 의한 윤리 개념이 주도하였다. 자연법은 정당한 질서, 행동, 또는 판단의 원천으로서 우주의 질서와 양심의 법칙을 말한다. 자연법은 아리스토텔레스의 철학에 기초를 두고 있는데 바울 사도와 그 후의 교부들과 종교개혁가들도 수용한 철학적 개념이다. 어떻게 하여 기독교가 자연법 사상을 수용하게 되었는가? 그것은 스토아 철학이 하나님의 창조질서와 하나님의 의지를 전적으로 옳다고 인정하였기 때문이다. 인간은 하나님의 형상을 따라 창조되었으므로, 인간의 존엄성은 존중되어야 한다는 이념이 같았기 때문이다. 자연이라고 부르는 것을 스토

---

2) Stanley J. Grenz, *The Moral Quest-Foundations of Christian Ethics*, IVP, 1997 참조.

아 철학자들은 원초적 질서라고 하고, 바울과 초대교회 교부들 및 종교개혁자들은 하나님의 창조질서라고 표현한 것이 다를 뿐이다. 하나님은 자연 속에서 자신을 일반계시로 나타내 보이신다. 자연법은 윤리의 기본 원칙을 제공한다.

윤리의 기준

종교와 도덕

유대교와 기독교(Judeo-Christian)에서는 이웃을 내 몸과 같이 사랑하라는 계명을 가장 큰 덕목으로 여긴다. 이웃 사랑을 실천함으로써 이기적 행동을 버리고, 사회적 양심을 개발하고 하나님의 피조물로서 인간됨을 나타낸다. 그러므로 이웃 사랑은 하나님에 대한 믿음의 반영이다. 하나님을 믿는다 하면서 이웃 사랑을 실천하지 않는다면 하나님을 사랑한다고 말할 수 없다. 이웃 사랑은 다음의 황금률(golden rule)이 잘 표현해주고 있다.

"그러므로 무엇이든지 남에게 대접을 받고자 하는 대로 너희도 남을 대접하라 이것이 율법이요 선지자니라"(마 7:12).

힌두교에서는 다른 사람에게 최선인 것이 자신에게도 최선이 된다고 가르치고 있다. 불교에서는 자비를 기준으로 윤리적인가, 비윤리적인가를 판단한다. 유교에서는 인(仁)을 가장 큰 덕목으로 본다. 각 종교는 최고선에 대하여서 유사한 점을 많이 가지고 있다.

양심

도덕적이냐, 비도덕적이냐 하는 보편적 기준은 사람의 양심(conscience)에서 찾아 볼 수 있다. 양심은 인간의 궁극적인 윤리적 가치를 인식하는 능력으로 모든 인간에게 하나님이 주신 것이다. 인간은 누구나 양심의 소리를 들을 수 있는 능력이 있다. 이는 직관적이다. 종교를 가지고 있지 않더라도 양심적인 사람이면 그가 하는 행위는 도덕적이라고 인정할 수 있다. 종교인이라고 하여도 비양심적인 사람도 있을 수 있다. 비양심적인 사람은 양심은 있으되 직관이 무디어져서 양심의 소리를 듣지 못한다. 흔히 우리는 양심선언을 하는 이들을 볼 수 있는데, 그 선언이 양심에 비추어 거짓이 없다는 뜻이다. 양심에 따라 산다고 하지만 양심적인 것처럼 위장하는 경우가 있다.

가치관

도덕적 기준은 협의로 보면 개인이나 어떤 사회가 정하는 사회적 코드(social code)이다. 이러한 코드는 법률이라는 이름으로 성문화되기도 한다. 법률은 인간이 어떤 사회 또는 국가에서 하여야 하거나(ought to), 하면 안 되는(ought not to) 사항을 규정한 공적 기준이다. 도덕적 기준은 해야 하거나, 또는 하면 안 되는 행위를 사회가 묵시적으로 규정한다. 1960년대 이래 우리나라는 눈부신 경제 발전을 이룩하였으나 정신적인 면은 돌볼 틈이 없었다. 경제학은 극도의 논리세계로 빠져 들었고 그 결과 추상화되었다. 경제학은 본래 따뜻한 피가 흐르는 인간의 가치와 행동을 연구하는 학문이었다. 그 동안의 경제학은 하나님과 다른 사람, 그리고 사회에 대한 의무에 대해서는 모른 체 하였다. 그 동안 한국경제 사회는 이러한 윤리적 사회에서 너무 멀리 떨어져 있었다. 이제 우리는 하나님의 경제윤리가 시작되는 시점에 와 있다.

하나님 지향(God oriented)의 크리스천 윤리

　하나님은 절대자로서 최고선의 윤리기준이 된다. 하나님은 지혜자이며 무한한 능력자, 최고로 거룩한 자, 최고로 의로운 자, 그리고 사랑이 충만한 신이다. 하나님은 절대적인 도덕적 인격을 갖춘 신이다. 하나님은 인간을 하나님의 형상에 따라 창조하였으므로 인간도 하나님 같이 거룩하고 의롭고 사랑이 넘치는 도덕적인 인격을 갖추고 태어난다. 그러나 우리 조상 아담이 에덴동산에서 여자가 주는 선악과를 따먹는 실수를 범하여 하나님과 인간의 관계는 단절되었다. 그러나 예수 그리스도는 십자가에서 죽으심으로 인하여 하나님과 인간 사이에 가로막고 있던 담을 무너뜨렸다. 인간은 그리스도를 믿는 믿음에 의하여 구원을 이룰 수 있게 됐다.

죄를 범한 인간은 자력으로 하나님께 돌아 갈 수 없다. 인간에게는 그렇게 할 수 있는 능력이 없기 때문이다. 다만 예수 그리스도를 믿음으로써 의에 이를 수 있을 뿐이다. 예수 그리스도가 인류의 모든 죄를 짊어지고 십자가에서 자신을 버려 산 제물이 되심으로 그를 믿는 자마다 구원에 이를 수 있게 되었다. 구원에는 다른 방도가 없다. 오직 의인은 믿음으로(sola fide) 구원을 얻는다.

미국의 기독교 윤리학자인 비치와 니버(Beach and Niebuhr)는 "기독교 윤리학은 기독교 공동체 안에서 진행되는 도덕적 성찰(moral reflection)이라"고 하였다.[3] 후 세대를 이해하려면 전 세대를 이해하여야 하듯이 기독교 공동체의 윤리를 이해하려면 세대를 두고 끊임없이 도덕적 성찰을 할 필요가 있다. 과거와 현재 속에서 인간을 포기하지 않으시고 영원히 역사하시는 하나님의 손길을 더듬어 보고 그 손길을 굳게 잡고 세상을 살아 갈 때에 우리는 진실을 지켜왔다고 할 수 있다. 우리는 하나님의 말씀과 손길을 하나님이 창조하신 자연 속에서, 밤하늘의 아롱거리는 별빛에서, 들에 피는 백합화에서 느낄 수 있다. 이를 자연 또는 일반계시라 한다. 또한 우리는 성경 즉 하나님의 책(The Bible) 속에서 하나님의 말씀을 들을 수 있다. 이를 특별계시라 한다. 우리는 성경을 읽는 중에 어떤 성경 구절에 도달했을 때 충격을 받을 때가 있다. 그 때 우리는 하나님 앞에 무릎을 꿇고 "나는 죄인입니다"라고 외친다. 나는 하나님 앞

---

3) W. Beach and H. R. Niebuhr, *Christian Ethics*, New York: The Ronald Press Company, 1955, 1973, 김중기 역, 「기독교 윤리학」, 서울: 대한기독교출판사, 1985, 17.

에서 비윤리적이요 비도덕적인 사람이요, 또한 죄인 중의 괴수라고 고백한다. 도덕적 인간은 다음과 같이 질문한다.

"하나님의 뜻에 따라 창조된 인간은 어떻게 살아야 하는가?"

이에 대한 대답은 다음과 같다.

"그런즉 너희가 먹든지 마시든지 무엇을 하든지 다 하나님의 영광을 위하여 하라"(고전 10:31).

기독교 윤리학은 의무의 윤리학(the ethics of obligation)과 열망의 윤리학(the ethics of aspiration)으로 구분한다.[4] 전자의 기독교 윤리는 말씀을 순종할 의무, 교회에 충성할 의무, 양심을 지킬 의무와 같이 인간에게 주어진 의무이다. 후자의 기독교 윤리는 궁극적으로 인간이 추구해야 할 목표, 즉 하나님의 비전, 인간의 자기실현, 인류의 형제애 등과 같은 목표를 위하여 필요한 윤리를 말한다. 그러므로 기독교 윤리는 다양성의 세계이다. 기독교 윤리학은 "하나님 지향"과 "인간 지향"이 칡넝쿨과 같이 뒤엉켜 있다.

우리는 어떻게 윤리적 당위성(sollen)을 찾아낼 수 있는가? 기독교 윤리는 자연주의[5]이므로 하나님 지향의 깊은 토론과 성찰을 거쳐 그 사회

---

4) Ibid, 14.

에 적합한 사회윤리가 성립된다. 기독교 윤리는 일반계시 속에서 하나님의 음성을 듣는다. 그 근거는 마 19:4-12, 막 7:18-23, 딤전 4:15, 약 3:9이다. 하나님께서는 자신을 모든 사람에게 나타내시고 하나님의 사랑과 은혜를 느낄 수 있도록 한다. 불신자도 양심이 있으므로 자연현상 속에서 하나님의 계시를 볼 수 있다. 신자는 성경이 말하는 하나님의 특수계시를 들을 수 있다. 이러한 과정을 거쳐서 윤리적 당위성이 성립된다.

언약의 윤리

구약의 기독교 윤리는 언약의 윤리이다. 하나님은 인간과 언약을 맺으신다. 말하자면 하나님과 인간이 계약을 한다. 하나님은 사람에게 자기 말씀을 지키면 그의 사랑 안으로 들어 오게 하나 언약을 지키지 않으면 징계하신다. 언약은 율례(ordinance)이다. 여호와 하나님은 윤리의 근원이 되신다. 여호와는 근본적으로 거룩하며, 지혜롭고, 선하심이 완전하시다. 여호와와 처음으로 언약을 맺은 사람은 아브라함이다. 이삭과 야곱과도 차례로 언약을 맺으셨다. 모세는 시내산에서 하나님과 언약을 맺고 십계명이 쓰인 돌비를 받아서 그들의 윤리적 기준으로 삼았다. 이스라엘 백성들은 여호와가 준 언약을 준수하는 것이 선(善)이라고 인정하였다.

구약의 율례들은 조건적인 계명과 무조건적인 계명이 연합되어 있다. 우상을 만들지 말라, 고아나 과부를 해롭게 하지 말라, 이방 나그네를 압

---

5) Stanly J. Grenz, *The Moral Quest, Foundations of Christian Ethic* (한국 IVF, Donners Glove,IL, 심원화 역(한국 IVF, 2001), 263-65.

제하지 말라는 것은 무조건적 계명이다. 그러나 소가 날카로운 뿔로 사람을 받아서 죽였으면 그 소는 반드시 돌에 맞아 죽을 것이라는 것은 조건적 계명이다. 구약의 언약은 십계명에 요약되어 있다. 십계명은 하나님의 인간 사랑의 표지다. 이스라엘 백성을 애굽 땅에서 이끌어 낸 자는 사랑의 하나님이시다. 하나님은 시내산에서 모세에게 나타나시어 손수 새긴 십계명 돌판을 주셨다. 첫째 계명부터 4계명까지는 하나님 외에는 다른 신을 섬기지 말라는 것이다. 만약 사람이 돈을 사랑하여 맘몬으로 섬기면 이 계명을 어기는 것이 된다. 제8계명은 경쟁자의 재산을 도둑질하지 말라고 경고한다. 제9계명은 경제행위에 있어 거짓말과 속임수로 부정직한 거래를 하는 것을 경계한다. 제10계명은 탐욕으로 거래를 하면 거래가 공정할 수가 없다고 한다.

인간이 하나님의 언약의 상대방이 된다는 것은 보통 일이 아니다. 모세 5경에서 비롯된 하나님의 언약은 이스라엘 백성이 하나님을 거역할 때에는 징벌로 다스리시고 하나님을 청종할 때에는 축복으로 채워 주신다고 했다. 그러나 이스라엘 백성들은 하나님의 말씀을 거역하여 바벨론에 포로로 잡혀 갔다. 고난 속의 이스라엘은 메시아의 출현을 대망하게 되었다.

사랑의 윤리

마침내 예수 그리스도가 메시아로 오셨으나 이스라엘 백성들은 이를 인정하지 않고 오히려 십자가에 달려 돌아가시게 하였다. 신약시대의 기독교 윤리는 사랑의 계명으로 구약시대 기독교 윤리와 차원을 달리한다. 예수님은 모세의 율법의 자리에 하나님의 사랑과 구원의 복음으로 대체시켰다. 예수님 시대에 와서는 율법은 경직화 되어 형식만 남게 되었고 본질은 상실되었다. 예수님은 인간의 하나님에 대한 헌신과 이웃에 대한 사랑이 크고 첫째 되는 계명이라고 말씀하셨다.

예수님은 하나님 나라의 통치를 이 세상에 실현하려 하였다. 하나님이 통치하시는 나라의 백성들의 신앙윤리는 예수님의 산상 수훈에 잘 나타나 있다.

산상수훈은 무조건적 의무이고 예수님의 명령이다. 어떤 가르침은 안 지켜도 되는 것이 아니며, 8가지 가르침을 모두 지켜야 한다. 첫째 축복과 여덟째 축복에 해당하는 자는 하늘나라를 상으로 받는다 했고, 둘째부터 일곱째까지의 축복은 각각에 해당하는 보상을 받는다.

심령이 가난한 자는 천국 시민이 된다고 했다. 비록 오늘 가난하나 내일은 천국을 소유하게 된다. 첫째 축복을 받는 자에 대한 서술이 마태복음과 누가복음에서 다르다는 것을 주의할 필요가 있다. 즉 마태는 "심령이 가난한 자"가 복이 있다고 하였고, 누가는 "심령이"이라는 서두가 빠진 "가난한 자"가 복이 있다고 하였는다. 그래서 누가복음의 가난한 자는 단순하게 물질적으로 가난한 자를 일컫는 것이라고 생각하기 쉽다. 이종윤 목사는 심령이 가난한 자는 "영적 파산자로 하나님의 자비와 의를 힘입지 않고는 구원을 얻을 수 없다고 시인하는 자들"[6]을 말한다고 했다.

---

6) 이종윤(1981), 『산상보훈 강해』 (서울: 충현출판사), 16.

예수님 시대 당시에는 "영적 파산자", "경건한 자" 또는 "겸손한 자"를 "심령이 가난한 자" 또는 "가난한 자"라고 부르는 것이 일반화 되었었다. 예수님을 따르는 무리들 대부분은 물질적으로도 가난한 자들이었다. 물질적으로 가난하여야 천국을 소유할 수 있는 자격이 주어진다고 하는 것은 앞뒤가 맞지 않는다. 그러므로 가난한 자의 표현에 있어 마태와 누가는 충돌하지 않는다.

애통하는 자에게는 보상으로 위로를. 온유한 자는 이 세상에서 사람들에게 보잘 것 없이 보이지만 기업으로 하늘의 땅을 받을 것이다. 또한 의에 주린 자는 의의 만족을, 긍휼히 여기는 자는 긍휼히 여김을 받을 것이다. 여기서 긍휼(mercy)이라 함은 소망이 없는 이가 사랑을 받는다는 것을 말한다. 마음이 청결하여야 하나님을 만나 볼 수 있다. 마음은 지·정·의의 좌소이다.[7] 악한 사람은 마음에 살인, 간음, 음란, 도적질, 거짓 증거 또는 훼방하는 악한 생각으로 가득 차 있으나(마 15:1), 이러한 악한 생각이 없이 마음이 깨끗한 자는 하나님을 볼 수 있는 축복을 받는다. 마음이 청결해야 여호와의 산에 오른다(시 24:3).

또한 화평케 하는 자(peacemaker)는 평강을 주러 오신 예수님을 따라 하나님의 아들이라 칭함을 상으로 받을 것이다. 의를 위해 핍박을 받는 자는 그리스도의 고난에 동참하는 것이니 천국을 소유할 것이라고 했다. 이보다 귀한 축복이 있겠는가(벧전 4:12-16). 그리스도를 따르는 자는 고난을 각오해야 한다. 예수님은 "사람들이 나를 박해하였은즉 너희도 박

---

7) 이종윤(1981), Ibid, 22.

해할 것이요"(요 15:20)라고 했다.

정양모 신부의 성경 번역에 의하면[8] 산상수훈은 "복되어라!"하는 식의 명령문으로 되어 있다. 인간은 산상수훈을 잘 지켜 윤리적으로 훌륭한 인격을 갖추라는 명령문이다. 산상수훈은 사람이 이행해야 할 하나님의 요구이다. 여기 두 친구가 있다고 하자. 상대방이 나를 긍휼히 여기면 나도 상대방에게 긍휼을 베풀겠다는 것이 아니라 무조건적으로 이웃에게 긍휼을 베풀라는 것이다.

바울의 기독교 윤리는 개방적이요 실제적이다. 바울은 유대주의에 사로잡히지 않았고 이방인에게 복음을 개방해 냈다. 바울은 심지어 유대인의 전통인 할례를 부인하기까지 하였다. 바울의 주요한 기독교 윤리는 로마교회에 보낸 편지 속에 잘 나타나 있다.

첫째, 인간은 믿음으로만 의롭게 된다. 인간은 윤리적으로 옳은 상태가 되려면 예수 그리스도 안에 있어야 한다. 오직 믿음으로만 구원 얻는다는 말씀은 마르틴 루터의 종교개혁의 중심 사상이었다. "복음에는 하나님의 의가 나타나서 믿음으로 믿음에 이르게 하나니 기록된 바 오직 의인은 믿음으로 말미암아 살리라 함과 같으니라"(롬 1:17).

둘째, 모세의 법은 고대 근동의 율례와 같이 이는 이로 갚는 방식이었으나, 예수님의 법은 악을 선으로 갚는 것이었다. 바울 사도는 "악을 악으로 갚지 말고 모든 사람 앞에서 선한 일을 도모하라"(롬 12:17)고 하였다.

---

8) 정양모 역, 『한국 천주교회 200주년 신약성서 별책 2, 네복음서 공관Ⅱ』, 루가복음서 편(왜관: 분도출판사 1986), 51-52.

셋째, 기독교 윤리는 예수 그리스도께서 십자가에서 보여주신 사랑에 대한 인간의 반응이다. 바울 사도는 "우리가 아직 죄인 되었을 때에 그리스도께서 우리를 위하여 죽으심으로 하나님께서 우리에 대한 자기의 사랑을 확증하셨느니라"(롬 5:8)고 하였다.

넷째, 이웃 사랑은 기독교 윤리의 대강령이다. 바울 사도는 "우리 각 사람이 이웃을 기쁘게 하되 선을 이루고 덕을 세우도록 할지니라"(롬 15:2)고 하였다.

다섯째, 계율을 법조문대로 지키려 하면 이를 다 이룰 수 없다. 바울 사도는 "남을 사랑하는 자는 율법을 다 이루었느니라"(롬 13:8)고 하였다.

여섯째, 형제를 나쁘게 비판함으로써 형제의 마음에 상처를 입히면 이는 사랑이 아니다. 바울 사도는 "믿음이 연약한 자를 너희가 받되 그의 의견을 비판하지 말라"(롬 14:1)고 하였다.

바울은 율법의 성취가 예수 그리스도에 의하여 완성된 것으로 보았다. 예수 그리스도의 십자가와 부활은 율법에서 인간을 해방시켰다. 그리스도의 사랑이 율법을 완성케 하였으므로 인간드 그리스도의 명령에 따라 서로 사랑하는 것이 마땅하다. 진정한 기독교 윤리는 인간이 그리스도 안에 있을 때에 완성된다. 이것이 그리스도를 본받는 제자의 길이다.

경제윤리의 발전과정

경제(oikonomia)란 말은 oikos와 nomos의 합성어인데, oikos는 가정 또는 가사(household)를 뜻하고, nomos는 법률, 또는 관리를 의미한다. 경제란 가사관리로부터 시작하였다. 경제 자체는 인간 삶의 목적이 될 수 없다. 경제는 인간의 삶의 질(quality of life)을 향상시키는 것을 주요 목표로 하고 있다. 예수님이 5병 2어로 5천명을 먹이신 것은 예수님의 방식으로 확대 재생산을 한 경제활동이었다. 이스라엘 백성이 시내 광야를 유리방황할 때에 만나와 메추라기를 하나님이 보내주셔서 먹고 살았다. 이 역시 하나님의 방식으로 양식을 조달한 것이다.

돈은 숭배의 대상이 아니며 인간의 삶에 필요한 하나의 도구일 뿐이다. 돈은 교환수단, 거래수단, 매개수단, 저축수단, 가치이전수단이 될 뿐이다.

중세 때까지는 돈과 물질을 죄악시 하여 왔다. 이에 따라 금욕주의가 일상생활을 지배하였다. 생산구조는 수공업 체제로서 도제식 관계가 직업과 경제 질서를 형성하였다. 정신적으로는 수도원 생활을 동경했다. 이를 고전적 경제윤리라 한다. 교회에서는 부자는 자기 소유의 재물을 가난한 자들과 나누어 가져야 할 의무가 있다고 주장하였다. 예를 들면, 4세기 초대교회 교부 중 밀라노의 암브로시우스는 다음과 같이 가난한 사람들의 권리를 옹호하였다.

"하나님은 만인이 골고루 먹을 음식을 내도록 만사를 안배하셨고, 이 땅이 모두의 공동소유가 되게 안배하셨다. 그러므로 대자연은 만인에게 공통된 권리를 주셨다. 그러나 탐욕이 그것을 소수의 권리로 만들고 있다."[9]

밀라노의 암브로시우스와 동시대인인 니싸의 교부 그레고리(339-397)는 다음과 같이 말하였다.

"성서의 한마디 한마디가 크리스천으로 하여금 하늘에 계신 아버지를 본받도록 타이르고 있는데, 특히 부자들은 아버지의 심정을 가지고 곤경에 처한 빈민이나 환자들을 도와야 한다."

토마스 아퀴나스는 중세기 가톨릭교회의 정신적 지주였는데 하나님의 창조의 목적을 달성하는 것을 인간의 중요 윤리로 여겼다. 그는 개인의 사유재산제를 옹호하였으나 재산을 가진 자는 자기 마음대로 사용할 권리는 없으며 공동선을 위하여 사용하는 것이 자연법에 따르는 것이라 하였다.

18세기 아담 스미스(Adam Smith, 1723-1790)는 경제에 있어서 이기심을 최고의 덕목으로 보았는데, 이기심의 발동으로 경제의 수요·공급이 보이지 않는 손에 의하여 자동 조절되기 때문이다. 각 개인이 자기의 이기심에 의하여 행동을 함으로써 각 개인이 이익을 발생시키면 공동체 전체의 이익이 증진된다고 볼 수 있다. 이에 따라 이기심은 곧 이타심이 된다. 아담 스미스는 그의 저서 『도덕 감정론』에서 동감의 원리를, 『국부론』[10]에서는 교환의 원리를 주장하였는데, 인간은 상호 동감할 때 큰 희

---

9) 존호기, 『정의를 실천하는 신앙』, 성염 역(왜관 분도출판사, 1980), 131-132.
10) Adam Smith, *The Inquiry into the Nature and Causes of the Wealth of Nations*(New York, The Modern Library, 1937), 47-63.

열을 느낀다고 하였다. 스미스는 인간의 본성 속에 상호 동감하려는 성향이 있다고 하였다. 교환 성향은 이기심을 도덕적으로 만드는 데 기여한다. 왜냐하면 교환 당시의 이기심이 동감될 때, 즉 수요자와 공급자 각자의 이기심이 만족(동감)될 때 거래가 성립된다고 했다

아담 스미스는 중세기의 중상주의에 대항하여 분연히 일어선 도덕철학자이다. 중상주의자들은 금과 은으로 된 화폐를 많이 축적하는 나라를 부강한 나라로 보고 수단방법을 가리지 않고 수출을 많이 함으로써 금과 은을 모으려 하였다. 강대국들은 거의 수탈 하다시피 약소국에 수출을 했다. 아담 스미스는 부는 화폐 자체에 있지 않고 화폐로 구매할 수 있는 재화의 양이 부를 결정한다고 보았다. 재화는 인간 노동에 의하여 생산된다. 생산을 더 많이 할 수 있는 방법은 분업이다.

아담 스미스는 『도덕 감정론』에서 인간은 이기주의적인 존재이나 다른 사람에 대하여 자비심 혹은 동정심을 가진다고 말하였다. 보통 사람들은 다른 사람의 감정에 자기감정을 이입시켜 타자의 이익을 향상시킨다. 시장에서 보이지 않은 손에 의하여 수요·공급이 조정된다. 가격기구 내에서 균형상태가 되면 공동체의 이익이 최대가 된다. 가격기구의 자동조정을 위하여 시장에서는 자유경쟁이 보장되어야 한다. 따라서 근대적 경제윤리는 자유방임주의(laissez-faire)였다.

18세기 말과 19세기 초 벤담(J. Bentham)과 밀(J. S. Mill)은 공리주의를 주장하였다. 벤담의 공리주의의 핵심은 최대 다수의 최대 행복(the greatest happiness for the greatest number)이다. 최대 행복은 행위

의 상대방을 기준으로 계산한다. 벤담에 의하면 인간은 고통을 회피하고 쾌락을 얻으려 하는데 쾌락이 고통보다 크면 선이라고 하였다. 행복은 비용-편익(cost-benefit) 분석에 의하여 순편익이 큰 경우를 옳은(right) 것으로 본다. 이 때 행위자의 상대방이 좋다고 인정할 때 선한 것으로 인정한다. 옳지 않는 동기의 행위라도 상대방에게 행복을 준다면 선한 행위로 인정되므로 정의와 상반되는 경우가 있을 수 있다. 최대 다수의 최대 행복을 위해 개인의 권리를 포기하여야 하는 경우도 있다. 공리주의는 어디까지나 그룹의 행복을 위한 윤리이다. 최대 다수의 행복을 위하여 개인적 목표를 희생시키는 것은 비윤리적일 수도 있다.

또한 밀은 인간은 자기를 개발하는 존재인데 능력개발의 수단과 기회에 있어 자유롭게 자신의 삶을 선택할 수 있도록 할 때 최대의 공리가 성립된다고 하였다. 따라서 다수자가 소수자의 자유를 제한하는 것은 부당하다. 밀의 공리주의는 자유주의적 인간관에 기초를 두고 있다. 밀은 산업혁명이 진행되면서 봉건지주세력과 신흥 상공세력, 산업자본가와 노동자 계급간의 대립이 첨예화 되는 것을 보고 무계급의 시민적 자유주의를 주장하였다. 밀은 1848년에 『정치경제학 원리』를 저술하였는데, 여기서 공리주의의 규범에 따라 생산론은 시장원리에 따라야 하나 분배론은 사회적 진보를 가져오는 사회제도의 개혁에 따라야 한다고 주장하였다. 그는 벤담류의 부르주아적 자유주의를 반박하고 최대 다수에 노동자와 여성을 포함시켜 만인의 자유가 신장되는 것을 사회적 진보라고 보았으며, 기업 활동은 최대한 자유를 보장하여야 하나 사유재산제도에 대한 자유방임주의는 수정되어야 한다고 주장하였다.

기독교 경제 윤리의 원칙

기독교 경제윤리의 원칙에는 다음과 같은 인간적 원칙, 시장 경제적 원칙, 사회적 원칙 및 생태계적 원칙이 있다.[11]

인간적 원칙

하나님은 하나님의 형상대로 인간을 창조하였다. "하나님의 형상"대로라는 것은 하나님과 정신적으로, 영적으로 교제할 수 있는 영적 본질과 인격 그리고 품성을 가지고 있다는 것을 뜻한다. 하나님은 인간을 동물과는 다르게 양심, 이성, 자유의지, 도덕성 및 윤리적 결단을 가지도록 창조하였는데, 이는 하나님의 모습을 닮을 수 있도록 끊임없이 하나님과 교제할 수 있는 능력과 속성을 갖추어 주신 것이다. 따라서 그리스도인들은 경제적 부를 인생의 목표로 삼지 않으며 하나님 앞에서 어떻게 경제생활을 하여야 하는가를 먼저 생각한다. 국민총생산(GDP)이 증가하면 경제성장이 이루어졌다고 하나 환경파괴가 있었다면 그만큼 삶의 질이 떨어지는 셈이 되므로 환경개선비용으로 지출한 금액은 국민소득 금액에서 차

---

11) 조용호, "경제체제의 윤리적 형성을 위한 원칙들," 호남신학대학교 편, 『기독교와 경제』, 1999, 289-319.

감되어야 한다. 명목 GDP가 아무리 크다고 하여도 환경개선비용을 차감하고 나면 남는 GDP가 얼마나 될까? 즉 인간 삶을 중심으로 경제성장을 생각하여야 한다. 또한 인간적 원칙에는 인간의 기본 욕구 충족을 우선하여야 한다는 것이다. 완전고용은 현대의 경제적 목표이나 노동의 인간화, 노동현장에서의 산업안전과 고용안정 등이 이루어져야 완전고용이라 할 수 있다. 절대빈곤은 곧 환경파괴인 동시에 인권유린이므로 빈곤을 퇴치하는 것이 중요한 기독교 경제윤리이다.

시장경제 원칙

시장경제 체제는 사유재산제도와 경쟁이 보장되어야 한다. 사유재산제도가 있어야 경제활동의 모티베이션(motivation)이 일어난다. 경쟁은 최선의 모티베이션이다. 정부가 시장에 개입한다면 시장에서 수요·공급은 왜곡된다. 정부 개입은 시장의 가격기구의 작동을 본래의 균형에서 이탈시킨다. 기업의 독점도 마찬가지로 시장을 교란시킨다. 기업은 규모의 경제[12]효과를 얻기 위하여 시장을 독점하려 한다. 독점은 경쟁을 제한하여 가격을 균형가격보다 높게 하므로 소비자 후생을 감소시킨다. 그러므로 공정거래를 보장함으로써 시장경제 체제를 잘 유지하여야 한다.

사회적 원칙

부요한 자와 가난한 자간의 소득분배가 균등하게 이루어져 사회정의가

---

12) 기업의 생산 또는 매출 규모가 커지면 비용이 감소하는 효과를 나타낸다.

편만한 세상이 되어야 한다. 즉 빈부 격차가 없어져야 한다. 지상에서 물질을 소유한다는 것은 이 세상에서 사는 동안 잠시 잠간 하나님으로부터 위탁을 받은 것에 불과하므로 부자든, 거지든 똑 같이 아무것도 가지지 않고 이 세상을 떠난다. 그러므로 죽기 전에 축적하였던 재물을 이웃을 사랑하는 데 사용하는 것이 지혜로운 것이다. 경제활동은 고객, 공급자, 경영자, 종업원 등 이해관계자의 상호작용에 의하여 이루어진다. 이들 간에 이해관계가 상반되는 경우에 이해관계자가 자신의 욕심을 주장한다면 사회적 균형이 파괴된다. 하나님은 부자이든, 가난한 자이든 똑같이 사랑하신다. 부자와 가난한 자가 받은 사명과 책임은 다르나 하나님은 각자가 그 책임을 다할 것을 요구하신다.

생태계적 원칙

경제는 생태계의 특성을 이해하여야 한다. 생태계의 먹이사슬은 매우 섬세하므로 조심해서 다루어져야 한다. 생태계에의 접근은 종별(specy)로 이루어지고 있으나, 먹이사슬 조직인 생태계는 종합적으로 다루어져야 한다. 예를 들면, 사자는 얼룩말을 잡아먹고, 얼룩말은 초원에서 풀을 먹고 산다. 가뭄으로 초원의 풀이 마르면 얼룩말의 생존이 어렵게 된다. 얼룩말의 개체수가 줄어들면 사자도 꼼짝없이 굶주려 죽게 된다. 생태계를 파괴한다는 것은 인간이 사는 지구를 파괴하는 것과 같으므로 환경보전을 위한 노력을 경주하여야 한다.

하나님은 하나님의 경제윤리를 이 세상의 경제체제 속에 체화

(embeded)시킴으로써 크리스천이든 아니든 모든 경제인들이 이를 준수하도록 하신다. 예를 들면 하나님은 기업에게 사회적 책임윤리를 기업의 중요한 전략 중의 하나가 되도록 하여 사회적 책임을 수행하도록 하고 있다. 기업은 사회봉사와 자선활동 같은 사회적 책임윤리를 수행하지 않으면 생존이 어렵게 될 것이다.

요약

그리스도를 따르는 제자들의 윤리는 하나님 앞에 서는 인간의 비장한 결단이다. 그리스도의 제자는 하나님의 말씀에 따라 살겠다는 의지를 갖는다. 기독교 윤리는 하나님 지향적이다. 인간은 누구나 이기적 동기에 의하여 경제 행위를 하면 시장에서 수요·공급이 조정되어 공동체의 공익은 최대가 된다. 스미스는 자유 시장을 옹호했다. 공리주의자들은 최대 다수의 최대 행복을 주장하였는데, 순편익이 행복의 척도가 됐다. 공리주의에서는 다수의 최대 행복을 추구하다 보니 개인의 권리가 희생되었다. 하나님의 경제윤리는 인간의 기본욕구를 충족하는 기회를 가질 수 있도록 사유재산 제도의 인정, 소득 분배의 균형, 생태계의 보존의 원칙이 실현되어야 한다. 절대빈곤은 인간의 존엄성을 생각하면 절대적으로 추방되어야 하며, 마찬가지로 환경 파괴행위도 근절되어야 한다.

2

하나님의 창조세계를 인간이 파괴하고 있다.

"여호와여 주께서 하신 일이 어찌 그리 많은지요
주께서 지혜로 그들을 다 지으셨으니
주께서 지으신 것들이 땅에 가득하니이다"
(시 104:24).

하나님의 창조세계를 인간이 파괴하고 있다.

천지창조의 대 드라마

창세기 1장은 하나님이 천지를 창조하는 모습을 드라마틱하게 파노라마로 보여주고 있다. 창세기 1장 1절은 "태초에 하나님이 천지를 창조하시니라"고 시작한다. 세상은 혼돈하고 공허하였으나 하나님의 천지창조가 시작되니 역동적인 기운이 우주에 가득 차게 되었다. 하나님은 첫째 날에 빛과 어둠을, 둘째 날에 궁창과 땅과 바다를, 셋째 날에 땅 위에 식물을, 넷째 날에 해와 달 그리고 하늘의 별들을, 다섯째 날에 하늘의 나는 새와 바다의 물고기들을, 그리고 여섯째 날에 하나님의 형상을 따라 인간을 진흙으로 빚어서 창조하셨다. 일곱째 날에 하나님은 안식하셨다. 하나님은 사람을 창조하신 후 사람에게 풍요와 자연을 지배하는 복을 주셨다.

하나님의 천지창조는 다음과 같은 의미를 보여주고 있다.

첫째, 하나님의 천지창조는 지구에만 국한된 것이 아니고 온 우주를 대상으로 하였다. 우주 전체가 모두 피조물이다. 하나님은 태양계를 창조하시고 위성들이 자전하면서 태양계를 중심으로 하여 한 치의 오차도 없이 공전하도록 했다.

둘째, 하나님은 매일 천지창조 작업을 하신 후 창조한 만물을 보고 좋았더라 하였다. 하나님의 창조는 완전한 것이었다.

셋째, 하나님은 기왕에 있는 재료들을 모아서 만물을 창조하신 것이 아니라 무에서 유를 말씀으로 창조하였다.

넷째, 종의 기원은 하나님의 창조에 있다. 생물은 그가 처한 환경에 적응하여 변모한다. 진화론에서는 이를 과장하여 종은 진화과정에서 생성된다고 했으나 하나님이 천지를 창조하실 때 종이 확정됐다. 호랑이는 호랑이로 창조되었고, 들의 백합화는 백합화로 지음을 받아 오늘에까지 이르고 있다. "땅은 생물을 그 종류대로 내되"(창 1: 24)라고 성경은 분명히 말하고 있다.

다섯째, 하나님은 천지를 창조하신 후 제7일에는 안식하셨다. 안식도 일의 연장이다.

여섯째, 하나님은 사람을 남자와 여자로 구분하여 창조하심으로 가정을 창조하셨다.

일곱째, 모든 생명의 주인은 하나님이시다. 모든 생물들을 창조하신 여호와 하나님께서는 땅의 흙으로 사람을 지으시고 그 코에 생기를 불어넣음으로써 사람이 생령이 되었다(창 2:7). 여기서 "생물"과 "생기"의 히브리 원어는 "네페쉬"인데 생물이나 사람에게 공통으로 사용되는 말이다. 이는 생물의 생명이나 사람의 생명의 속성이 다 같다는 것을 뜻한다.

여덟째, 사람은 하나님의 형상을 따라 창조되었다. 인간은 하나님의 특성을 따라 공의와 거룩의 속성을 지니게 됐다. 이로써 인간은 땅 위에서 하나님의 대리자가 되었으며, 본질적으로 하나님의 자유의지를 가진 전인적 존재로 창조되었다.

생육하고 번성하라

기독교 경제윤리의 시작은 하나님의 창조 역사로부터 시작된다. 하나님이 사람을 창조하신 후 다음과 같이 말씀하셨다.

"하나님이 그들에게 복을 주시며 하나님이 그들에게 이르시되, 생육하고 번성하여 땅에 충만하라, 땅을 정복하라, 바다의 물고기와 하늘의 새와 땅에 움직이는 모든 생물을 다스리라 하시니라"(창 1:28).

여기서 생육한다는 뜻은 열매를 많이 맺는다(fruitful)는 것이요, 번성한다는 뜻은 자손이 번성하여 인구가 수적으로 늘어난다(increase in numbers)는 것이다. 그리하여 자손이 땅에 가득 차게 된다(fill the earth). 하나님의 축복으로 자손이 늘어나면 늘어나는 인구를 먹여 살리기 위해 땅을 잘 경작하여야 한다. 고대 세계에서는 자손의 숫자가 많으면 노동을 할 수 있는 사람이 많아진다는 것을 뜻했다. 농경사회에서는 노동하는 일꾼이 많아지면 생산물이 많아지고 경제적 이익이 많이 발생하기 때문에 풍요로운 삶을 영위 할 수 있었다. 이는 하나님의 축복이다.

창세기에 "생육하고 번성하여 땅에 충만하라"는 말씀이 세 번 나온다. 하나님이 천지창조 다섯째 날에 물 속의 모든 생물과 날개 있는 하늘의 생물을 창조하시고 그들에게 복을 주어 "생육하고 번성하라"(창 1:22) 하셨다. 천지창조 여섯째 날에 사람을 창조하고 "생육하고 번성하라" 하셨다. 자연과 인간은 똑같이 생육하고 번성하라는 축복을 받았다. 하나님은 생물과 인간에게 경제적으로 풍요로운 삶을 살라고 축복하셨다. 생물과 인간이 다 같이 생육하고 번성하여야 생태계의 균형이 유지되기 때문이다.

그 후 인간은 번성하였으나 하나님을 불순종하는 죄악을 저지르는 등 모든 사람이 하나님을 순종하지 않게 되었다. 하나님의 아들들이 사람의 딸들의 아름다움을 보고 아내로 삼았다. 창조질서가 무너졌다. 하나님은 노아에게 방주를 짓도록 하고 대홍수로 노아의 가족 이외에는 모두 진멸하셨다. 홍수가 끝난 후 노아가 방주에서 나왔을 때에 하나님은 노아에게 "생육하고 번성하라" 하셨다. 그 땅에 죄악이 관영하여 홍수로 사람들을 멸망시켰으나 제2의 창조를 하듯이 하나님은 인간을 향하여 생육하고 번성하라는 축복을 주셨다.

생육하고 번성하라는 것은 풍요의 축복이다. 물질적으로 부자가 되는 것도 풍요함이요, 영혼이 하나님의 축복으로 충만하는 것도 풍요함이다. 하나님은 어떤 이에게는 물질의 풍요를 주시고, 어떤 이에게는 물질적 부는 허락지 않으시나 영혼의 축복을 충만케 하신다. 어떤 이에게는 물질적 부와 함께 영혼의 축복도 함께 주시기도 하신다. 부자라고 하여 반드시 행복하지 않으며, 가난한 자라고 반드시 불행한 것은 아니다. 부자는 소유가 많으므로 교만하기 쉽다. 이는 예수의 제자가 되는데 걸림돌이 된다. 이러한 경우에는 재물이 없는 것이 오히려 나을 뻔하다. 다음 말씀은 하나님이 시내 산에서 이스라엘에게 십계명을 주실 때에 하신 말씀이다.

"그러나 네가 마음에 이르기를 내 능력과 내 손의 힘으로 내가 이 재물을 얻었다 말할 것이라 네 하나님 여호와를 기억하라 그가 네게 재물 얻을 능력을 주셨음이라"(신 8:17-18상).

하나님이 어떤 사람을 부자가 되게 하심은 부자로서 책임을 다하라고 부르신 것이다. 이러한 부자는 이웃 사랑 하는데 물질을 아낌없이 사용한다. 이는 보물을 하늘에 쌓아 두는 것이 되며 하나님께 꾸이는 것과 같다. 기업은 사회적 책임을 수행함으로써 사회에 기여하는 동시에 창조주 하나님께 영광을 돌려야 한다.

가난하게 되는 원인에는 너무 많은 요소가 있다. 전쟁과 자연재난으로 재산을 다 잃어버려 가난해진다. 경기 불황으로 실직한 자, 가난으로 교육을 받지 못한 자, 나태한 자, 국민소득이 낮은 나라의 국민 등은 가난의 굴레를 벗어나지 못한다. 빈곤 추방은 21세기 국제사회에 주어진 중요 임무 중 하나이다. 그러나 기독교회가 이에 대하여 침묵하고 있음은 안타까운 일이다.

땅을 정복하라, 모든 생물을 다스리라

모든 생물은 창조 시에 생육하고 번성하라는 하나님의 축복을 받았는데, 생육하고 번성하라는 축복에 이어 땅을 정복(히브리말, kabash)하라는 말씀이 잇따라 나온다. 사람들은 이 말씀을 강대국이 약소국을 정복하듯이 땅을 정복(conquer)하라는 말로 해석하여 자연을 정복하고 파괴하였다. 그러나 자연을 정복하고 파괴하는 것은 생태계를 파괴하는 것이므로, 이 말씀의 서두에 "복을 주시며"라는 축복의 말씀과 앞뒤가 맞지 않는다. 여기서 땅을 정복한다는 것은 독단적인 통치를 하라는 것이 아니고 "가꾸다"라는 뜻이 강하다. 하나님은 인간으로 하여금 자연을 가꾸면서 공생하라고 하신 것이다. 하나님은 사람에게 자연을 관리하는 청지기 직분을 주신 것이다.

　"모든 생물을 다스리라(히브리말, radah)"는 말은 "돌보라"는 뜻이다. 생물을 마구 남획하여 많은 종이 멸종하게 된다면 생태계가 파괴되어 지구 환경이 위기에 처하게 된다. 인간은 자연과 공존한다. 인간은 자연에서 입을 것과 먹을 것을 얻는다. 자연적인 동굴과 바위 아래는 잠 잘 수 있는 주거 공간이 되었다. 고도로 발달된 과학 문명도 자연에서 얻어지는 재료를 이용한다. "라바쉬"와 "라다"의 원칙은 생태계를 잘 지키는 것이 축복임을 가르쳐 준다.[13]

　땅과 자연은 사람의 정복 대상이 아니다. 또한 인간은 자연과 피조물 중에 특별한 창조방법에 의해 창조되었고 특별한 지위를 부여 받았다. 중세시대까지 인간은 특별한 지위, 즉 하나님의 형상을 따라 창조되었다는 것을 자랑하여 자연보다 우월한 지위에 있는 것으로 행세하였다. 정원범에 의하면 기독교가 땅을 정복하여도 좋다고 하여 마구 자연을 파괴함으로써 생태계가 파괴되었다고 한다.[14]

　첫째, 기독교는 미전도 종족들과는 달리 자연을 숭배하지 않는다. 일반적으로 비기독교인들은 자연 속에 영이 깃들어 있다고 믿는다. 문명이 발달되기 전에는 자연숭배 행위가 일반적이었다. 우리의 옛 조상들은 동네 어귀에 있는 당나무에 영이 있다고 하여 당나무 앞을 지나가게 되면

---

13) 이희학,『인간의 죄악과 하나님의 구원행동—창세기 1–11장의 신학』, 서울: 대한기독교서회.
　　차준호, "생태적 전망에서 성서 다시 읽기" 기독교 환경연대『녹색의 눈으로 읽는 성서』, 서울: 대한기독교서회, 85–91.
14) 정원범, "프란시스 쉐퍼의 환경윤리,"『현대 생태 신학자의 신학과 윤리』(서울: 대한기독교서회, 2006), 157–168.

절을 하고 손을 부비기까지 했다.

둘째, 기독교에서는 인간을 자연보다 우월하게 창조됐다고 인식한다. 즉 자연의 모든 생물은 인간보다 열등하다고 했다. 하나님은 인간을 천사보다 조금 못하게 창조하셨다.

셋째, 그리스 · 로마신화는 온갖 신들로 가득 차 있는데, A.D. 315년 로마 콘스탄틴 황제가 기독교를 국교화 할 때에 그리스 · 로마 신화의 자연숭배사상을 배척하였다.

인간은 하나님의 청지기에 지나지 않는다. 단약 인간들이 생태계를 파괴한다면 그것은 하나님의 창조세계를 부정하는 꼴이 된다. 외양으로는 경제성장의 화려한 모습은 보일지 모르나 생태계를 파괴하면 자연자원은 고갈되고 동식물과 인간의 생명과 건강은 파괴되므로 지속적 성장을 할 수 없다. 환경파괴를 수정하고 예방하려면 많은 비용지출을 하여야 한다.

환경자원의 수요 · 공급은 가격기구 밖에서 이루어지므로 외부성 비용(external cost)에 해당한다. 외부성 비용을 내부화하는 장치가 있어야 한다. 이는 기업이나 정부가 환경오염을 예방하되 한번 발생된 환경오염을 정화시키는 조치를 통하여 내부화하여야 한다. 비윤리 기업은 환경정화 비용의 지출을 꺼려하여 밤중에 환경오염 물질을 아무 데나 몰래 버린다.

하나님은 인간을 존귀한 존재로 창조하셨다.

다른 생물과 달리 인간만이 창조 때 땅을 잘 관리하도록 하나님으로부터 위임 받았다. 하나님은 인간을 창조하실 때 하나님보다 조금 못하게 하시고 영화와 존귀로 관을 씌우시고(시 8:5-6) 만물을 그의 발 아래 두셨다. 인간은 타락하였기 때문에 이러한 축복을 받을 자격이 없다. 그러나 하나님은 자비를 베풀어 모든 소와 양들과 들짐승, 공중의 새, 바다의 물고기들을 관리할 책임을 그에게 맡기셨다. 하나님은 인간이 타락하기 전에 인간에게 3가지 임무를 주셨다.

첫째, 땅을 경작하라(창 2:5): 경작한다는 것은 개발한다는 뜻이다. 개발은 건설적인 변화와 성장을 가져온다. 땅은 경작하지 않으면 잡초가 무성해진다. 인간에게 땅을 잘 관리할 책임이 주어졌는데, 거주할 집을 짓는다고 산의 나무들을 마구 벌목하여 숲을 파괴했다. 경작지를 확대하여 산과 숲을 망가뜨렸고, 바다를 매립하여 농토와 공장부지로 사용함으로써 갯벌의 생태계를 파괴했다.

둘째, 에덴을 지키라(창 2:15): 하나님은 에덴을 보호(protection)하고 보전(conservation)하는 임무를 인간에게 주셨다. 에덴은 선하고 아름다운 동산이다. 하나님은 이 에덴을 보전하고 보호하는 임무를 주셨다. 하나님은 인간의 타락 후에 에덴동산을 숨기시고 인간이 접근하지 못하도록 하셨다. 그 대신 인간에게 에덴동산을 사모하는 마음을 주시어 창조주 하나님께 영광 돌리는 것을 잊지 않게 하셨다.

셋째, 각종 생물의 이름을 지어주라(창 2:19): 이름을 짓는다는 것은 사물의 본질을 이해하고 가치를 부여한다는 뜻이다. 사람은 자연 생태계를 이해하고 창조시의 모습을 유지하여야 한다.

하나님은 그리스도교 신자이든 비신자이든 지상의 모든 인간에게 일반적 계시(common reveal)로 나타나신다. 따라서 불신자도 생육하고 번성할 수 있다. 그러나 신자는 하나님의 자녀가 됨으로써 특별계시(special reveal)를 통하여 하나님과 교제할 수 있다. 성도가 생육하고 번성하는 축복을 받았을 때는 특별한 의무와 책임이 있다. 하나님은 특별 계시를 통하여 청지기에게 때를 따라 임무를 주신다.

옛날 이스라엘의 시인은 인간 자신을 이렇게 보았다.

"사람이 무엇이기에 주께서 그를 생각하시며 인자가 무엇이기에 주께서 그를 돌보시나이까"(시 8:4).

시인은 "나와 당신"의 인격적인 관계를 고백하고 있다. 이러한 관계에서 기독교 윤리가 시작된다. 나는 주의 앞에 꿇어 엎드려 주의 뜻이 무엇인지를 알아보려 한다. 나와 주님의 관계 고백에서 왜 주께서는 비천한 인간을 사랑하시는지 인간은 감격하고 있다. 하나님이 인간을 생각하실 때 인간은 비로소 고귀한 존재가 된다. 그러므로 인간은 하나님께 무엇을 해야 하는가를 질문하게 된다. "너는 하나님 앞에서 무엇을 어떻게 해야 할 것인가?"라고 스스로 질문한다.

진정한 인간의 부

하나님이 천지 만물을 손수 창조하셨으나, 만물을 다스리는 것은 인간에게 위임하셨다. 예수님은 하나님의 아들이셨으나 우리를 부요케 하기 위하여 스스로는 가난해 지셨다(고후 8:9). 이 세상의 부의 체계는 돈, 성공, 소유 등을 우선으로 하고 있다. 신자 및 불신자를 막론하고 부요한 자가 될 수도 있고 되지 못할 수도 있다. 겸손한 자는 하나님을 경외한다. 하나님을 경외하는 자는 재물과 영광과 생명을 받게 된다. 이들은 영혼의 풍요와 물질적 부를 동시에 가지게 된다.

"겸손과 여호와를 경외함의 보상은 재물과 영광과 생명이니라"(잠 22:4).

"사랑하는 자여 네 영혼이 잘됨 같이 네가 범사에 잘되고 강건하기를 내가 간구하노라"(요삼 3:2).

그러나 하나님이 이들에게 재물 얻을 지혜를 주시지 않았다면 아무리 겸손하다고 하여도 부자가 되지 못한다. 이들은 이미 영혼의 풍요를 누리고 있으므로 재정적 풍요가 없다 하여도 마음이 기쁜 사람들이다. 영혼의 풍요를 가진 자는 정함이 없는 재물에 소망을 두지 않고 모든 소망을 하나님께 둔다. 그 때에 시편 23편 1절의 말씀과 같이 여호와가 우리의 목자이신 것을 알고 부족함이 없다(I shall not be in want.)고 고백하게 된다. 목자가 양 떼를 푸른 목초지로 인도한다. 여호와께서 다 채워주시니 더 이상 바랄 것(want)이 없다.

시편 104편은 창세기 1장의 주석에 해당한다. 시인은 하나님의 창조 역사를 회상하고 하나님께서 하신 일이 많고 크다는 것과 그 풍성함을 찬양한다. 또한 때를 따라 먹을 것을 주심을 감사한다. 인간은 창조역사를 회상하고 하나님께 영광을 돌리고 여호와로 말미암아 즐거워한다.

"내가 평생토록 여호와께 노래하며 내가 살아 있는 동안 내 하나님을 찬양하리로다 나의 기도를 기쁘게 여기시기를 바라나니 나는 여호와로 말미암아 즐거워하리로다"(시 104:33-34).

B.C. 16세기 애굽의 바로왕은 요셉을 총리 대신으로 삼았다. 가나안 땅에 흉년이 들어 야곱의 가족들은 요셉의 권유에 따라 애급 고센땅으로 이주하였다. 그러나 B.C. 13세기에 이르러 요셉을 모르는 후대의 바로왕들은 이스라엘 백성들을 노예로 삼아 중노동에 동원하였다. 하나님은 이스라엘 백성들을 모세의 지도 아래 출애굽하게 하였으며 40년 동안 광야생활을 하게 하였다. 이스라엘 백성이 광야에서 생활할 따 만나와 메추

라기로 먹여 주셨다. 그들은 만나를 먹을 때에 애굽에서 억압과 궁핍 속
에서 노예생활을 하던 것을 생각하고 하나님께 감사를 드렸다. 마침내
이스라엘 백성이 젖과 꿀이 흐르는 가나안 땅에 입성한 것도 하나님의
창조 역사의 회복이다.

창조는 하나님의 첫 번째 성전이다. 이곳에서 하나님은 인간으로부터
제사를 받으신다. 시편 19편은 다음과 같이 창조주 하나님을 찬양한다.

"하늘이 하나님의 영광을 선포하고 궁창이 그의 손으로 하신 일을 나
타내는도다"(시 19:1).

위기에 처한 생태계

인간의 생태계 파괴

하나님은 엿새 동안 천지를 창조하실 때 하나님 보시기에 좋았더라고
말씀했다. 이는 피조물이 완전한 질서와 조직으로 균형을 이루고 있었다
는 것을 의미한다. 그러나 인간은 하나님의 창조하신 생태계를 파괴했다.

첫째, 하나님의 창조세계를 파괴하는 것은 하나님의 창조를 부정하는
것이 되므로 하나님께 죄를 짓는 행위가 된다.

둘째, 하나님은 창조를 통하여 자신을 나타내셨다. 그러므로 환경파괴
는 하나님의 계시를 방해하는 행위가 된다.

셋째, 환경파괴는 자연과 우주의 질서 속에 나타나는 하나님의 영광과 사랑을 욕되게 하는 행위이다.

넷째, 하나님은 사람으로 하여금 다른 피조물들이 번영하도록 도울 책임을 주셨는데, 그 책임을 다하지 못한다는 것은 하나님께 불순종하는 것이다.

다섯째, 사람은 하나님의 창조세계를 지키는 환경 청지기이다.

환경파괴는 인간의 탐욕이 초래한다. 환경을 파괴하면서 이익을 극대화하려는 인간의 탐욕이 환경을 파괴하게 만든다. 환경파괴의 재앙은 진행되고 있다. 예를 들면 기후변화협약은 CO_2 배출량이 세계 1위인 미국이 적극적으로 참여하지 않아 난항을 겪고 있다. 이제 우리는 화석연료를 더 이상 사용해서는 아니 된다. 청정에너지를 개발하여야 한다.

지구상의 자연 자원은 고갈의 위기에 처하게 되었으며, 인간과 모든 생물의 건강과 생명은 환경오염의 공격으로부터 자유로울 수가 없게 되었다. 생태계는 먹이사슬로 이루어져 있는데, 사람이 자연 자원을 남획함으로써 생태계의 먹이사슬의 균형이 깨어진다.

생태계는 무생물, 생산자, 소비자 및 분해자로 구성되어 있다. 무생물은 물, 흙, 공기, 빛 등인데 대체로 고갈 가능 재화들이다. 생산자는 자연 속에서 유기물질을 생산하는 자이다. 소비자는 다른 생물이 만들어 놓은 유기물질을 먹이사슬로 하는 자이다. 말하자면 포식자이다. 분해자는 동식물의 시체나 배설물을 분해하는 자이다. 독수리나 미미한 곤충들이 이에 해당한다. 생태계는 순환계이기도 하다. 식물, 초식동물, 육식동물, 세균 등은 하나의 유기적 관계를 이룬다. 초식동물은 초원에서 식물을 먹고 산다. 육식동물은 초식동물을 먹고 산다. 육식동물이 죽으면 독수리가 날아와서 시체를 먹거나 곤충과 세균이 이를 해체한다.

하나님이 천지를 창조하실 때 생태계는 완전한 균형을 이루고 있었다. 우주는 정교하고 치밀한 질서를 가지고 있다. 지구는 자전하면서 태양을 중심으로 공전한다. 자전은 하루에 24시간을, 그리고 공전은 4계절을 만들어 낸다. 태양은 빛을 발할 뿐만 아니라 열을 공급하여 준다. 태양계에서 빛을 발하는 것은 태양뿐이다.

지구상의 모든 무생물과 생물, 그리고 사람은 먹이사슬로 연결되어 생태계를 형성한다. 20세기가 끝날 무렵에 과학자들은 사람들이 지구상의 주요 자원을 무분별하게 채취하여 사용함으로써 자원의 매장량이 고갈 위기에 처하게 되었다는 사실을 알게 되었다. 세계의 석유 자원은 가채 연수가 약 30년 밖에 남아 있지 않다. 산업체와 가정에서 석유자원을 절약하는 동시에 대체 에너지를 적극적으로 개발하지 않으면 인류는 에너지 부족의 큰 재앙을 맞게 되었다. 지구상에는 곳곳에 습지가 발달되어 있었는데 경제 개발에 따라 습지가 흙으로 메워지거나 수원이 파괴되어 습지가 사라지고 있다. 습지는 홍수 조절과 강물의 정화에 결정적인 역할을 하며 동시에 야생 동식물의 서식지이기 때문에 결코 파괴되어서는 아니 될 생태계의 일부다. 그러나 미국 습지의 54%가 파괴되었다고 한다. 바다의 갯벌도 농경지와 공장부지 확보를 위하여 무분별하게 매립함으로써 바다 생태계가 무너지고 있다.

환경오염이 발생하여도 오염자는 환경오염 처리 비용을 자신이 부담하지 않으려 한다. 결과적으로 환경오염에 노출되는 소비자가 부담하게 된다. 이는 제3자에게 피해를 입히는 죄악이다. 따라서 환경오염을 발생시킨 자는 자신이 발생시킨 환경오염 처리 비용을 부담하여야 한다. 이러한 환경오염 지출을 외부성 비용이라 한다. 생태계 경제학에서는 이러한 외부성 비용을 최소화 하고 이를 내부화하는 조치가 필요하다.

인류의 환경문제를 전 세계적 차원에서 인식하고 위기의식을 갖게 된 것은, 1972년 스웨덴의 스톡홀름에서 "하나뿐인 지구"(Only One Earth)라는 표어를 내걸고 유엔인간환경회의를 개최함으로써 비롯되었다. 유엔은 환경문제를 전담하는 UNEP(United Nations Environmental Program)을 설립하였다. 1992년 6월 UN은 브라질의 리우에서 UN환경개발회의를 개최하고 "환경과 개발에 관한 리우선언"을 채택하고 세부 실천방안으로 "의제 21"(Agenda 21)에 대하여 합의하였다.

환경윤리 문제가 최초로 논의 된 것은 1972년 미국 MIT교수들이 집필한 『성장의 한계』(*Limits to Growth*)[15]라는 보고서이다. 이 보고서는 이 지구상의 자원이 고갈될 것이므로 경제성장을 지속하려면 가치관의 근본적인 전환이 필요하다고 보았다. 그 이후 철학계에서 환경보호의 의의에 대한 연구가 활발하여 졌는데, 철학자인 롤스톤(H. Rolston)은 "생태계 윤리는 존재하는가?"라는 논문에서 종의 보호(species protection)는

---

15) Meadows, D. H., D. L. Meadows, J. Randwes and W. H. Behrens(1972), *The Limits to Growth*, Universe Books, New York.

인간의 도덕적 의무라고 하였다.[16] 철학자 롤스톤은 나무와 자연 속의 동식물들은 지금 있는 그대로 유지될 수 있도록 법률을 제정하여야 한다고 주장하였다. 월트 디즈니 회사가 Mineral King Valley를 개발하려고 산림청에 개발허가신청을 제출하였다. The Sierra Club을 비롯한 많은 환경단체들이 롤스톤의 이론에 따라 계곡은 원래의 상태 그대로 있어야 한다고 주장하였다. 당시 판사들은 계곡을 보존하려는 측의 손을 들어 주었다. 그 이후 30년 동안 환경윤리는 크게 발전하여 왔는데 주제는 야성(wildness)의 회복과 보존이었다.

경제성장, 빈곤, 환경오염

빈곤과 환경

빈곤은 환경오염을 확산시킨다. 빈곤한 국가는 빈곤 때문에 환경오염을 예방할 수 없다. 빈곤 국가는 환경오염을 감소시키기 위한 시설을 갖출 수 없으므로 환경오염이 심각한 상태에 이른다. 빈곤 감소정책이 때로는 환경보호와 충돌하는 경우가 있다. 대체로 개발초기 단계에서는 산업개발정책이 일자리를 늘리기에 급급하나 환경오염 발생에 대해서는 무감각하다. 유전을 개발하면 근처의 물과 토지가 오염된다. 골짜기를 막아 댐을 만들면 상류지역이 수몰되며 그 곳에 있던 산림지대가 파괴된

---

16) H. Rolston, "Is There an Ecological Ethic?" *Ethics* 85, 1975, 93-109.

다. 또한 주변 생태계가 파괴 된다. 중국의 삼협댐은 그 규모가 세계 최대 인데 인근 지역의 기온변화를 초래하는 것으로 알려져 있다.

빈곤국가에서 인구가 감소하면 에너지 소비가 줄어들어 이산화탄소 배출량이 감소한다. 반대로 경제성장률이 높은 선진국에서는 소득이 증가할수록 자동차 구매가 증가하여 배기가스 배출량이 증가하기 때문에 환경오염이 더욱 심각하게 된다. 경제개발에 따라 삼림이 파괴되면 가난한 자들은 화목을 구하기 위해 깊은 산속까지 들어가 벌목을 하게 된다.

빈곤국에서는 강이 오염되는 경우가 많은데, 강의 오염은 수인성 전염병을 발생시켜 가축이나 사람에게 감염될 위험이 있다. 도시빈민은 특정 지역에 인구가 밀집하는 게토(ghetto)를 형성하는데, 이 지역의 비위생적인 수도시설과 엉성한 용변시설은 주민의 위생을 위협한다. 게토에서는 비리 청소년들의 폭력이 난무하여 어릴 때에 이미 인간성이 황폐화한다. 빈곤층에서는 호흡기 질환과 설사가 사망 원인의 11~13%에 이르나, 선진국에서는 5%에 지나지 않는다. 빈곤층은 외부충격에 대응하는 능력이 취약하다. 특히 홍수, 가뭄, 사막화, 전염병에 대하여 취약하다.

경제성장과 환경

전술한 보고서 『성장의 한계』(*The Limit to Growth*)는 경제성장을 할수록 자연자원은 고갈되며, 또한 환경조절 시설이 경제성장으로 발생하는 환경오염을 감당하지 못할 때 경제 메커니즘이 붕괴된다고 주장함으로써 환경을 파괴하면서 경제성장을 하면 할수록 지속 가능 하지 않다는 사실을 인식하게 하였다. 환경문제를 처음으로 제기하던 때에는 경제성장과 환경오염은 비례적이라고 인식했었다.

그러나 소득수준이 낮을 때는 환경오염의 수준도 낮으나 소득수준이 높아지면 환경오염수준도 높아지다가 어느 점에서 최대치에 도달한 후에는 경제성장률이 계속 높아져도 환경오염수준은 낮아진다는 사실이 밝혀졌다. 경제성장으로 소득수준이 높아지면 높아진 소득으로 환경오염을 감소시킬 수 있기 때문이다. 소득과 환경오염과의 관계는 환경쿠즈넷곡선(Environmental Kuznets Curve: EKC)에 의하여 설명된다.[17] [그림 2-1]에서 보는바와 같이 EKC는 U자를 엎어놓은 것 같다고 하여 역U곡선(revers U curve)이라 한다. [그림 2-1]의 1단계에서는 소득의 증가에 따라 환경오염이 증가하고, 2단계에서는 환경오염이 최대치에 이르렀다가 감소하며, 3단계에서 소득이 계속 증가하면 환경오염은 감소한다.

아황산가스(SO_2)의 경우에 1인당 국민소득이 $4,000~5,000에 이르기까지 증가하다가 이후에는 감소한다. 학자들의 실증 분석에 따르면 환경쿠즈넷 곡선의 전환점의 1인당 국민소득은 $6,900이며, 물(水) 중의 BOD 또는 COD 함유량의 전환점은 1인당 소득이 각각 $7,600, $7,900이다.

---

17) Kuznets(1955)는 1인당 소득이 낮은 수준인 경우에는 소득불평등도가 낮으나 어느 점까지는 소득증가에 따라 소득불평등도가 높아진다. 소득이 어느 점 이상으로 증가하면 소득불평등도가 낮아진다. 환경쿠즈넷 곡선은 Kuznets 소득 불평등곡선과 닮았다 하여 붙여진 이름이다.

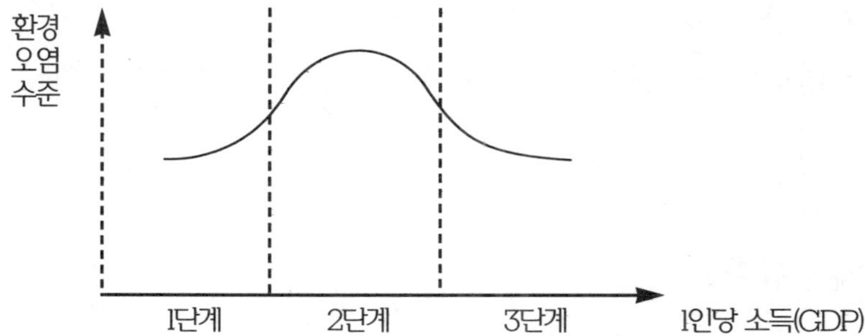

그러나 환경오염은 복합적인 요인에 의한 경우가 많은데, 환경쿠즈넷 곡선이 모든 나라에서 항상 성립된다고 단정할 수 없다. 환경쿠즈넷 곡선에 따르면 소득증가에 따라 환경문제는 자동으로 해결되는 것 같으나 정치적 여건이 충족되어야 한다. 즉 소득이 증가하면 환경기준을 상향조정하는 정치적 결단이 필요하며 적절한 사회적 압력이 있어야 한다. 소득수준은 같으나 소득배분의 불균형이 심하고 문맹률이 높고 정치적 자유가 제한된 나라의 경우는 그렇지 않은 나라에 비하여 소득과 환경과의 관계가 약하다. 또한 비정부기구(NGO) 활동이 강한 나라와 다자간 환경협정에 가입한 나라는 소득과 환경의 관계가 클 것이다.

이상의 논의를 요약하면 첫째, 환경쿠즈넷 곡선은 장기적으로 환경을 개선하는 가장 확실한 길은 소득을 지속적으로 증가시키는 것임을 말해주고 있다. 둘째, 환경쿠즈넷 곡선의 가정은 환경오염의 종류에 따라 한 나라에서는 성립되나 다른 나라에서는 성립되지 않는 경우도 있다. 셋째,

소득증가에 따라 환경오염이 증가하다가 감소하는 전환점의 소득은 나라와 환경오염의 종류에 따라 다르다. 넷째, 환경오염을 감소시키려면 정부가 적극적으로 개입하여 외부성을 내부화 하는 조치가 실시되어야 한다.

9대 환경 파괴

다음으로 환경 파괴 현상 중에서 가장 심각한 9대 환경문제를 살펴보겠다.

지구온난화

지구의 상충부에 온실가스가 가득차면 지구상에서 발생되는 복사열이 확산되지 못하고 온실에 비닐을 덮어서 열이 도망가지 못하도록 한 것과 같이 지구상에 머물게 된다. 따라서 시간이 흐르면서 지구 온도는 상승한다.

온실가스에는 이산화탄소(CO_2), 메탄가스(CM_4), 이산화질소(N_2O), 염화불화탄소(CFCs), 할론가스(hallon), 오존(O_3)이 포함되는데, 이산화탄소가 주범이다. 대부분의 온실가스는 주로 화석연료를 태울 때 발생한다. CO_2발생의 주범은 석유를 연료로 하는 화력발전소나 경유를 사용하는 자동차이다. 대기 중의 CO_2농도는 산업혁명 이전에는 280 ppm이었으나 지금은 350 ppm이다. 메탄가스는 동식물의 배설물이 분해될 때 발생한다. 지구온난화 현상으로 지구 온도가 $2°$~$6°$가 올라갔다. 이에 따라 해수면이 1세기 동안 0.5m(20인치) 솟아올랐다. 지구온난화 현상은 알프스의 빙하, 남극 및 북극의 빙하가 물로 변하는 속도를 빨라지게 하고 있다. 지구온난화 방지협정의 교토의정서에 의하면 1990년 기준으로부터 2012년까지 CO_2발생량을 5% 감축하기로 하였다. CO_2감축 대상국은 30개 선진국인데 유럽연합(EU)의 감축목표는 8%, 일본은 6%이다. 그러나 미국은 교토 의정서를 비준하지 않았다.

오존층의 파괴

오존이 발생하면 오존은 지상 2~30km의 성층권에 머물거나 지표면에 머문다. 지표면의 오존은 온실가스의 역할을 한다. 성층권에 머무는 오존은 태양광선 중 자외선이 직접 지구상에 떨어지지 않게 한다. 성층권의 오존층을 파괴하는 물질은 염화불화탄소(CFC), 할론, 메틸 브로마이드 등이 있다. CFC는 일명 프레온 가스라고 부르는데 냉장고 냉매로 사용된다. 또한 CFC는 전자제품 제조시 세정제로 쓰인다. 미국항공우주국(NASA)은 북미, 유럽 및 아시아 지역의 오존층이 30%나 감소하였다고 발표했다. UN은 1987년에 오존층 파괴물질 생산과 사용을 억제하는 국제협정인 몬트리올 의정서를 채택하였다. 몬트리올 의정서는 당사국과 비당사국간에 오존층 파괴물질을 수출하거나 수입하는 것을 금지하고 있다.

화학비료 및 농약

농업에서는 화학비료 및 농약을 집중적으로 사용하고 있어 농산물 소비자의 건강과 생명을 위협하고 있다. 농민들은 많은 언덕, 습지 및 숲을 개간하여 농경지로 전환하였으며, 화학물질로 만든 비료, 해충방제농약, 살균제, 잡초제거제 등을 과다 사용하는 현상이 나타났다. 농업에 있어서 화학물질의 과다사용은 수질오염, 토양의 산성화, 야생생태계의 파괴를 초래하는 동시에 인간의 건강을 해친다. 또한 농산물의 부족사태가 발생되지 않도록 각국에서는 세금을 경감하거나 농업보조금을 준다. 화학비료 및 농약의 사용을 억제하기 위하여 수입관세를 높이기도 하지만 이는 화학비료 및 농약가격의 상승을 초래하여 화학비료 및 농약의 국내 생산의 증대를 야기하므로 환경파괴는 종전과 같아진다.

산림파괴

열대림은 중남미, 아프리카, 동아시아 지역에 널리 분포되어 있다. 열대림은 나무 자체가 집을 짓는데 주재료로 쓰일 뿐만 아니라 많은 생물의 삶의 터전이다. 열대림은 지구 총면적의 55%에 달한다. 열대 지역은 대부분이 개발도상국인데, 개발도상국의 열대삼림은 그 면적이 해마다 감소하고 있다. 식량 및 농업기구(Food and Agricultural Organization : FAO)는 1960~1990년간에 열대 삼림이 벌목, 농토 확장 및 인간 주거 지역 확대 등의 이유로 450백만 헥타르가 감소하였다고 보고하였다. 삼림파괴는 홍수 발생 및 대기 중의 CO_2량의 증가를 초래하며 나아가서 지구온난화 현상을 가속화 한다. 또한 삼림이 감소되면 동식물의 서식지가 파괴되므로 생물의 종의 다양화(biodiversity)를 방해한다. 식품수입에 높은 관세를 부과하거나 국내농업생산자에게 보조금을 주게 되면 이는 삼림의 농토전환을 촉진하므로 역시 환경을 훼손한다.

산성비

산성비의 원인은 화석연료를 태울 때에 이산화황이 발생하는데, 이산화황은 물을 만나면 황산이 되어 비가 올 때에 비와 함께 지상으로 내려온다. 폐기물을 태울 때 발생하는 질소산화물도 산성비의 원인이 된다. 산성비는 대기오염을 일으킨 나라에만 내리는 것이 아니라, 오염물질은 구름을 타고 이웃나라로 날라 가서 산성비를 내리게 한다. 삼림 속의 나무들도 산성비의 공격을 받아 황화 현상을 보인다. 산성비는 오염국 상공에만 머물지 않고 이웃나라로 이전하므로 국제적 협조가 필요하다. 오염국이 오염을 감축토록 산성비의 희생국을 지원하여야 하는데 정치적으로 합의를 얻기가 어렵다.

과다어획

어업에 대한 정부보조금은 과다어획을 초래하여 수산자원을 고갈시켜 왔다. 1950년대부터 1960년대 기간에 해양수산물의 어획량은 연평균 6% 증가하였는데 1970년대와 1980년대에 들어와서 증가세가 둔화되었다. 수산자원은 공동자원(common resource)이다. 처음에는 과다어획문제를 심각하게 생각하지 않았으므로 각국과 국제사회는 아무런 조치를 취하지 않아 개입 실패를 초래하였다. 다행히 1995년 말 제정된 UN해양법은 영해기선으로부터 200해리 범위 안에서 배타적 경제수역(exclusive economic zone: EEZ)을 선포함으로써 각국의 배타적 경제수역내의 수산자원을 보호할 수 있도록 하였다. 그러나 공해(high sea)상에서의 어획은 자유롭기 때문에 대양을 회유하는 물고기의 경우는 인간의 과다어획으로부터 보호할 길이 없다.

독성 화학물질

화학물질은 독성이 있는 경우가 많다. 화학물질을 생산하고 이를 유통시키는 과정에서 환경이 파괴되기 쉽다. 그러므로 세계 각국이 화학물질의 안전을 보장하는 노하우를 공유하고 합의된 기준에 의하여 관리를 하여야 한다. 화학물질의 안전에 대하여 많은 다자간 환경협정이 있는데 유기화학물질에 관한 스톡홀름 협약, 사전정보합의에 대한 로테르담 협정, 독성화학물질에 대한 국제무역의 절차 등을 예로 들 수 있다.

물

물은 오염되기 쉽다. 2000년 밀레니엄 세계정상회담시 2015년까지 모든 시민이 위생적 수도시설을 이용할 수 있도록 하는 데 합의하였다. 이를 위해서는 물 자원의 통합적인 관리가 확립되어야 하는 한편 국제간 및 정부간의 협조가 필요하다. 현재 지구상의 10억 인구가 위생적인 물을 마시지 못하고 있으며 3백만의 인구가 수인성 질병에 시달리고 있다. 지구상의 물 사용량은 1920~1995년간에 6배 증가했다.

토지

토지의 환경오염은 농업, 경치, 종 다양성 및 사막화와 같은 이슈가 포함된다. 전술한 바와 같이 농업부문에서 화학비료 및 농약의 과다 사용으로 토지가 산성화 되고 있다. 농업은 낮은 생산성 때문에 폐농하는 경우가 많아 낭만적인 농촌경치를 볼품없게 만들었다. 농촌이 있어야 각종 곤충이 살 수 있다. 농약의 과다살포도 메뚜기를 보기 어렵게 되었다. 한편 기후의 건조현상으로 세계의 사막이 해마다 확대 되는 사막화도 인간에겐 큰 위협이다.

환경관리의 이념과 환경원칙

지속가능한 개발 이념

1987년 브룬트란드(Brundtland)위원회에서 작성한 "우리들의 공동의 미래"(Our Common Future)라는 보고서에서 지속가능한 개발(sustainable development)이란 이념을 처음으로 제창하였다. 브룬트란드 보고서에 의하면 지속가능한 개발의 정의는 "미래세대가 그들의 필요를 충족시킬 수 있는 능력을 훼손시키지 않으면서 현재의 필요를 충족시키는 개발"이라고 했다.

지속가능한 개발은 세계가 환경문제를 심각하게 인식하게 되었던 1992년 유엔환경개발회의(UNCED)와 리우선언(Rio Declaration on Environment and Development)의 중심이념이 됐다. 리우선언 원칙4는 "지속가능한 개발을 달성하기 위해서는 환경보호가 경제개발과정의 중요한 일부분이 되어야 하며, 이로부터 분리되어 고려되어서는 아니 된다"라고 하고 있다.

지속가능한 개발의 개념은 북미자유무역협정(NAFTA) 전문에서도 정책통합을 위해 협정이 추구해야 할 주요목표로 제시되었다. WTO 협정문 전문에서도 지속가능한 개발 이념을 다자간 무역체제의 주요 목표로 제시하고 있다. 유럽연합(EU)도 협정문 제2조에서 환경과 관련하여 지속가능하고 비인플레적 성장을 추구하는 것이 EU의 임무라고 천명하고 있다.

오염자 부담 원칙

오염자 부담 원칙(polluter pays principle: PPP)[18]은 환경당국의 환경오염방지와 통제비용을 오염자가 부담하거나 오염피해를 보상해야 한다는 원칙으로서, 환경과 경제의 정책통합에 있어 중요한 지위를 점하고 있다. 이 원칙은 강력한 환경규제가 실시되던 1970년대 초에 처음으로 성립되었는데, 이는 비용을 높이고 수출국의 국제경쟁력을 떨어뜨리는 부정적 영향 때문에 산업계로부터 많은 반대를 받았다. OECD는 『환경

---

18) OECD, "Environmental Principles and Concept," 1995.

정책의 국제 경제적 측면에 관한 지도원칙」(1972년)에서 오염자 부담 원칙을 명시적으로 규정하고 생산과 소비에서 발생하는 환경보호 또는 공해 발생 비용은 상품의 비용에 반영되어야 한다고 규정하였다.

유럽연합(European Union: EU)은 1987년 단일유럽의정서(Single European Act)와 1992년 마스트리히트협정에 의하여 오염자 부담 원칙을 수용하였다. 한편 UN은 리우선언 원칙16에서 오염자 부담 원칙을 천명하였다. 오염자 부담 원칙은 세계적으로 많은 나라의 법규와 선언에 포함되었다.

그러나 WTO는 오염자 부담 원칙을 국제무역규범으로 인정하지 않고 있다. WTO 규정은 수입국이 수입국내의 생산에 적용되는 조세 및 규제조치를 외국으로부터의 수입품에 적용하는 것을 금지하고 있으므로, 수입품의 생산에 적용되는 오염자 부담 원칙은 WTO의 규정과 배치된다.

예방의 원칙

환경문제가 발생하였거나 발생할 것이 예상될 때에 이를 과학적으로 입증하는 데 많은 시간이 소요된다. 과학적으로 입증하는 동안에 환경은 파괴되어 회복할 수 없는 지경에 이르게 될 수도 있다. 이러한 사태가 발생하지 않도록 하기 위하여 환경보호론자들은 과학적으로 입증되지 않았다 하더라도 예방조치를 취해야 한다고 주장한다. 이를 예방의 원칙(precautionary principle)이라 한다.[19]

---

19) OECD, op.cit., 1995.

1992년 리우선언에서는 심각하거나 돌이킬 수 없는 환경적 위험이 예상될 경우에 완벽한 과학적 증거가 없다는 이유로 환경파괴를 방지할 수 있는 조치를 연기시켜서는 아니 된다고 천명하였다. 대부분의 국제환경협약은 이러한 예방의 원칙 하에서 제정된 것이다. 일반적인 환경관리, 유해폐기물관리, 멸종위기에 처한 동식물보호협약, 생물다양성협약, 기후변화협약, 몬트리올 의정서 등이 대표적인 사례이다. 특히, 예방원칙은 종의 관리와 생물다양성 유지에 있어 중요성이 높다.

환경관리의 생애전주기평가(life-cycle assessment)도 예방원칙에 따른다. 제품은 원료→생산→유통→소비→폐기의 생애전주기를 갖는다. 효과적 환경관리를 위해서는 제품의 생애전주기 전 과정에서 환경오염이 발생치 않도록 제품 생애전주기평가를 행해야 한다. 이를 "요람에서 무덤까지"(cradle-to-grave)의 환경관리라 한다. 생애전주기평가는 아직은 개발초기단계에 있으나 환경마크, 환경포장 및 재생프로그램을 통해 무역에 상당한 영향을 미치고 있다.

환경보전에 대한 하나님의 의지

환경윤리에 대한 기독교적 이해는 하나님의 창조역사에서 찾아 볼 수 있다. 인간과 자연은 하나님의 창조 시 모습을 그대로 유지하여야 한다. 기독교회는 창조시의 환경을 회복하기 위하여 오염자 부담 원칙과 예방의 원칙이 전반적으로 실시되도록 하여야 한다. 하나님은 사람으로 하여금 환경을 지키는 청지기로 임명하셨다.

첫째, 모든 피조물은 다 같이 하나님이 사랑하시는 것이므로 인간이 종의 다양성을 파괴할 권리가 없다. 짐승이나 인간은 호흡이 끊어지면 죽기는 마찬가지인데 한쪽이 다른 쪽을 멸종시킬 수 없다. 모두가 하나님이 창조하신 피조물이기 때문이다. 노아 홍수 때 하나님은 노아에게 모든 생물의 암수 한 쌍씩을 방주 안으로 들여 놓게 함으로써 생물들이 멸종되지 않도록 하였다.

둘째, 노아 홍수가 끝나고 방주에서 나온 노아와 그 가족에게 하나님은 인류의 손에 모든 생물을 붙여 준다고 하였다. 하나님은 아담에게 생육하고 번성하라 하였듯이 노아에게도 생육하고 번성하라 하였다. 방주에서 나온 모든 생물들에게도 다시는 홍수로 멸하지 않겠다는 언약을 세웠다. 하나님의 제2창조 역사이다.

"내가 내 언약을 너희와 너희 후손과 너희와 함께한 모든 생물 곧 너희와 함께한 새와 가축과 땅의 모든 생물에게 세우리니 방주에서 나온 모든 것 곧 땅의 모든 짐승에게니라"(창 9:9-10).

셋째, 하나님은 안식년에는 휴경하게 함으로써 토지를 보존하는 한편, 거둔 후에 자라난 열매는 가난한 자와 들짐승의 몫으로 남겨 두게 하였다(레 25:4-7). 구약성서와 뿌리를 같이하는 유대교의 가르침 역시 하나님의 창조하신 것은 사랑스러운 일이므로 잘 대우해주어야 한다고 한다. 유대교 경전인 토라는 다음과 같이 말하고 있다.

"하나님이 천지를 창조하였을 때에 에덴동산의 모든 나무들을 그에게 보여주고 다음과 같이 말하였다. 나의 창조물을 보라, 얼마나 사랑스럽고 좋은 것인가. 나는 너를 위하여 모든 것을 창조하였다. 나의 우주가 부패하거나 파괴되지 않도록 주의를 기울여라…만약 그들이 파괴되면 네 후손이 그들을 바른 자리에 놓을 수 없게 되기 때문이다."

무슬림은 환경보호를 우주의 조화와 지속적 발전을 함에 있어 중요한 과제로 보았고, 불교에서는 윤회의 길에서 사람이나 자연에 대하여 선행을 하지 않으면 다음 생에는 축생으로 태어난다고 한다. 힌두교에서는 강과 산을 거룩한 것으로 숭배하였고, 모든 식물과 동물에게는 혼이 있으니 사람이 먹기 위하여 죽일 때는 경건을 다하여야 한다고 한다. 이 지상의 모든 종교들은 자연에 대하여 경외심을 가지고 있으나 환경 보전 행동에 있어서는 소망스러운 수준에 이르고 있지 않다.

기독교회의 환경보호운동

기독교회는 환경보호에 어떻게 기여할 수 있는가? 하나님의 창조 질서가 파괴되는 것을 눈으로 보고도 방관 할 것인가? 기독교회는 하나님이 창조하신 환경이 파괴되는 것을 막아야 한다. 21세기에 당신의 교회에 주신 큰 사명이다.

기독교계가 환경 보전에 대하여 창조신학으로 이해하고 환경 행동 프로그램을 가지기 시작한 것은 1975년 나이로비에서 개최된 세계교회협의회(WCC) 제5차 총회이었다. WCC가 환경문제를 본격적으로 논의하게 된 것은 1983년 제6차 총회(밴쿠버에서 개최)인데 "예수 그리스도, 세상의 생명"이라는 표어 아래 본격적으로 환경보전 문제를 논의하였다. 1986년 9월 세계야생기금(WWF)은 서계 주요 종교 지도자들과 회의를 갖고 "살아 있는 지구를 위한 거룩한 선물"(sacred gifts for a living planet) 운동을 하기로 하였다. 이 운동은 교육, 의료, 토지, 생활 방식, 종교, 또는 각종 매체들이 환경보존에 초점을 둘 것을 강조한다. 1990년 서울에서 개최된 WCC 세계대회에서 "정의, 평화와 창조질서의 보존"이 교회의 최우선 과제임을 확인하였다. WCC는 2000년 11월에 카트만두에서 개최된 회의에서 "지구 환경을 파괴하는 것은 하나님에 대한 죄악이다"고 선언하였다.

다음의 내용은 미국교회의 환경문제에 대한 각 종파의 입장이다. 공식적인 입장은 아니나 대략의 방향은 알 수 있다.[20]

---

20) William L. Anderson, "Stewardship without Prices and Private Property? Modern Evangelical Environmentalism's Struggle to Value Nature," *Journal of Markets & Morality*, Vol. 6, No. 2, Fall 2003.

미국 장로교회

미국 장로교회(Presbyterian Church, U.S.A.)의 1996 총회는 『지구의 미래에 대한 희망』(Hope for a Global Future)이라는 보고서를 발표하였다. 이 보고서는 세계의 빈곤, 인구문제 및 환경문제 등에 대하여 광범위하게 검토하고 있다. 이 보고서는 특히 가격기구의 효율적인 자원배분을 위하여 정보가 필요하다고 주장하였다. 그러나 단기적 현상에 대하여 정확하게 전망하기 어렵다. 그럼에도 불구하고 미래세대를 위한 자원 보전에 대하여 세계는 자원정보에 대하여 국제적으로 정보교환을 함으로써 자원의 미래와 오늘의 소비간에 균형을 이루어야 한다.

미국 성공회

미국 성공회(Episcopal Church, U.S.A.)는 2002년 2월에 에너지 정책에 대한 보고서를 발표하였는데, 에너지 자원과 환경오염 절감에 대하여 다음과 같이 광범위한 정부의 개입을 촉구하였다.

① 배기가스를 적게 배출하는 자동차를 권장한다.
② 환경적으로 청정한 자동차 생산에 보조금을 준다.
③ 도시 간 및 도시 내의 대량수송수단을 개발한다.
④ 재생 가능한 에너지를 연구 개발한다.
⑤ 저소득층의 에너지 소비에 대하여 보조금을 지급한다.
⑥ 이산화물(carbon dioxide)을 감축한다.

미국 감리교

연합 감리교회(United Methodist Church)는 『훈련교재』(Book of Discipline)에서, 만물이 존재하는 것은 그것이 인간에게 유용하기 때문이 아니고 하나님이 창조하셨기 때문이라고 했다. 경제, 정치, 사회 및 기술 부문에서 환경적으로 균형 잡히고 지속가능한 개발을 도모함으로써 하나님이 세계의 삶의 질을 향상시킬 수 있다. 이를 위하여서는 시장경제체제가 최선의 기구가 되나 정부뿐만 아니라 기업의 사회적 책임도 중요하다고 생각한다. 또한 식품의 생물학적 안전성이 보장되어야 한다고 하였으며 미국의 농업과 농촌사회의 위기에 대하여는 자원배분을 시장에 맡겨 놓지 말고 정부의 개입이 필요하다고 주장하였다.

미국 루터교

미국 루터교(Evangelical Lutheran Church in America) 환경보전에 있어서 인간의 청지기 직분을 강조하였다. 하나님의 청지기 직분은 환경을 돌보아주고, 봉사하고, 지키고, 사랑한다. 루터교는 환경보호에 있어서 시장 기구에 맡기지 말고 정부가 하나님의 청지기가 되어 이를 통제하는 것이 옳다고 본다. 자유 시장에 환경오염 수정비용을 부담시키는 것은 기업에 대하여 압력이 될 수도 있으나 효율적 자원배분은 보장하지 못한다. 환경비용을 무시하는 경제개발과 인적 비용을 무시하는 자연보전을 둘 다 지속가능하지 못하며 이러한 정책은 정의롭지 않을 뿐만 아니라 환경을 더욱 악화시킨다. 건강한 경제는 건강한 환경 하에서만 가능하다.

미국 침례교

미국 침례교(American Baptist Church)는 기후온난화, 오존층 파괴, 자원고갈 등 환경 파괴를 죄악으로 간주한다. 이러한 환경파괴 행위는 피조물과 창조의 평화로운 관계를 파괴한다. 자연자원을 분별없게 사용하는 것은 당장에는 이익이 되나 자원이 고갈되고 나면 후세대가 이용할 자원이 없어진다. 시장가격은 자원배분에 도움이 될 수도 있다. 자원의 고갈이 예상되면 해당 자원의 가격이 상승한다. 가격상승은 자원의 수요를 감소시킨다.

로마 가톨릭

로마 가톨릭(Roman Catholic)은 교황 요한 바오르 2세의 『환경의 위기: 공동의 책임』(The Ecological Crisis: A Common Responsibility, 1989)에서 세계정부는 환경에 대하여 청지기 직분을 충실히 이행할 것을 강조하였고, 회칙 『백주년』(Cantesimus Annus)에서는 시장가격에 의하여 조정되지 않는 자연 및 인간 환경과 같은 공동선을 방어하고 지키는 일은 정부의 임무임을 주장하였다. 따라서 시장가격에만 의존하는 것은 한계가 있다는 것을 상기시키고 있다.

한국 기독교회의 환경보호운동

국내 신학자 중 서남동 교수가 1970년대에 생태학적 신학론을 최초로 연구하기 시작하였고 여러 학자들이 이에 관심을 보였으나, 교회가 하나님의 청지기가 되어 환경을 보호하는 운동을 실천 하는 데까지는 발전하지 못하였다. 이러한 기독교회의 환경운동은 1990년대에 들어와서 활발한 진전을 보이고 있다.[21]

한국기독교회협의회(KNCC)는 1991년 4월에 환경위원회를 설치하면서 "91 생명보존을 위한 우리의 고백"이라는 선언문을 채택하였다. 1992년에는 환경주일(6월 첫째 주)을 제정하고 환경예배를 드리기 시작하였다. 같은 해에 한국기독교총연합회(한기총)는 환경보존위원회를 설치하고 환경주일을 정하였다. 한국교회여성 연합회는 1980년대부터 반전 반핵 평화를 위한 운동을 전개하였다. 각 교단은 환경전문위원회를 설립하고 "쓰레기 안 버리기 운동", "외국 농산물 및 유해음식 안 먹기", "과소비 안 하기" 등 환경보전 활동을 수행하였다. 한국교회 여성연합회는 1980년대 초부터 핵확산반대운동을 전개하였고 1985년에 『핵의 아이들』이란 책을 출판하였다. 1997년에는 녹색연합과 연대하여 우유 살리기 운동을 전개하였다. 교단차원에서 보면 감리교 교단이 1990년에 환경선교위원회를 조직하고 『환경을 보전하는 60가지 생활수칙』을 발간하였다. 대한예수교장로회(통합측)는 경건절제운동을 실천하기에 이르렀는데 단순한 삶, 절약생활, 규모 있는 삶, 과소비 안 하기, 쓰레기 안 버리기, 유해음식 안 먹기 운동을 전개하였다. 1995년부터는 환경지도자 양성학교(2박3일)를 설립하여 환경의식을 높이는 데 기여하였다. 한국기독교장로

---

21) 유호, "개신교 환경운동의 과거, 현재, 그리고 미래", 기독교환경운동연대, 2001년 11월, www.greenchrist.org/bbc/file/environment/개신교20주년.

회는 1990년에 『창조세계의 위기와 보전』을 발간하였고, 1993년에는 제 5물결운동이라는 표제를 내걸고 생명회복운동을 전개하였다.

개교회들도 독자적으로 환경운동을 전개하였다. 예를 들면, 금곡의 성문교회는 지역주민과 함께 금곡하명지역 소각장 건설을 반대하였다. 울산의 평강교회는 친환경농산물 상설매장을 운영하고 있다. 제천의 승낙교회는 영농법인 예농 공동체를 조직하여 전적으로 유기농산물을 생산하여 도시민에게 직접 판매하였다. 서울의 광동교회는 교회의 담장을 헐고 소공원을 지어 일반에게 공개하였다. 한국교회의 환경선교 프로그램은 [표 2-2]와 같다.

기독교윤리실천운동은 기독교윤리의 생활화에 목표를 두고 환경보전을 포함한 각종 환경 분야에서 많은 계몽활동을 하고 있다.

기독교환경단체로 1982년 〈기독교환경운동연대〉가 설립되어 활발한 활동을 하고 있으며, 인천환경선교회를 비롯한 기독교 지역 환경 단체들이 설립되었다. 기독교환경운동연대의 출범선언문의 내용을 보면 다음과 같다.

"작금의 환경오염의 현실은 이미 종말적 위기에 이르러 창조질서를 뒤바꾸어 놓고 있으며 곳곳에서 피조물의 신음소리는 점점 깊어지고 있다. 하나님의 창조질서를 파괴하는 행위는 인류을 마비시키며, 물질의 풍요만을 추구하는 사회가 되어 빈부의 갈등을 심화시켰다. 또한 국가간의 대립이 심화되었다. 이에 우리는 환경보전 운동이 단순한 지구환경의 차원을 넘어서 창조주 하나님과 인간, 그리고 자연의 관계가 서로 회복되어야 한다. 즉, 하나님에 대한 신앙을 회복하고 이웃과의 불신과 갈등을 해소하고 자연과 화해하여 공생함으로써 아름다운 창조질서를 보전함이 우리 운동의 궁극적 목표이다. 죽음의 세력이 이 땅을 지배하는 것같이 보이는 이 현실은 하나님의 은혜의 때가 가까웠음을 의미한다. 이제 회개하고 복음을 믿음으로 생명운동을 펼쳐 나갈 때다.

생명으로 인도하는 문은 좁고 협착하다는 말씀과 같이 우리는 생명운동이 좁은 문으로 가는 운동이며, 궁극적으로 십자가를 지는 운동임을 고백한다. 예수님이 죽음을 이기고 부활하신 것처럼 우리도 자신을 부정하고 순교자적인 자세로 살아갈 때에 부활의 영광을 안을 것이며 영원한 생명을 획득할 것이다."

사례연구: 유한 킴벌리의 환경경영

유한 킴벌리는 화장지를 비롯한 유아용 기저귀, 여성용 생리대 등 종이제품과 안전복, 수술복 등 각종 위생 특수복을 생산하는 기업이다.

유한 킴벌리는 종이산업이므로 생산과정에서 환경오염의 발생가능성이 높고, 소비과정에서 환경오염이 발생하면 인간 건강을 해친다. 1996년부터 다음과 같이 환경경영 방침을 설정하고 이를 실천하여 왔다.

첫째, 환경부하 최소화: 원료의 선택, 제품설계, 생산공정, 유통구조, 폐기과정에 이르기까지의 전 과정에서 환경오염이 최소화 되도록 한다.

둘째, 환경보호운동: 지역사회의 환경을 보호한다.

구분	내용
예배	– 환경윤리 지키기(6월 첫째 주일)
	– 자연 속에서의 예배
	– 하나님이 창조하신 세계의 보전을 위한 기도
교육	– 환경 통신강좌
	– 창조신앙의 관점에서 보는 성경공부
	– 주말 생태교실
	– 녹색교회학교
친교	– 녹색 수련회
	– 환경정화 및 감시활동
	– 교회를 푸르게
	– 생명 밥상운동
봉사	– 환경전도
	– 교회를 푸르게
	– 환경 살림터
	– 환경홍보

자료: 기독교환경운동연대

셋째, 지속적 환경개선: 3R(Reduce, Reuse and Recycle)에 의하여 환경을 지속적으로 개선한다.

넷째, 효율적 환경관리: 환경목표를 설정하고 실천한다.

다섯째, 조직원의 환경관리 능력배양: 체계적 교육훈련을 실시한다.

여섯째, 환경방침과 환경경영활동을 공개한다.

이에 따라 유한 킴벌리는 제지과정에서 나오는 처리수의 재활용비율이

2003년에 62%에 이르게 되었고, 2005년에는 85%까지 높일 계획이다. 반면 폐기물 발생량은 2003년에 18% 감소하였고, 2005년에는 45% 감소할 계획이다. 에너지 사용량은 2003년에 13% 감소하였는데 , 2005년에는 20% 감축할 계획이다. 배출 농도는 해당항목 21항목에서 배출목표를 달성하였다. 대기오염 배출량은 보일러의 연소조건 개선으로 질소산화물(NOx), 황산화물(SOx)), 먼지 배츨을 국가기준보다 낮게 유지하고 있다. 수질오염 역시 최종처리시설의 개선으로 부유물질(SS), 화학적 산소요구량(COD), 생화학적 산소요구량(BOD)의 배출량이 1997년 이래 획기적으로 감소하였다.

땅을 망하게 하는 자는 멸망한다.

요한계시록에서는 하나님을 경외하는 자와 땅을 망하게 하는 자를 대비시키고 있다. 하나님을 경외하는 자는 상을 받을 것이나, 땅을 망하게 하는 자 곧 환경을 파괴하는 자는 멸망시킬 것이라고 경고하고 있다.

"종 선지자들과 성도들과 또 작은 자든지 큰 자든지 주의 이름을 경외하는 자들에게 상 주시며 또 땅을 망하게 하는 자들을 멸망시키실 때로소이다"(계 11:18).

요약

하나님은 태초에 엿새 동안 천지를 창조하시고 보시기에 좋았더라고 하셨다. 하나님이 창조하신 세계는 생태계의 균형을 유지하고 있었고 인간도 매사에 있어 부족함이 없었다. 하나님은 생육하고 번성하는 축복을 인간에게 주셨고 땅을 정복하고 모든 생물을 다스리는 권한을 인간에게 위임하셨다. 하나님은 인간과 생물을 창조하신 후 보시기에 좋았더라 하였을 뿐만 아니라 생육하고 번성하라는 축복을 해주셨다.

하나님께서는 사람으로 하여금 환경청지기로 임명하여 환경을 돌보도록 하였다. 천지창조 시에는 생태계가 완전한 균형을 이루고 있었다. 그러나 인간은 자연 자원을 마구 개발하여 매장량이 고갈 지경에 이르렀다. 공중의 나는 새와 바다의 물고기도 남획으로 멸종위기에 처해 있다. 이러한 상황하에서는 지속적 경제성장을 할 수 없다. 가장 심각한 것은 지구온난화 현상이다. 세계는 이산화탄소 등 온실가스 배출을 억제하여야 한다. 기후변화협약 교토의정서에 미국은 조인하지 않아서 협약이 제 구실을 못하고 있다. 환경원칙 중 오염자 부담 원칙과 예방의 원칙은 세계 각국이 수용하여 환경보호가 국제적으로 효율적으로 이루어지도록 하여야 한다. 예방의 원칙은 세계무역기구(WTO)가 무역 차별화의 소지가 있다고 하여 수용하지 않고 있다. 기독교회는 환경보호 활동을 강화하여 하나님이 창조하신 지구환경을 보호하는 것이 창조질서를 지키는 일이 된다는 것을 인식하여야 한다.

3

경제적 효율성이냐, 분배평등의 사회정의냐

"요셉을 양 떼 같이 인도하시는
이스라엘의 목자여 귀를 기울이소서
그룹 사이에 좌정하신 이여 빛을 비추소서"

(시 80:1)

# 경제적 효율성이냐
분배평등의 사회정의냐

하나님은 희소자원을 효율적으로 사용하여 사람들이 경제적 부를 향유
하도록 하는 한편, 분배의 사회정의를 실현하도록 사회복지제도를 수립
하신다. 경제적 효율성과 사회정의는 상충관계에 있으나 하나님의 경제
윤리의 양 체제가 Win-Win이 되도록 하나님은 경제 체제를 조정하신다.
우리는 경제적 효율성을 최대화하여 경제적 희소자원이 낭비되지 않도록
하여야 하는 동시에, 소득재분배 과정을 통해 사회정의가 하수같이 흐르
게 해야 한다.

경제적 효율성

경제적 의사결정의 추구하는 목표는 경제적 효율성(economic efficiency)을 최대화 하는 것이다. 경제적 효율성은 사회정의인 소득의 평등성(income equity)과는 상충관계에 있다. 효율성은 제한된 희소자원을 이용하여 최대의 효과를 얻는 것을 말한다. 반면 평등성은 희소자원을 이용한 경제행위의 성과물이 사회의 구성원에게 골고루 분배되는 것을 말한다. 효율성은 최소비용으로 최대효과를 얻는 경제 법칙이며 소득이라는 파이(pie)의 크기를 크게 하는 것이다. 비효율적이라 함은 아까운 희소자원을 낭비하는 생산 내지 소비를 말한다. 평등성은 주어진 소득의 파이를 어떻게 공평하게 나누어 가지느냐의 둔제로서 사회정의에 관한 것이다. 경제행위가 경제적 효율성을 최대로 하는 것을 목표로 한다면 성과물의 배분이 자본가에게 소득이 편중되므로 분배 정의가 이루어지지 않으며, 반대로 분배의 평등을 중요시하면 자본가의 의욕 상실과 노동자와 사용자사이에 투쟁이 발생한다. 분배 정의는 곧 사회복지제도의 확대 또는 계획경제 체제를 말하므로 경제적 효율성이 낮게 된다.

[그림 3-1]에서 윈쪽은 경제적 효율성, 자본주의 및 자유시장 원리를 가리키고, 오른쪽은 경제의 사회정의, 사회주의 및 계획경제 체제를 가리킨다. 경제적 효율성을 강화하면 그 만큼 사회정의를 희생해야 하며, 반대로 사회정의를 강조하면 자유시장 원리를 희생해야 한다.

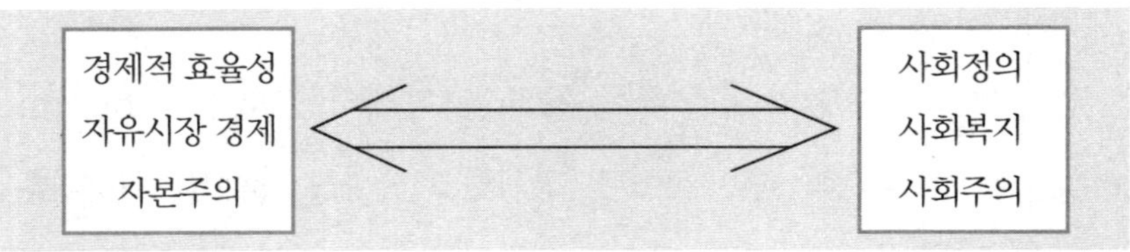

[그림 3-1] 경제적 효율성과 사회정의

경제적 효율성은 아담 스미스(Adam Smith, 1773-1790) 이래 자유시장을 통하여 달성된다고 믿게 됐다. 경제사회가 이용하는 자원은 희소성을 가지고 있는데, 희소자원을 가지려면 대가를 지불하여야 한다. 경제적으로 유용하지만 희소하지 않아서 자유롭게 이용할 수 있는 경우는 자유재라고 부른다. 사람들은 희소자원을 생산에 투입하기 위해서 희소자원을 원한다. 이를 경제적 수요(demand)라 한다. 한편 희소자원을 어떤 사유로든 보유하고 있는 자는 좋은 값을 받을 수 있으면 대가를 받고 희소자원을 타인에게 양도하려고 한다. 이를 공급(supply)이라 한다. 수요와 공급은 시장에서 서로 만나 가격을 흥정하고 합의되는 가격에 의하여 교환이 이루어진다. 가격은 수요와 공급이 만나는 점에서 결정된다. 만약 어떤 사정으로 수요가 많아져서 공급을 초과하게 되면, 제한된 공급에 대하여 수요자간의 경쟁이 발생하여 가격은 오르게 된다. 가격이 오르면 그 동안 가격이 낮아서 공급을 보류하고 있던 자들이 공급을 늘리게 된다. 가격상승은 수요를 감소시키는 동시에 공급을 증가시키므로 결과적으로 가격은 내려간다. 이러한 조정과정을 거쳐 수요와 공급이 일치하는 점에서 균형가격이 정해진다. 이를 가격기구(price mechanism)라 하고, 가격은 매개변수 기능을 한다고 한다.

어떤 상품에 대한 가격이 올라가면 수요량은 줄어든다. 가격이 올라가면 공급량이 증가한다. 수요 및 공급 곡선의 기울기와 모습은 소비행태, 자원보유 상태, 기술의 발전 상태, 기후변화 등 많은 경제사회적 요소에 의하여 결정된다. 최근에 아스피린이 혈압 강하제로 효과가 있다는 사실이 알려졌다. 아스피린에 대한 새로운 수요가 나타남으로써 수요 증가량만큼 가격은 높아졌다. 한편 아스피린 생산업자는 가격이 오를 때 아스피린을 많이 팔기 위하여 새로운 생산 방식을 연구개발 한다.

가격기구의 수요와 공급의 조정은 시장에서 자유가 보장되어야만 이루어 질 수 있다. 시장에 대한 정부 규제가 있으면 수급조정이 왜곡된다. 가격은 오직 수요와 공급요인에 의해서만 결정되어야 한다. 그리하여 아담 스미스는 자유방임주의(laissez faire)를 주장했다. 자유시장 하에서는 경제의 효율성을 높이기 위하여 분업체제를 선택한다. 분업은 전문화를 통하여 노동자의 숙련도를 높이므로 생산성이 높아져 경제적 효율성이 개선된다.

투입된 희소자원이 생산과정을 거치면서 부가가치를 산출한다. 산출된 부가가치는 자본가에게는 이윤으로, 노동자에게는 임금으로 분배된다. 이 때 자본가에게 돌아가는 몫이 노동자에게 돌아가는 몫보다 상대적으로 크다면 노동자들은 불만을 가진다.

누구나 부를 얻으면 이를 축적하려 한다. 축적한 부가 클수록 권력이 커진다. 자본가는 계속적인 재투자를 통해서 부자가 된다. 부자는 자신의 능력으로 부자가 되었다고 자만하게 되어 빈곤자를 억압하게 된다. 그래서 노동자에게 적정 임금수준보다 낮은 임금을 주는가 하면 규정된 작업시간을 초과하여 노동하게 함으로써 노동자를 수탈한다. 심지어는 노동자의 임금을 몇 달씩 체불하기도 한다.

신자유주의 체제하에서는 경제활동에 대하여 정부 개입을 최소한으로 제한하고 모든 의사결정은 시장에서 결정되도록 한다. 따라서 시장의 가격기구 기능이 제한을 받지 않도록 하고, 정부 기능은 야경국가 기능과 시장실패부문에 한하도록 한다. 사회복지 기능도 자유시장에서의 민간기업의 경제 활동을 위축시키지 않는 범위내로 제한한다. 국제적으로는 무역자유화와 자본의 국제간 이동의 자유화를 보장한다. 반면 사회정의를 강조하는 체제하에서는 분배의 평등을 위하여 누진 세제를 강화하여 복지기금을 확보하려 한다.

경제적 사회정의

사회정의는 한 사회의 구성원인 개인 또는 집단에게 공정한 대우를 하는 동시에 구성원 각자에게 평등하게 몫을 나누어 주는 사회법칙을 말한다. 사람은 누구나 정의로운 사회에 살기를 원한다. 소득의 불평등한 분배는 정의롭지 않다고 생각한다. 그러면 그 사회의 어떤 기간 동안에 발생한 소득을 인구수로 나눈 평균소득을 각 구성원에게 배분하는 것을 평등이라 할 것인가? 어른은 많이 갖고 어린이는 적게 받는 것이 평등인가? 어떤 배분 기준을 세우고 이에 따라 배분하여야 정의롭다고 할 수 있다. 그리하여 인류는 구성원 각자의 능력, 노력, 필요 또는 성과를 기준으로 배분하는 것이 정의롭다고 생각하게 됐다. 그러나 이 네 가지 기준에는 상충되는 현상이 있다.

능력에 따라 분배하면 능력이 많은 사람은 노력을 적게 하여도 목표를 쉽게 달성할 수 있으므로 분배를 많이 받을 수 있다. 무엇을 기준으로 능력을 평가할 것인지 사회적으로 합의하는 것은 매우 어렵다. 학력이나 외국어 구사 능력이 탁월하다 하여 능력이 있다고 단정할 수 없다.

첫째로 우리는 노력을 많이 하는 자에게 분배를 많이 해주는 것이 평등하다고 생각할 수 있다. 노력을 기준으로 하건 일에 대한 동기에는 강력한 작용을 하는 것이 사실이나 성과는 알 수 없다.

둘째로 필요가 많은 사람에게 많이 분배해주는 것이 사회정의라고 주장할 수 있다. 그러나 능력도 없고 노력도 하지 않는 자에게 필요가 많다고 하여 많이 분배하는 것은 평등하다고 볼 수 없다.

셋째로 성과에 따라 소득을 분배하는 것이 정의롭다는 생각이다. 일반적으로 기업 현장에서 성과급을 지급할 때 적용하는 기준이 성과이다. 종업원의 생산 또는 판매 실적을 기준으로 성과급을 지급한다. 그러나 어떤 한 사회를 생각할 때 많은 종류의 직업과 직무가 있는데, 직업별 및 직무별로 성과를 측정하는 일은 사회적으로 합의를 얻기가 어려운 단점이 있고, 합의 과정에서 저마다 자기 이익을 따라 주장을 하게 되므로 공동체가 분열될 우려가 있다. 성과 기준의 경우에는 자유경쟁이 보장되어야 공정하다고 할 수 있는데, 자유경쟁은 부익부 빈익빈 현상을 초래하므로 오히려 소득 재분배로 불평등이 심화될 가능성이 높다.

넷째, 목표 달성율을 기준으로 분배할 수 있다. 사회주의 계획경제 체제하에서는 목표를 설정하고 그 달성도를 기준으로 성과를 측정했다. 그러나 그 사회가 달성할 수 있는 잠재능력이 얼마인지 정확하게 측정할 수 없을 뿐만 아니라 인간의 계획 자체가 정확하고 합리적이라고 보장할 수 없다. 또한 목표설정도 어렵다. 계획경제는 비효율적이라는 것이 러시아를 비롯한 동구권 국가들과 및 중공의 공산주의 혁명 100년 동안의 실험에서 증명됐다.

다섯째, 이익률을 기준으로 산출물을 분배할 수 있다. 이익률은 수익을 비용으로 나눈 것이므로 비용을 고려하지 않는 상기 여러 가지 방법과는 개념상 차이가 있다. 예를 들어 목표 또는 성과 기준일 경우에는 총수익 기준이기 때문에 얼마나 비용을 투입하였는지 고려하지 않고 총수익만 올리면 된다는 개념이므로 이익률 기준은 보다 정교한 기준이 된다. 그러나 이익률 기준은 규모를 고려하지 않고 비율만을 기준으로 하므로 이익률 방법도 완전히 합리적이라고 할 수 없다.

인류는 오랜 역사를 통하여 사회복지제도가 가장 효과적인 소득 재배분 제도라는 것을 알게 되었다. 사회복지제도로는 실업보험제도, 국민연금제도, 의료보험제도, 최저생계비 지급제도 등이 발달되어 있는데, 이는 가난한 자들의 필요를 채워 줌으로써 국민의 평등을 도모한다는 철학에 근거를 둔다. 사회복지제도는 사회복지라는 사회적 목표를 달성한다는 명분이 있기 때문에 부자는 사회복지기금을 위하여 누진적으로 세금을 많이 낸다 하여도 그렇게 크게 반발하지 않는다. 그러나 여기에 불만 분기점이 있다는 것을 알아야 한다. 고소득층에게 누진 세제를 적용할 때에 어느 수준 이상이 되면 고소득자의 불만이 터져 나온다.

사회복지 수혜자는 익명의 시혜자로부터 혜택을 받으므로 감사하는 마음이 없으며, 세금은 한 푼도 내지 않으나 국가로부터 혜택을 받는 것은 당연하다고 생각한다. 또한 사회복지 수혜자는 쉽게 나태해지는 도덕적 해이에 빠질 우려가 있고, 사회복지 제도 운영에 많은 비용이 소요된다는 단점도 있다. 무엇보다 고소득층의 불만이 야기되는 것은 누진 세제에 대한 사회적 합의가 없이 정부의 일방적 의사결정에 의하여 아무런 반대급부도 없이 실시될 때이다. 아르헨티나는 비교적 일찍 근대화를 이룬 나라였으나 1945년 이래 군부 쿠데타의 악순환으로 정치적인 안정을 얻지 못하였다. 아르헨티나의 페론(Juan Dommingo Peron, 1895~1974)은 노동자 계급의 지지를 받아 대통령에 당선되자 노동, 보건 및 자선 분야에서 사회복지정책을 획기적으로 확대하였다. 사회복지정책은 대통령 부인 에비타에 의하여 주도되었다. 그러나 막대한 사회복지 지출에 따른 재정 부담을 이기지 못한 아르헨티나 경제는 추락하기 시작했다. 페론은 가난한 대중의 인기를 독차지 하였으나 결국 정부 재정의 파탄으로 경제 위기를 초래했다. 그러므로 우리는 사회복지에 의한 정의사회의 구현은 민주적

절차에 의한 사회적 합의가 중요하다는 것을 알게 되었다.

경제적 불평등 측정

자본주의의 가장 큰 모순은 부익부 빈익빈 현상이 발생한다는 것이다. 이는 생산과정에서 부가가치가 발생하면 이윤의 명목으로 자본가에게 많은 몫이 돌아가기 때문에 발생하는 것이다. 경제적 불평등(inequity)은 소득의 불평등한 배분을 말한다. 소득의 불평등은 부의 보유를 불평등하게 만들어 소득분배가 낮은 계층은 빈곤에 처하게 된다.

경제학에서는 소득의 불평등을 로렌츠(Lorenz) 곡선에 의하여 측정한다. [그림 3-2]에서 종축에는 누적소득 퍼센트를, 횡축에는 누적인구 퍼센트를 표시하면, 소득 분배는 대각선상에서 완전한 균형이 이루어진다. 그러나 현실적으로 완전한 균형이 이루어지는 경우는 없으며 [그림 3-2]에서 보는 바와 같이 실제적인 소득분배 곡선은 가운데가 볼록한 호를 그린다. 누적 인구 퍼센트 20%일 때 누적소득 퍼센트는 10%이고, 누적 인구 퍼센트 60%일 때 누적소득 퍼센트는 40%가 된다고 가정하자. 이는 인구의 20%는 총소득의 10%밖에 차지하지 못하며, 인구의 60%는 소득의 40%밖에 얻지 못한다는 것을 말한다. 그림에서 a점과 b점은 소득의 불평등분배점을 나타낸다. 이제 a와 b점, 그리고 그 이후의 불평등점을을 연결하면 소득불평등을 나타내는 로렌츠 곡선을 얻게 된다. 로렌츠 곡선은 균형소득 분배를 나타내는 45° 곡선보다 아래에 위치한다. 45° 곡선과 로렌츠 곡선 사이의 공간만큼 소득분배가 불평등(inequality)하다.

  소득분배에 있어서 불평등을 측정하는 지표로 지니계수(Gini's coefficient)를 많이 사용한다. [그림 3-2]에서 빗금 친 부분 B는 완전평등으로부터 벗어나는 정도를 나타내는 공간이다. 불평등이 심하면 B는 크게 된다. A는 완전평등을 나타내는 공간이다. 지니계수는 불완전평등 공간 B를 완전평등 공간 A로 나눈 값을 말한다. 만약 불평등 상태가 존재하지 않는다면 불평등 공간 B는 0가 되므로 지니계수도 0가 된다. 이는 완전평등을 말한다. 불평등공간 B가 커져서 45°선 아래 삼각형에 가득찬다면 지니계수는 1이 된다. 그러므로 지니계수는 0보다 크고 1보다 작은 숫자를 나타낸다. 지니계수가 0에 가까울수록 소득분배가 불평등하고 1에 가까울수록 소득분배가 평등하다.

[그림 3-2] 로렌츠 곡선

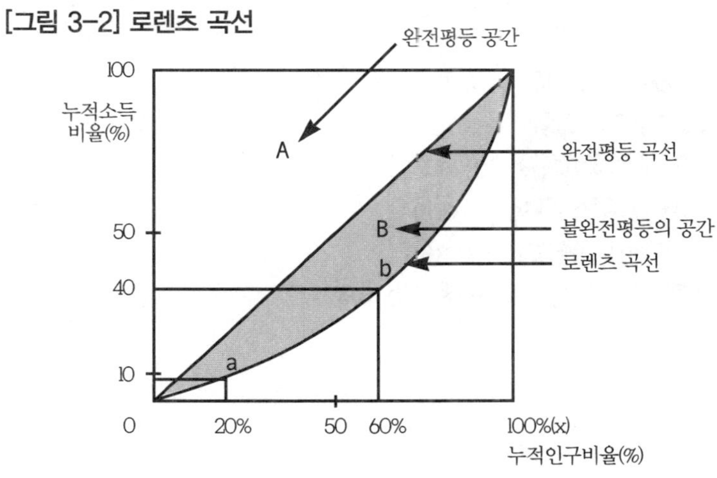

핀란드, 벨기에, 덴마크, 오스트리아와 같이 사회복지제도가 발달된 나라의 지니계수는 0.25수준으로 소득분배가 평등하게 이루어지고 있다. 폴란드와 헝가리와 같은 동구권 국가는 공산주의시대의 평등사상이 남아 있어 지니계수가 0.29수준으로 소득분배가 양호하다.

우리나라에서는 통계청이 지니계수를 작성하여 발표하고 있는데 1985년에 0.345였으나 1996년에는 0.295로 소득불평등이 개선되었다. 외환위기 후 2000년에 0.358로 악화됐다. 이러한 상황은 세계 127국가 가운데 27위에 해당한다.

[그림 3-3] 주요국의 소득배분 불평등 정도(지니계수)

국가	연도	지니계수
핀란드	(2000년)	0.247
벨기에	(1997년)	0.250
덴마크	(1997년)	0.257
오스트리아	(1997년)	0.266
폴란드	(1999년)	0.293
헝가리	(1999년)	0.295
캐나다	(1998년)	0.305
영국	(1999년)	0.345
한국	(2000년)	0.358
미국	(2000년)	0.368
멕시코	(1998년)	0.494

자료: KDI

분배정의의 정치철학

분배문제는 흔히 경제정의에 관한 이슈로 본다. 많은 사람들이 소득불평등의 사회적 불공정(injustice)은 정부가 나서서 시정해야 한다고 주장한다. 다음에서 분배 정책에 대한 정치철학적 접근을 살펴보자.

공리주의 분배철학

공리주의(utilitarianism)에서 인간은 사회조직 내에서 행복을 추구하는데, 이를 효용(utility)이라 한다. 효용은 사회내의 모든 인간에게 골고루 주어질 뿐만 아니라 사회 전체의 효용이 극대화 되어야 한다. 그런데 경제학 교과서에서는 한계효용은 체감한다고 한다. 효용이 계속하여 만족되면 될수록 추가되는 한계효용의 체감현상 때문에 추가되는 한계효용의 만족도는 떨어진다. 따라서 부자의 추가소득 1달러는 가난한 국가의 추가소득 1달러보다 효용이 낮다. 공리주의자들은 부자의 1달러를 가난한 자에게 이전시켜주면 한계효용이 큰 가난한 자의 한계효용이 증가하므로 사회 전체의 총효용은 커진다고 주장한다. 정부는 고소득층의 소득을 저소득층으로 이전 시키는 방법으로 누진 세제를 이용한다. 고소득층에게는 높은 세율을 적용하고 저소득층에게는 낮은 세율을 적용하면 고소득층의 소득은 줄어들고 저소득층의 소득은 증가한다.

그러나 세금을 상대적으로 많이 내는 부자는 일 할 의욕이 떨어져서 경제전반이 동력을 잃게 된다. 이 경우에는 사회 전체의 총효용이 감소한다. 총효용을 증가시키려고 누진세를 적용하다보니 오히려 **총효용**이 감소되는 결과를 초래할 수도 있다.

점진적 자유주의의 분배철학

롤즈(Rawls)는 정의 문제를 주로 연구하는 철학자로서, 공리주의는 다수의 행복을 위하여 소수의 희생을 강요하므로 비합리적이라고 생각하였다. 나치의 유대인 학살 정책과 미국의 노예제도는 공리주의가 초래한 추악한 결과이다. 사회에는 그 사회를 지배하는 공정한 법칙이 있는데 사회구성원의 합의에 의하여 설정된다. 어떻게 하면 정의 사회에 대한 객관적 합의에 의하여 공정한 법칙이 정해질 수 있을까? 롤즈는 무지의 베일에 가려있는 순수한 상태를 원상태(original position)라고 하고, 원상태에서는 구성원 각자가 평등하므로 아무도 자신의 사적 이익을 위하여 유리한 주장을 할 수 없다. 원상태에서 이루어지는 합의와 협상의 결과에 의하여 정의의 원칙이 성립된다. 롤즈는 실험에의 참여자로 하여금 무지의 베일 뒤에 있는 원상태에서 정의에 따라 소득의 분배를 어떻게 하여야 하는가를 생각하게 한다. 이 실험에서 구성원들은 무지의 베일에 가려져 있기 때문에 자기가 고소득층에 속하는지 또는 저소득층에 속하는지 알지 못하므로 자기는 복지혜택을 받을 수도 있는 저소득층에 속하는 것이 유리하다고 판단한다. 우리는 사회에서 혜택을 가장 적게 받는 최빈층의 최저 효용을 극대화해야 한다는 결론을 얻게 된다. 이를 최소극대화기준(maximin criterian)이라 한다. 최빈층에 대한 최소극대화

기준은 최빈층에 대하여 최대복지를 도모함으로써 소득의 재분배를 이룰 수 있다. 이는 누진 세제에 의한 공리주의자들의 소득재배분 원리보다 정부의 개입으로부터 자유화된 원리이다. 롤즈의 이 이론을 점진적 자유주의(liberalism)라 한다.

급진적 자유주의 분배철학

공리주의와 점진적 자유주의는 정부가 고소득층의 소득의 일부를 저소득층으로 옮겨 소득분배의 불평등을 해소하려고 하나, 정부는 사회구성원들의 소득을 이전시키거나 변화시킬 수 있는 권한이 없다. 자유경제하에서는 자원의 이전은 다른 사람과의 교환을 통하여 이전될 뿐이다. 그러므로 대가를 지불하지 않고 고소득층의 소득을 이전시킬 수 없다. 다만 고소득층이 무상으로 기증하는 경우는 이전이 가능하다. 영국의 철학자 로버트 노직(Robert Nozick)은 그의 저술 『무정부, 국가 그리고 유토피아』에서 다음과 같이 주장하였다.[22]

"어느 누구도, 어느 집단도 자원을 통제하거나 얼마 만큼을 나누어 줄지를 결정할 권한이 없다."

노직은 소득의 강제적 분배보다 기회의 균등을 보장함으로써 고소득층이나 저소득층이 능력만큼 소득을 얻을 수 있도록 하는 것이 사회정의와

---

22) Nozick, Robert, *Anarchy, State and Utopia*(Basic Books, 1974).

일치한다고 주장한다. 노직의 이러한 주장은 자유주의를 강하게 주장하기 때문에 급진적 자유주의라 한다.

불공정(injustice)은 불평등을 조장 한다.

레이몬드 W. 베이커는 『자본주의의 아킬레스 건』이라는 저술에서 자본주의는 경제적 효율성이 높은 반면 불법 자금, 불평등, 비효용의 치명적 약점을 갖고 있다고 주장했다. 그는 이 세 가지 병폐를 시정하지 못하면 자본주의는 약탈자가 된다고 경고하고 있다. 신자유주의 시대에 있어서는 정부의 경제거래에 대한 개입이 적으므로 불법자금이 정상적 자금과 혼용되므로 부정직하고 불공정한 거래라 하더라도 세상에서는 버젓이 용인된다는 것이다.

부패

부패는 경제를 왜곡시키는 동시에 관료들로 하여금 권력남용의 범죄를 저지르게 한다. 허가해주어서는 아니 될 허가를 뇌물을 받고 허가해주는 경우에는 허가를 받아야 할 선량한 제3자가 허가를 받지 못하게 된다. 뇌물은 수단을 가리지 않고 목적을 달성하려는 행위이므로 공정하지 않다. 부패의 해악을 베이커는 다음과 같이 지적하고 있다.

- 빈곤과 불평등을 조장한다.

- 정부의 세입을 줄인다.

- 선량한 납세자의 납세부담을 늘린다.

- 경제성장을 저해한다.

- 외국인 직접투자를 저해한다.

- 신규사업체 설립을 위축시킨다.

- 빈곤국의 채무부담을 늘린다.

미국은 1977년 해외부패방지법(Foreign Corrupt Practices Act)을 제정하여 부당한 이득을 취하려고 뇌물을 제공하는 것을 금하고 있다. 유럽국가들 역시 OECD의 권고에 따라 1990년개 후반부터 대부분의 회원국들이 반부패법을 제정 실시하고 있다. 개별 국가의 예를 들면 나이지리아는 1972년 군사정부가 정권을 장악한 후 세계에서 부패국가도에서 1등을 했다. 나이지리아 사람들이 해외로 빼돌린 자금이 1,000억 달러에 달하였다. 이는 나이지리아의 GDP의 2배에 달하는 금액이다. 법관들은 뇌물을 받고 판결 내용을 바꾸는 것이 예사였다. 국제투명성 기구의 국가별 부패지수에서 1996년~2000년간 1.6점을 넘어 본 적이 없다(지수가 낮을수록 부패도가 높음). 1992년~1998년간 나이지리아를 통치한 아바차 장군은 불법적 석유거래와 무기 밀무역으로 축재하였고, 마침내는 중앙은행에서 국고자금을 현금으로 인출하기까지 하였다. 아바차의 불법자금 거래는 씨티뱅크, 버클레이즈 스탠더드 차터드, HSBC 등 세계

유명 은행을 통하여 통상적인 자금거래로 세탁되었다. 이러한 불법자금 거래는 국제적으로 어떠한 통제나 감시도 받지 않았다.[23]

나이지리아 다음으로 부패한 나라는 인도네시아이다. 쿠데타에 의하여 수카르노를 물리치고 권좌에 앉은 수하르토는 30년에 걸쳐 인도네시아를 통치하면서 온갖 수단을 동원하여 축재하였다. 제분업체인 보가시리를 설립하고 밀수입과 제분업을 독점하였다. 수하르토의 자녀들은 은행에서 대규모로 대출을 받고 원리금은 상환하지 않았다. 수하르토는 30년 동안 97개의 재단을 만들고 사회복지기금이란 명목으로 공동 모금하여 개인재산으로 하였다. 다수의 네덜란드 은행들이 수하르토의 불법자금을 세탁하고 관리해주었다.[24] 세계은행은 수하르토의 이러한 부패를 알고도 1980년대에 차관 제공을 계속하였다.

부정

2006년 10월 15일 기자회견에서, 세계은행 울포위츠 총재는 부정은 경제발전을 저해한다고 했다. 세계은행은 부정부패를 이유로 차드, 케냐, 콩고, 인도, 방글라데시, 우즈베키스탄, 예멘, 아르헨티나에 대하여 융자 취급을 중지했다.[25] 부정부패는 신자유주의 정책의 효율적인 운용을 저해한다. 왜냐하면 가격기구 밖에서 경제거래가 이루어지기 때문이다. 정직한 거래는 효율성의 전제 조건이다. 부정부패는 전술한 바와 같이

---

23) 베이커, 『자본주의의 아킬레스 건』, 강혜전 역, 지식의 숲, 2007, 105-118.
24) 베이커, 119-131.
25) http://www.brettonwoowdsproject.org/article.shtml?cmd%5B126%5Dx1265317890.

자본주의와 독재 권력이 결합할 때 많이 발생한다. 말하자면 권력과 탐욕이 결합하는 현상이다. 경제는 자유시장 경제이고 정부의 통제가 심하지 않으므로 부정부패가 개재될 여지가 많다. 인간의 탐욕과 독재자의 권력이 합쳐지면 가공할 부정을 저지르게 된다.

부정 상거래

부정 상거래는 신용도 유지에 치명적이다. 저울추를 속이는 상행위는 매우 오래된 관행이다. 지적재산권을 침해하는 거래는 지적재산권 소유자의 이익을 손상시키는 행위로서 창의적 노력을 저해한다. 세계적인 디자인 제품의 모방제품을 만들고 이를 유통시키는 것은 국제적 범죄 행위이다. 마약은 사람들의 정신과 육체를 파괴하며 사회를 해체시킨다. 마약은 미얀마, 콜롬비아, 태국, 라오스 접경지역에서 많이 생산된다. 아프가니스탄에서도 마약이 재배된다.

도덕적 해이

도덕적 해이(moral hazard)는 1997년 동남아 외환위기 때 외국자본의 갑작스러운 대외유출을 초래하였던 제1원인이다. 특히 한국의 경우 금융기관과 기업의 도덕적 해이가 대외신용도 추락에 결정적 역할을 하였다. 도덕적 해이는 보험가입자가 보험에 가입하는 위험에 대하여 안심하게 되므로 부주의하게 되어 사고를 낸다는 것이다. 도덕적 해이는 정보의 비대칭(information asymmetry) 때문에 발생한다. 예를 들어 자동차보험의 경우 보험회사는 운전자에 대하여 운전자 본인보다 잘 알지를 못하므로 보험회사와 운전자간에는 정보의 비대칭 현상이 있게 된다. 따라서 보험시장은 완전경쟁시장이 되지 못하므로 효율적인 자원배분이 이루어지지 않는다.

한국에서는 대기업이 되면 도산하지 않는다는 전설이 있다. 대기업은 은행에서 차입을 할 수 있는 대로 많이 차입한다. 대기업이 시장의 변동으로 위험에 처하게 되었다 하여도 은행은 대출을 계속 해줄 수밖에 없다. 대기업은 정치권 또는 관료에게 뇌물을 주어 은행에서 자기의 신용도를 초과하여 대출을 받는다. 결국에는 과잉차입이 되어 부실금융이 된다. 부실금융의 누적으로 은행은 국제결제은행(BIS)의 자기자본의 건전성 한도를 초과하게 된다.

기독교적 경제정의

동물은 사회적 의식이 없으므로 정의 문제는 염두에 두지 않는다. 그러나 사람은 사회적이요 도덕적 존재이기 때문에 정의가 심각한 문제가 된다. 하나님은 정의의 원천이다.

구약성서에서의 경제정의

구약성서에서 하나님은 항상 의로운 분으로 나타나신다. 하나님은 신실하셔서 인간과 맺은 계약을 깨뜨리지 않는다. 시편 93편은 하나님의 다스리심의 위대함과 능력의 무한함을 다음과 같이 찬양한다.

"여호와께서 다스리시니 스스로 권위를 입으셨도다 여호와께서 능력의 옷을 입으시며 띠를 띠셨으므로 세계도 견고히 서서 흔들리지 아니하는도다 주의 보좌는 예로부터 견고히 섰으며 주는 영원부터 계셨나이다 여호와여 큰 물이 소리를 높였고 큰 물이 그 소리를 높였으니 큰 물이 그 물결을 높이나이다"(시 93:1-3).

하나님의 정의는 억울하게 시달리는 자를 붙들어 주고 과부와 고아, 가난한 자 및 나그네 된 자를 보호하는 것이었다. 이들 소외 계층은 당시의 경제 구조로 볼 때 생활능력과 근거가 없는 자들로서 다른 사람으로부터 도움을 받지 않으면 생존할 수가 없었다. 왜냐하면 이들은 직업도 없고 자영할 가게도 없어 생계를 꾸려 나갈 수 없기 때문이다. 하나님은 이들을 도우라고 하였다(신 24:17). 이스라엘 백성은 본래 애굽에서 노예 생활을 했으나 하나님의 은혜로 애굽을 탈출하여 가나안 땅에 정착하였으니 그 은혜를 생각하여 생활이 어려운 과부, 고아, 가난한 자, 나그네 된 자를 도우라고 했던 것이다. 또한 신명기의 율법은 고아, 과부, 가난한 자, 나그네와 레위인을 도우라고 명령하였다. 레위인은 이스라엘백성이 가나안 땅에 들어 올 때 성전에서 제사를 주관하는 임무를 맡은 자들이었으므로 경작할 땅을 배분받지 않았었다. 그러므로 레위인들의 양식은

11지파가 공동으로 담당하여야 했다. 이렇게 소외된 이웃에게 도움을 베푼 자에게는 하나님이 범사에 복을 주시리라 약속했다. 이웃을 돕는 일은 대가없이 지출되는 것 같으나 하나님이 축복으로 보상해주신다.

"너는 이방 나그네를 압제하지 말며 그들을 학대하지 말라 너희도 애굽 땅에서 나그네였음이라"(출 22:21).

"너희 중에 분깃이나 기업이 없는 레위인과 네 성중에 거류하는 객과 및 고아와 과부들이 와서 먹고 배부르게 하라 그리하면 네 하나님 여호와께서 네 손으로 하는 범사에 네게 복을 주시리라"(신 14:29).

그런데 이스라엘에서 왕정이 실시되면서 정치 및 경제구조가 복잡해졌다. 다윗왕 말기에는 압살롬 왕자의 난이 일어나서 부왕을 왕궁에서 쫓아내는 사태가 발생했으며, 솔로몬 왕 때에는 정치적으로나 경제적으로 최고의 번영을 이룩했으나 이방에서 데려온 처첩들의 우상을 섬기는 일이 만연하게 되었고, 솔로몬 사후에는 나라가 이스라엘과 유다로 분리되는 비극을 초래했다. 이렇게 문란한 질서 속에서 부자가 가난한 자를 억압하고 재산을 탈취하는 사태가 발생하였다. 선지자 아모스(B.C. 775-750)는 주전 7세기의 북왕국 이스라엘의 선지자로서 부패한 지주와 관리들이 가난한 자를 억압하고 수탈하는 부정의에 대하여 책망하였다. 저들은 힘없는 자를 짓밟고 부당한 세를 거두었고(암 5:11), 뇌물을 받고 성문에서 가난한 자를 억울하게 하였다고 지적했다. 또한 아모스는 은을 받고 의인을 팔며 신 한 켤레를 받고 가난한 자를 팔며 힘없는 자의 머리를 티끌 먼지 속에 밟고 연약한 자의 길을 굽게 한다고 했다(암 2:6-7). 아모스는 이스라엘이 살려면 공평과 정의를 세우라고 하였다.

"오직 정의를 물 같이, 공의를 마르지 않는 강 같이 흐르게 할지어다"(암 5:24).

이사야(B.C. 7~6c) 선지자는 남왕국 유다의 지배계층이 고아와 과부 그리고 가난한 자의 재산을 탈취하고 권리를 짓밟으며 뇌물을 받고 재판을 억울하게 하는 것을 꾸짖었다(사 1:17, 23). 또한 사치와 향락에 물든 귀부인들을 경고하였다(사 3:16). 선지자 이사야는 남왕국 유다의 대지주들, 재판관들 및 서기관들이 가난한 자를 불공평하게 대하는 부정의를 책망했다.

"가난한 자를 불공평하게 판결하여 가난한 내 백성의 권리를 박탈하며 과부에게 토색하고 고아의 것을 약탈하는 자는 화 있을진저 벌하시는 날과 멀리서 오는 환난 때에 너희가 어떻게 하려느냐 누구에게로 도망하여 도움을 구하겠으며 너희의 영화를 어느 곳에 두려느냐"(사 10:2-3).

이사야는 장차 정의의 통치자 메시아가 오셔서 공의로 허리띠를 삼을 것임을 예언했다. 예레미야(B.C. 7~6c) 역시 백성을 억압하여 부자가 된 자를 경고하였는데, 경제적 약자를 괴롭히지 말라고 하였다(렘 7:5-6, 22: 2-3). 에스겔(B.C. 6c)은 고리대금으로 이웃의 재산을 탈취하는 것을 경고했다(겔 22:12). 에스겔은 유다의 죄악이 소돔보다 더하다고 경고했다. 에스겔의 경고는 다음과 같다.

- 사람을 학대하지 말라.
- 빚진 자의 전당물을 도로 돌려주라.
- 아무것도 강제로 빼앗지 말라.
- 굶주리는 자에게 먹을 것을 주라.
- 헐벗은 자에게 옷을 입혀주라.
- 돈놀이를 하지 말고 이자를 받지 말라.
- 공정한 판결을 하라.

신약성서에서의 경제정의

예수님은 하나님 나라가 가까이 왔다고 외침으로써 공생애를 시작했다. 하나님의 나라는 사람의 마음속에 있다. 하나님의 나라가 임한 사람은 이웃을 내 몸같이 사랑하라는 명령을 듣고 가난한 사람, 슬퍼하는 사람, 핍박 받는 사람들에게 사랑을 베푼다.

기독교는 이웃 사랑의 종교이다. 예수님은 하나님을 전심으로 사랑하는 것이 크고 첫째 되는 계명이요, 이웃을 내 몸 같이 사랑하는 것이 둘째

되는 계명이라 하였다. 기독교의 기본 정신은 원수를 사랑하는 정신, 친구를 위하여 목숨을 버리는 사랑, 부자도 가난한 자도 차별하지 않는 사랑, 인종을 차별하지 않는 사랑, 그리고 노예를 학대하지 않는 사랑에 있다. 예수님의 제자는 예수님의 삶을 따라서 자기를 희생하려고 한다. 그러나 이러한 사랑과 희생정신으로 살벌한 경쟁의 경제전쟁터에서 살아남을 수 있을까? 전쟁터에서는 장군의 전략과 병사의 사기가 전쟁의 승패를 가름한다. 기독교회의 장군은 예수님이시니 최선의 승리 전략은 예수님을 따르는 것이다. 예수님의 군사 된 성도들은 서로 사랑함으로써 사기가 충천한다.

바울은 "오직 의인은 믿음으로 살리라"라는 하박국의 말씀을 발견하고 정의가 무엇인지를 깨달았다. 사람은 본래 죄인이나 예수 그리스도를 믿는 믿음으로 의롭게 되어 구원에 이르게 된다. 믿음은 사랑을 동반한다. 이웃 사랑의 정의는 믿음에 있다.

바울은 더 나아가서 종말론적으로 사회정의를 해석했다. 사람들은 하나님 앞에서 청산을 한다고 생각한다. 하나님은 예정된 모든 사람들이 구원에 이르게 되기를 바라고 있다. 구원 사역을 위해 예수님은 십자가를 지고 갔으며 장사한 지 사흘 만에 부활하셨다. 그러므로 바울은 의인이 된 사람들에게 다음과 같이 권면하였다.

"그러므로 형제들아 내가 하나님의 모든 자비하심으로 너희를 권하노니 너희 몸을 하나님이 기뻐하시는 거룩한 산 제물로 드리라 이는 너희가 드릴 영적 예배니라 너희는 이 세대를 본받지 말고 오직 마음을 새롭게 함으로 변화를 받아 하나님의 선하시고 기뻐하시고 온전하신 뜻이 무엇인지 분별하도록 하라"(롬 12:1-2).

이 세대를 본받지 말고 마치 오늘이 종말인 것처럼 생각하며 하나님의 뜻을 이루는 것이 진정한 의미의 사회정의가 된다. 믿음으로 의롭게 된 자는 율법과 죄에서 해방되어 진정한 자유인이 된다. 죄의 종이 된 자라도 예수를 믿으면 진정한 의미의 자유인이 된다. 이제부터는 예수 그리스도의 종이 된다. 바울 사도는 죄인이 의인으로 칭함을 받아 구원에 이르게 된다고 하였다.

"그러나 이제는 너희가 죄로부터 해방되고 하나님께 종이 되어 거룩함에 이르는 열매를 맺었으니 그 마지막은 영생이라"(롬 6:22).

그리스도인은 서로 사랑하므로 아무에게도 빚을 지지 않는다. 바울은 남을 사랑하는 사람은 이미 율법을 완성한 사람이라고 했다(롬 13:8). 성도들은 그리스도와 함께 십자가에서 죽었으나 종말의 날에 그리스도와 함께 부활 할 것을 믿는다. 죽음은 암흑의 권세에 속하나 성도는 부활에 의하여 결국 승리한다.

"보라 내가 너희에게 비밀을 말하노니 우리가 다 잠잘 것이 아니요 마지막 나팔에 순식간에 홀연히 다 변화도리니 나팔 소리가 나매 죽은 자들이 썩지 아니할 것으로 다시 살아나고 우리도 변화하리라"(고전 15:51-52).

가톨릭의 경제윤리와 사회정의

가톨릭교회는 교황의 회칙 형식으로 교회의 사회정의에 대한 가톨릭의 책임을 피력하여 왔다. 가톨릭 사회교시의 핵심은 인간의 존엄성이다. 교황 레오 13세가 〈새로운 사태〉(Rerum Novarum: RN)라고 하는 회칙을 발표한 이래 회칙은 100년 넘게 계속하여 발표되고 있다.[26]

레오 13세는 1891년 노동자에 대한 회칙을 발표하였는데, 주제가 노동 문제이었으므로 흔히 〈노동헌장〉이라고 불린다. 그 시대에는 사회주의자들이 사유재산권을 폐지해야 한다고 주장하던 때이었다. 그러나 레오 13세는 지상에서의 재산은 하느님이 개인에게 주신 것이므로 재산은 각자 고유의 것으로 인정하는 것이 자연법에 따르는 것이 되기 때문에 사유재산권 폐지 주장에 반대하였다. 레으 13세는 회칙에서 노동자들의 상황을 고려하면 개인 각자가 재산을 소유하는 것이 재산을 공유하는 것보다 노동자에게 유익하다고 했다. 또한 레오 13세는 노동자들의 문제를 해결하기 위해서 교회와 국가는 어떤 역할을 해야 한다고 주장하였다. 경제 사회 문제에 대한 국가의 개입은 보조성의 원리에 따라야 한다.

비오 11세는 1931년 RN 40주년을 기념하여 사회 질서의 재건에 관한

---

26) 김춘호, 『가톨릭교회와 사회 변혁』(왜관: 분도출판사, 1998), 227-28.

회칙 〈40주년〉(Quadrageximo Anno: QA)을 발표하였는데 RN의 실행 상태를 되돌아보고 교회와 공권력이 RN의 실행에 어떤 역할을 했는지를 평가했다. 교황은 노동계약은 일종의 사회계약으로 조절되어야 하며 임금은 생계유지비, 기업체의 상황 및 공동선의 요청을 고려하여 책정되어야 한다고 했다.

또한 비오 11세는 자본주의에 대하여 자본가는 자기의 이익만을 추구하지 말며 노동자의 인간으로서의 존엄성을 침해하지 않아야 한다고 했다. 공산주의의 계급투쟁과 사유재산 철폐 주장은 완화되어야 한다고 주장했다.

요한 23세는 1961년 RN 70주년을 맞이하여 새로운 경제사회의 발전, 노동의 정당한 보수, 농업국과 저개발국 문제들, 인구증가 문제 등에 관한 회칙 〈어머니와 스승〉(Mater et Magistra: MM)을 발표했다. 노동자에게 최저임금을 주지 못한 부분은 노동자의 채권으로 인정해야 하며, 더 나아가 기업체의 소유재산에 참여 할 수 있어야 한다고 했다.

요한 바오르 2세는 1981년 RN 90주년을 맞이하여 회칙 〈노동하는 인간〉(Laborum Evercens: LE)을 발표했는데 노동과 인간의 관계, 노동과 자본과의 관계, 고용주, 노동자 및 노동조합과의 관계 등에 대하여 가톨릭교회의 지침을 발표하였다. 이 회칙은 노동자의 권리는 비단 임금에만 있는 것이 아니고 사회복지, 휴식, 연금제도, 노후대책에 관해서도 노동자의 권리를 인정하고 있다.

요한 바오르 2세는 1991년 RN 반포 100주년을 맞이하여 회칙 〈백주년

〉(Centesimus Anus: CA)을 발표하였는데 그 동안 발표된 가톨릭교회의 사회교시를 평가하고 실천 사항을 점검했다. 이 회칙에서는 사회주의 국가의 무신론을 비판하고 계급투쟁을 배격했다. 이 회칙은 시장경제 체제와 자유경제 체제를 옹호했으며, 경제 체제는 모름지기 공동선을 지향해야 한다고 지적했다.

100년 동안 발표된 가톨릭교회의 사회교시는 인간은 사회를 위하여 존재하는 것이 아니고 사회가 인간을 위하여 존재한다고 일관되게 주장하여 왔다. 김춘호에 의하면 100년 동안 발표되어온 가톨릭교회의 회칙을 관통하는 원리는 다음과 같다고 했다.[27]

첫째, 인간의 원리

인간은 하나님의 형상을 따라 창조됐으므로 인간으로서의 고유한 존엄성을 가지고 있다. 인간의 존엄성은 존중돼야 하며 누구도 이를 침해할 수 없다. 인간의 존엄성을 인정한다면 인간의 보편적이고 불가침적인 권리와 의무를 인정해야 한다. 요한 23세는 모든 인간은 생존의 권리, 신체보존의 권리, 생활의 품위 유지에 적합한 권리, 사회보장을 받을 권리, 신분 선택의 자유, 교육과 노동에 대한 권리, 명예와 존경에 대한 권리, 가정형성의 권리, 양심에 따를 권리, 사생활을 보호받을 권리 및 종교의 자유를 누릴 권리가 보장되어야 한다. 노동조건은 인간의 존엄성을 존중하는 원칙에 따라야 하며 임금은 정의의 규범에 따라 지급돼야 한다. 노동

---

27) 김춘호, 『가톨릭교회와 사회변혁』(왜관: 분도출판사, 1998)

자는 집회와 결사의 자유가 보장돼야 한다.

둘째, 연대성의 원리

사회를 구성하는 인간들간의 관계와 인간과 집단과의 관계에 대하여 공동선의 실현을 위하여 각각은 연대성에 입각하여 자기 역할을 다하여야 한다. 연대성의 원리는 인간의 존엄성에 기초를 두고 있다. 모든 인간은 평등하다. 그러므로 고용과 노동에 있어서 어떠한 차별도 없어야 한다. 이웃사랑의 실천으로 공동선이 달성된다.

셋째, 보조성의 원리

개인과 하위집단이 할 수 있는 것은 자신이 수행하되 할 수 없는 것은 국가나 상위집단이 맡아서 수행함으로써 개인과 집단의 고유 목적을 달성하도록 한다. 국가는 고용 기회와 부의 원천을 제공함에 있어서 경제 활동의 자유를 보장해야 한다. 가톨릭교회는 자유방임주의가 독점을 야기하므로 배격되어야 한다고 주장해 왔다.

요약

경제적 효율성과 사회정의는 상충관계에 있으나 조화를 이루어야 한다. 경제적 효율성을 중시하는 사람들은 오직 이윤의 크기에 민감하므로 자유시장을 옹호하며 국가의 개입을 배격한다. 이들은 오직 자유시장만이 경제의 균형을 달성할 수 있는 길이라고 주장한다. 복지사회와 사회정의를 부르짖는 사람들은 사회복지의 확충과 소득 분배의 평등을 주장함으로써 경제적 효율성은 희생되어도 좋다고 한다. 정부는 사회복지 재원을 확보하기 위하여 누진 세제를 강화하여야 하는데, 누진세가 적용되면 고소득층의 조세저항이 강하게 일어난다. 또한 이들의 경제활동에 있어서의 사기 저하도 문제가 된다. 그러므로 누진세 적용은 신중을 기해야 하며 무엇보다 국민적 민주주의적 절차에 따라 합의가 이루어져야 한다.

4

하나님의 자본주의

'주 여호와의 영이 내게 내리셨으니
이는 여호와께서 내게 기름을 부으사 가난한 자에게
아름다운 소식을 전하게 하려 하심이라"

(사 61:1)

# 4 하나님의 자본주의

고대 그리스 시대로부터 18세기 중세 유럽시대까지 상업과 돈벌이는 천박한 것으로 인식되어 왔다. 중세 기독교인들은 예수님이 "너는 하나님과 재물 두 가지를 동시에 섬길 수 없다"(막 10:25)라는 말씀을 따라 재물은 악한 것으로 치부하였다. 그러나 중세기 말에 상업자본주의가 번성하자 종교개혁자들은 상업이나 금융업을 비롯한 모든 세속적 일들을 옹호했다. 신뢰, 정직, 근면, 절약, 검소, 창의의 프로테스탄트의 경제윤리는 자본주의를 발흥시킨 에토스(ethos)가 됐다. 무엇보다 시장에서 중요한 것은 신뢰를 형성하여야 한다는 것이다.

자본주의 철학자들

아담 스미스(Adam Smith, 1723-1790)

계몽주의 시대의 사상가들은 경제체제의 도덕성의 근거를 정립하려고 노력하였다. 철학자들은 2개의 학파로 나누어졌는데, 첫째 학파는 도덕성의 근거는 보편적인 행복 또는 개인적인 행복을 들었다. 이들은 자연스럽게 공리주의로 발전하였다. 둘째 학파는 인간은 자기 내면에 있는 도덕적 감각에 따른다는 도덕감각학파로 발전하였다. 아담 스미스는 둘째 학파에 속하였는데, 개인적으로 갖는 "동감"의 원리를 주장하였다. 인간은 사회 속에서 살면서 타인의 도움을 필요로 할 때에 서로 사랑하고 존중한다. 인간은 누구나 동감 능력을 가지고 태어나므로 죽음에 이르기까지 타인과 동감대를 이루며 산다. 국부론에서 아담 스미스는 이기심에 도덕성의 기초를 두었다. 사회의 구성원이 자신의 이기심에 따라 경제행위를 하면 전체의 이익이 증가하므로 그 결과는 이타적이 된다. 아담 스미스는 『국부론』(1776년)에서 자유로운 시장의 개념을 도입하였다. 스미스의 시대에는 군주제, 교회, 식민지, 계급제도, 노예제도와 같은 억압체제가 지배하였는데 이들의 권력을 배제하는 시장원리를 주장하게 되었다.

벤담(Jeremy Bentham, 1748-1832)

벤담은 아담 스미스가 탄생 25년이 되는 해에 태어났다. 벤담은 1789년 『도덕과 입법의 원리 서설』을 출간하여 최대다수의 최대행복이라는 내용의 공리주의를 주장하게 되었다.

　첫째, 공동체 구성원의 이익의 합은 공동체의 총이익이 된다. 총이익은 상류층과 하층계급 모두의 이익을 합산한 것이다.

　둘째, 효용이 대안 선택의 기준이 되어야 한다. 사상, 제도, 법률, 권리 기타 요인들을 활용 함으로써 효용을 최대로 만들어 낸다.

　셋째, 효용성은 행동의 결과를 기준으로 최대의 행복을 평가한다.

　넷째, 최대 다수의 최대 행복을 위해 소수의 작은 행복은 다수의 더 큰 행복을 위하여 희생시킨다.

　다섯째, 편익(benefit)과 비용(cost)의 등급을 매기거나 양을 측정하여 편익이 불이익보다 클 때에 최대행복이 실현된다고 본다.

　편익은 쾌락이다. 쾌락에는 부, 역량, 친교, 명성, 권력, 신심, 자비, 금전, 상상, 기대, 교제, 휴식은 물론, 감각적인 쾌락도 포함된다. 비용에는 고통, 궁핍, 욕구, 실망, 후회, 거북함, 오명, 증오, 악의 등이 포함된다.

　그러나 공리주의는 윤리적 또는 종교적 가르침을 도외시 하고 있으며 편익요소의 가중치 또는 선택기준을 설정하기 어려운 문제가 있다. 또한 선한 행동이었으나 결과가 나쁘면 편익으로 보지 않으려 하므로, 아무리 선한 행동이라도 결과가 나쁘게 나올 것이 예상되면 그러한 행동을 하지 않는다. 엄격한 공리주의에서는 인권이 무시된다. 결과만 좋으면 노예제도도 용납할 수 있다고 주장한다. 공리주의에서는 사회정의보다 효용이 우선이다. 이러한 벤담의 사상은 아담 스미스의 동감의 원리를 무력화 시켰으며 다수의 행복을 위해 소수의 희생을 강요하였다.

케인즈(John Maynard Keynes, 1883-1945)

케인즈는 자본주의 경제체제는 독점과 대량실업의 발생 그리고 경기변동 때문에 자유방임으로는 시장의 자동조절기능이 더 이상 작동하지 않는다는 것을 알게 됐다. 공급은 그 자체의 수요를 창출한다는 세이(Sey)의 법칙이 적용되지 않게 됐다. 케인즈는 자본주의 경제는 유효수요의 부족으로 완전고용에 이르지 못한다는 사실을 발견하고, 부족한 유효수요를 정부가 매꾸어 주어야 한다고 주장하게 됐다. 유효수요 부족을 충당하기 위해서는 정부의 소비와 투자를 늘려야 하는데 이는 펌프에 마중물 붓기의 역할을 하여 민간소비와 투자를 이끌어 낸다. 케인즈는 경제정책에 있어서 인플레이션 시기에는 세금을 인상하는 하는 동시에 정부지출을 억제하고, 디플레이션 시기에는 세금을 인하하는 동시에 정부지출을 확대하여야 한다고 하였다. 이에 따라 정부의 시장개입으로 경제를 조절하는 정책이 시작되었다. 그러나 실업증가와 물가상승이 동시에 나타나는 스태그플레이션(stagflation)일 때언 케인즈 경제학은 해답이 되지 못하였다. 케인즈는 유효수요의 진작을 위해서는 소비와 투자가 증가되어야 한다고 하여 소비가 미덕이 된다고 하였다. 이러한 케인즈의 주장은 뉴딜정책의 이론적 근거가 되었으나 뉴딜정책은 막대한 재정지출을 초래하여 경제성장의 발목을 잡았다.

프리드만(M. Friedman, 1912-2006)

프리드만을 위시한 통화주의론자들은 장기적으로 화폐 공급량의 증가가 물가상승을 결정한다고 본다. 화폐공급 증가율을 실질국민소득 증가율에 연결하여 일정 비율을 유지하면 기업들이 장기적인 예상을 할 수 있다. 정부는 통화 공급량의 증가율을 일정률로 고정시키는 역할만 하여야 한다고 주장했다. 모든 경제적 의사결정은 시장에 맡겨 두어야 한다고 주장하였다. 프리드만에 의하면 정부는 독점이나 시장이 실패하는 외부성 부문에만 개입할 수 있을 뿐이다. 프리드만은 독점은 경쟁을 제한하여 시장기능을 왜곡시키므로 정부가 개입하여 시장기능을 회복하도록 하여야 한다고 주장하였다. 프리드만은 국제무역과 자본거래를 자유화하는 동시에 변동환율제의 도입을 주장하였다. 또한 프리드만은 기업의 사회적 책임에 대하여 부정적인 반응을 보였다. 하이에크(Frederick August von Hayek) 역시 신자유주의 학자로서 정부의 시장경제에의 개입은 '노예에의 길'이라고 했다.

프리드만을 위시한 자유시장 주창자들을 신자유주의자들이라고 불렀는데, 신자유주의자들의 주장으로 무역자유화와 해외직접투자가 획기적으로 확장되었으며, 자본이동 자유화가 세계적으로 제도화 되었다. 이에 따라 금융시장의 세계적 통합이 이루어져 어느 시장보다 다른 시장에 대한 영향력이 커졌다. 신자유주의론자들은 "신자유주의 이외에는 더 이상의 대안은 없다"(There is no alternative: TINA)라고 주장하게 되었다.

신자유주의 경제이론은 1970년대에 영국의 대처 수상과 미국의 레이건 대통령이 신자유주의 경제 정책을 채택하여 인플레를 절반으로 줄일 수 있었다. 신자유주의는 고전적 자유주의보다 보수적 입장이 강하다.

사유재산제도

재산의 소유 형태

초대교회의 그레고리 나찌안젠(Gregory Nazianzen)은 천지창조 때에는 가난도 없었고 모든 사람은 부유한 상태이었다라고 주장하였다. 낙원에 있는 무엇이든 마음대로 사용할 수 있었다. 아담의 타락 이전에는 내 것, 네 것이 없었다. 그러나 타락 후 자연적인 균형은 깨어지고 탐욕이 인간의 마음속에 자리 잡게 되자, 재산의 사적 소유가 제도화 되었다. 사람들은 땅에 경계선을 긋게 되었으며 끊임없이 영토분쟁에 휩싸이게 되었다. 심지어는 사람을 노예로 사고 팔기도 하였다. 따라서 뜻있는 사람들은 물질은 사악한 것이라는 생각을 하게 되었다. 사람들은 원시공산주의식 공동체를 유토피아로 여기게 되었다.

누가는 소유문제에 있어서 가난한 자를 대변하는 정의의 사도였다. 누가복음은 소유문제에 대하여 무려 18회나 언급하고 있다. 누가복음과 사도행전에 기록된 소유문제에 대한 가르침을 살펴보자. 예수님의 제자가 되려면 첫째, 모든 소유를 포기하여야 한다. 둘째, 소유의 일부만이라도 포기하여야 한다. 셋째, 모든 소유는 공동으로 관리하여야 한다는 주장이 있다.

첫째, 소유의 완전 포기

예수님이 베드로, 요한, 안드레, 야고보를 제자로 부르실 때, 그들은 생업의 근거가 되는 배와 그물을 완전히 포기하고 예수님의 제자가 되었다. 예수님이 마태가 세관에 앉아 있는 것을 보시고 "나를 따르라"하시니 그가 모든 것을 버리고 일어나 따랐다. 부자 관원이 예수님께 와서 제자 되기를 청하였을 때에 "네게 있는 모든 것을 가난한 자들에게 나눠주고 나를 따르라" 하였더니(눅 18:22), 그 사람은 큰 부자였으므로 심히 근심하고 떠나갔다. 예수님은 제자 되는 길에 대하여 말씀하시기를 "너희 중에 누구든지 자기의 모든 소유를 버리지 아니하면 능히 내 제자가 되지 못하리라"하였다.

둘째, 소유의 일부 포기

키가 작은 세리 삭개오는 예수님을 보려고 뽕나무 위에 올라갔는데, 예수님이 부르시니 그는 회심하고 자신의 전 재산의 절반을 팔아 가난한 자를 구제 하겠다 하였으며 사취한 것이 있을 경우는 4배를 갚겠다고 하였다. 삭개오는 전 재산을 포기하지 않았아도 "오늘 구원이 이 집에 이르렀으니 이 사람도 아브라함의 자손이로다"(눅 19:9)라는 축복을 받았다.

예수님께 봉사하던 여인들도 자신의 소유 일부를 팔아 예수님을 봉사하였다. 이들 여인들은 예수님이 십자가에 달리실 때에 그 곳에 있었으며, 예수님이 부활하실 때 무덤에까지 갔던 여인들이다. 예수님을 공양하기 위해서는 재산이 있어야 하였다.

셋째, 재산의 공동소유

사도행전 2:44-45에는 원시기독교 공동체가 있어서 "믿는 사람이 다 함께 있어 모든 물건을 서로 통용하고 또 재산과 소유를 팔아 각 사람의 필요를 따라 나눠 주었다"라고 기록하고 있다. 재물의 사적 소유를 포기하고 공동체에 기부함으로써 재산의 공동소유가 성립되었다. 예루살렘 교회가 흉년으로 기근에 처했을 때, 안디옥 교회가 헌금하여 예루살렘교회 성도들을 도왔다. 안디옥 교회는 예루살렘교회를 자기들과 같은 공동체로 생각하여 힘껏 헌금하였던 것이다. 재산의 공동소유는 공동 분배를 위하여 필요하였다.

사유재산제도는 하나님이 인정하신 것

어거스틴(Saint Augustin, 354-430)은 모든 소유는 인간의 권리에 속한 것이 아니고 하나님의 권리에 속한다고 했다. 시편 24:1에 "땅과 거기에 충만한 것과 세계와 그 가운데에 사는 자들은 여호와의 것이로다"고 하였다. 하나님은 가난한 자들과 부자 모두를 창조하셨다. 부자와 가난한 자들이 이 세상에서 가지고 있는 소유물은 세상의 왕들이 정한 법에 의하여 사적 소유가 인정된다. 하나님은 세상 통치자들로 하여금 사적 소유를 인정하게 하고 있다. 하나님은 하나님의 소유물을 사람에게 위탁하여 사용케 한다. 소유물이 인간을 지배하는 것이 아니고 인간이 소유물을 지배한다. 소유물의 지배는 하나님의 뜻을 이루는 것을 목적으로 한다.

토마스 아퀴나스(Thomas Aquinas, 1225-74)는 "그 땅을 점령하여 거기 거주하라. 내가 그 땅을 너의 소유로 너희에게 주었음이라"(민 33:53)에 유의 하였다. 그 땅을 각 지파에게 평등하게 분배하라고 하였다.

자본주의 체제가 최초로 형성되기 시작한 것은 18세기 산업혁명 때부터이다. 이 시대는 16세기의 르네상스와 종교개혁을 거쳐 개인의 자유가 최대한으로 신장되던 시대이다. 또한 산업혁명에 의하여 수공업체제에서 공장제 공업체제로 전환됨으로써 대량생산이 가능하게 되었으며 이에 따라 사회구조가 크게 변화됐다.

원시사회에서는 가족 또는 부족이 재물을 공유하였다. 그러나 장신구와 일용품은 개인소유가 인정되었는데 점차 개인 소유 재산의 범위가 넓어졌다. 사람들의 생활 범위가 확대될수록 이를 매매하는 시장이 형성되고 희소자원의 사유재산제도가 실시되었다. 생산은 희소자원을 투입하고 제품을 만드는 과정으로 투입한 자원보다 가치가 더 큰 제품을 얻게 되는데 그 차액을 부가가치라 한다. 기업의 부가가치는 이익이라고 할 수 있다. 사람들은 이익을 추구하여 경제행위를 하는데 그 목적은 사유재산을 더 많이 소유하려는 데 있다. 사유재산권은 자본주의 경제의 최선의 동기부여(motivation)가 된다. 사유재산제도를 인정하지 않으면 경제행위의 목표가 없어지므로 경제활동이 침체된다.

사유재산제도는 하나님이 인정하신 것이다. 아브라함, 이삭 및 야곱에게 하나님은 많은 양떼를 주어 거부가 되게 하였다. 이삭은 이를 상속으로 받기까지 하였다. 신약시대에 들어와서 초대교회에서 유무상통하는 신앙공동체가 형성되었는데, 이때 성도들은 재물을 팔아 사도들에게 맡기면 사도들은 이를 가난한 이들에게 나누어 주었다. 이때 상황을 조심스럽게 살펴보면 가난한 자를 물질로 돕기로 감동 받은 성도는 재물을 팔아 구제하는데 사용케 하였으나, 재물을 팔지 않고 다른 은사에 충성한 성도들도 많이 있었다. 이들에게는 재물의 개인소유가 그대로 인정되었다. 재물을 판 사람도 사유재산이므로 팔 수 있었다.

사유재산제도는 시장경제의 출발점이다. 사유재산제도가 인정되지 않으면 시장에서 교환이 이루어지지 않는다. 따라서 정부는 개인, 기업, 기타 조직의 사유재산권을 침해하거나 제한 할 수 없다. 정부는 국민의 사유재산권을 보호하기 위한 행정절차를 관장할 뿐이다.

구약시대에 아브라함이 그 아내 사라가 죽자 헤브론 땅을 매입하여(창 23장) 장사지냈다는 기록을 보아 구약시대에도 재산의 소유를 인정하고 이를 매매하는 시장이 존재하고 있었다. 십계명의 제8계명은 남의 재산을 도둑질 하지 말라고 말하고 있는데 "남의 자산"이 있으면 "내 재산"도 있는 법이다. 이스라엘 왕 아합은 나봇의 소유 포도원이 탐이 나서 나봇에게 모반하였다고 거짓으로 죄를 뒤집어 씌워 돌을 던져 죽이고 포도원을 자기 소유로 삼았다(왕상 21장).

사유재산제도의 가장 큰 이득은 재산을 소유한다는 것이다. 소유자에게는 소유 욕구를 충족시키므로 동기부여가 된다는 것이다. 사람의 소유 욕구는 어느 욕구보다 강하다. 재산을 소유하고 매매하는 행위는 사적 이익에 관한 것이나 결국은 공공의 이익을 증진하게 될 것이다.

사유재산권의 배타성

자본주의하의 사유재산권은 누구도 침해할 수 없다. 자본가는 유산자로, 노동자는 무산자라고 생각하여 양자가 대립된다. 자본가가 재산을 축적할 수 있었던 것은 노동자의 몫인 잉여가치를 자본가가 가로챘기 때문이었다. 노동자는 계급투쟁을 통해 되찾아 와야 한다고 주장하였다. 가톨릭교회는 1891년 회칙 〈노동헌장〉(RN)에서 마르크스의 공산주의 사상을 비판하였다. 즉 사유재산권을 인정하지 않으면 노동자들은 오히려 불평등하게 된다고 하였다. 비록 적은 재산이라도 자기의 소유로 있던 것마저 공동재산화 함으로써 적은 재산으로부터 얻는 행복마저 빼앗기기 때문이다. 그러므로 사회정의상 노동자에게 소득이 재분배되도록 하는 방안을 강구하는 것이 옳다. 이를 위해서 교회와 국가 및 고용주들이 기여하여야 한다. 교회는 고용주들이 적정임금을 보장하도록 가르쳐야 하고, 국가는 사회적 합의에 의한 사회정의 차원에서 소득재분배 정책을 실시하여야 한다. 공동체를 구성하는 구성원에는 노동자뿐만 아니라 자본가도 포함되므로 노동자의 과도한 자본가의 재산권에 대한 양보 요구는 지양되어야 한다. 그러나 몇몇 우리나라 재벌들은 주체할 수 없을 정도의 재산을 소유하고 있을 뿐만 아니라 세습에 의하여 기업을 경영하고 있으므로 반 기업정서가 높은 것이 현실이다.

하나님은 인간을 창조하시고 재물과 자연을 관리하는 청지기로 임명했다. 이때 하나님은 개인에게 재산권을 줌으로써 소유의 기쁨과 행복을 누리게 하였다. 또한 하나님은 많이 소유한 자는 적게 소유한 자에게 소유를 나누어 주는 기쁨을 누리도록 했다. 나눔은 하나님을 기쁘게 하는 일이다. 인간은 하나님을 영원히 즐거워하기 위하여 창조됐다.

헨리 조지(Henry George, 1839-1897)의 토지에 관한 특별한 생각

19세기 미국의 헨리 조지는 탁월한 사회개혁가로서 『진보와 빈곤』을 저술하여 세계를 놀라게 하였다. 어린 시절에 조지는 가난으로 온갖 고난을 당하였으나 독학으로 학문에 정진했다. 그는 빈곤의 원인은 말사스가 주장하듯이 인구증가에 있다고 생각하지 않고, 토지의 사유제도에 있다고 보았다. 봉건체제하에서는 봉건 영주 또는 귀족들이 토지를 소유하고 농민은 소작민 또는 농노의 신세였다. 소작민은 비싼 소작료에 시달리고 농노는 과중한 노동으로 비참한 지경에 이르게 되었다. 농업생산의 발달로 생산물이 증가하였으나 부는 토지 소유주인 영주에게 돌아가고 농민은 그대로 빈곤했다.

그는 토지를 일정기간 소유하였다가 팔아 양도 차익을 얻는 것은 불로소득이므로 중과세 하여야 한다고 생각하여 지대의 100%를 토지세로 납부토록 하여야 한다고 주장하였다. 헨리 조지는 토지는 공공재이므로 사적소유는 인정할 수 없다고 생각했다. 자본주의하에서 토지소유권도 재산권이므로 이제 와서 몰수는 할 수 없고 보니, 토지세에 의하여 토지의 공개념을 회복하여야 한다고 주장했다. 우리나라 성공회 예수원의 대천덕 신부도 생전에 조지의 토지론을 옹호하는 주장을 했다.[28]

헨리 조지의 토지론은 다음의 성경 말씀에 착안하였다. 레위기 25장의 말씀이다.

---

28) 대천덕, 『토지와 경제정의』, 전강수, 홍종락 역(서울 : 홍성사), 16-18.

"토지를 영구히 팔지 말 것은 토지는 내 것임이니라 너희는 거류민이요 동거하는 자로서 나와 함께 있느니라 너희 기업(基業)의 온 땅에서 그 토지 무르기를 허락할지니"(레 25:23-24).

이스라엘은 출애굽 후 가나안 땅에 들어가서 땅을 제비 뽑아 각 부족에게 나누어 주고 땅을 팔지 말라고 했다. 이스라엘 백성들이 가나안에 들어가서 개척을 해야 하였으므로 땅을 배분해 주는 것이 효율적이고 공평하다고 생각했기 때문에 생겨난 제도였을 것이다.

조지의 토지에 대한 이러한 급진적 사상은 세계의 이상주의자들의 뜨거운 호응을 받았으나 어느 나라에서도 정책으로 채택되지는 않았다. 왜냐하면 자본주의의 핵심인 사유재산제도를 훼손하기 때문이었다.

오늘날 토지는 하나의 생산요소로서 원자재 또는 부품과 같이 생산에 투입된다. 따라서 자본주의하에서는 토지의 자유로운 매매와 사유재산권이 보장된다. 조지의 주장을 따라 과중한 지대세 제도를 실시한다 하여도 토지의 사적소유제도는 그대로 살아 있으므로 토지의 공개념이 성립된다고 볼 수 없다.

가톨릭교회의 사유재산제도에 대한 생각

12세기 중세 중기 유럽에서는 수도원 운동이 널리 확산되면서 재산의 사적소유에 대한 강한 거부현상이 일어났다. 그 시초는 아시시의 성 프란체스코이었다. 성 프란체스코는 유산으로 받은 많은 재산을 가난한 이들에게 다 나누어주고 오직 탁발에 의하여 생활했다. 성 프란체스코는 교회에 대하여 교회가 가지고 있는 부를 포기하라고 요구하기도 했다. 가톨릭교회는 아리스토텔레스의 철학적 전통에 따라 사적소유권을 인정하여 왔는데, 사적소유가 인정되어야 먹고 입고 마시는 기본생활이 보장되며 인간의 존엄성도 유지된다고 생각했기 때문이었다. 따라서 사유재산권은 지극히 자연법적이었다. 1891년 교황 레오 13세의 회칙 〈노동헌장〉은 인간은 누구나 품위를 유지하고 가족구성원의 생활을 영위하기 위해서는 재산의 사적소유가 인정되어야 한다고 지적했다.

사유재산제도에 대하여 사회학자이면서 추기경이었던 헤프너(J. Hoeffner)[29]는 5가지 긍정적 근거를 제시하였다.

첫째, 사유재산제도는 각 개인과 그 가정의 생활을 책임 있게 영위하도록 한다.

둘째, 사유재산제도는 경제 내부에 있어서 관할권과 책임영역을 분명하게 해준다.

셋째, 사유재산제도는 가장에게 가족을 부양할 책임을 분명하게 한다.

넷째, 사유재산제도는 분배의 균등을 분명히 한다.

다섯째, 사유재산제도는 사람이 다른 사람에게 보여야 할 도움이 무엇인지를 알게 한다.

---

29) J. Hoeffner, 박영도 역, 『그리스도교 사회론』, pp.185-189.

또한 헤프너 추기경은 사유재산제도를 부정할 때의 폐해에 대하여 다음과 같이 지적하였다.

첫째, 사유재산을 인정하지 않으면 노동할 의욕이 나지 않으므로 나태해진다.

둘째, 사유재산제도가 폐지된다면 경제 내부의 관할권과 책임영역이 불분명해져서 방대한 관료적 중앙통제 기구가 있어야 하는데, 이러한 관료기구는 비효율적일 뿐만 아니라 부패하기 쉽다.

셋째, 사유재산제도가 폐지되면 노동자는 노동의 거룩한 동기를 상실하게 되어 불만이 높아진다.

넷째, 사유재산제도를 인정하지 않으면 경제 권력을 소유한 자가 정치적 및 사회적 권력까지 움켜쥐려 한다.

다섯째, 재산의 중앙관리를 하는 사회에서는 인간의 존엄성이 위협 받기 쉽다.

종교개혁자들의 사유재산제도에 대한 생각

독일 종교개혁자 마르틴 루터(Martin Luther, 1483-1546)는 고리대금업, 독과점, 투기 등은 죄악시하였으나 사유재산권은 인정했다. 제네바의 종교개혁자 칼빈(John Calvin, 1509-1564)은 생산을 위한 대부의 경우에는 이자를 받는 것을 허용하는 동시에 국가는 사유재산권을 보장하여야 한다고 주장했다. 물적 소유가 가족을 먹여 살리고 나아가서 사회전체를 먹여 살리는 데 기여한다면 그 소유는 정당하다고 칼빈은 주장했다.

그러나 만물의 소유권은 하나님께 있다는 것을 잊어서는 아니 된다. 경제에 대한 기독교적 이해는 하나님의 천지창조에서 시작된다. 하나님이 천지를 창조하신 후 땅과 거기에 있는 모든 만물이 다 하나님의 것이라 하였다(시 124:1, 욥 41:11). 하나님은 창조사역을 완료 하신 후 땅과 공기와 물과 지상의 생물을 인간이 이용하고 다스리도록 인간에게 맡겨주셨다(창 1:26-29). 사람은 하나님의 청지기일 뿐이다. 마치 기업이 소유와 경영을 분리 하듯이 만물의 소유주 하나님은 경영자인 사람에게 그 경영을 위탁하셨다. 경영자는 반드시 기업을 성장시키고 이윤을 많이 내어 주주들에게 배당을 많이 주어야 한다. 기독교 신자들은 소유주이신 하나님께 배당을 많이 드릴 의무가 있다. 그러나 그것으로 끝나지 않는다. 기업은 사회적 책임을 수행할 의무가 있다(사회적 책임에 대하여 제8장에서 자세히 논의한다). 신자이든 불신자이든 죽어서 재물을 가지고 저 세상으로 갈 사람은 이 세상에 아무도 없다. 그러므로 살아있는 동안 맡은 바 하나님의 청지기로서 책임을 다해야 한다.

영리추구와 자유 시장

이윤이 있어야 사유재산을 증가시킬 수 있다. 누구든지 경제행위를 하는 사람들은 영리를 추구한다. 영리주의에 따라 경제행위를 하게 하는 것은 개인의 이기심이다. 사람들이 열심히 일하는 것은 무엇 때문인가?

기업가는 많은 이윤을, 노동자는 많은 임금을, 소매상은 많은 판매이익을 얻기 위하여 그렇게 열심히 일한다. 생산은 자원봉사 활동이 아니다. 이기심만큼 강력한 동기는 없다. 이기심은 자칫 잘못하면 탐욕으로 변할 수 있다. 이 때 독점을 추구하는 기업이 생긴다. 독점은 사회적으로 수용되는 수준을 초과하여 판매가격을 높게 정하게 되므로 소비자를 수탈하는 행위가 된다.

사유재산을 취득하고 영리주의 생산을 하면 순수한 수요와 공급이 시장에 나타난다. 시장에서 수요가 공급보다 많으면 적은 공급에 대하여 수요자끼리 경쟁한다. 그 결과 가격은 상승한다. 반대로 공급이 수요보다 크면 제한된 수요자에 대하여 공급자끼리 판매경쟁을 하게 되므로 가격이 하락한다. 따라서 수요와 공급이 시장에서 균형가격을 나타내기 위해서는 시장은 자유로워야 한다.

독점은 자유경쟁을 제한한다. 수요독점인 경우에는 수요자간 구매경쟁이 없으므로 가격이 상승하지 않는다. 공급독점인 경우에는 공급자끼리 경쟁을 하지 않으므로 가격은 내려가지 않는다. 독점 행위는 자유경쟁을 제한함으로써 정의롭지 않다. 그러므로 독점은 법률에 의하여 원칙적으로 금지된다.

수요자와 공급자는 시장에서 자기의 이기심으로 행동하면 개인의 이익을 만족시키는 동시에 시장에 참여하는 모든 사람의 욕구가 만족된다. 또한 수요 공급이 결정하여 주는 균형가격에 의하여 거래를 할 수 있으므로 사회적으로 이타적 이익이 보장된다. 아담 스미스는 이러한 메커니

즘에는 보이지 않는 손이 있어 이를 조정한다고 주장하였다.

자본주의는 자본의 구조를 기준으로 상업자본주의, 산업자본주의, 독점자본주의 및 수정자본주의로 변천되어 왔다. 상업자본주의는 중상주의 시대의 경제체재로서 상업 특히 수출에 의하여 금과 은을 축적하는 것이 부국이 되는 방편으로 이해되었다. 그러나 산업혁명 이후에 대규모공장 체제가 확립되자 대규모의 산업자본이 자본주의 사회를 지배하게 되었다. 자본의 규모가 커지자 경쟁에서 으위를 점한 자본이 시장을 독점하게 되었다. 이를 독점자본주의라 한다. 대부분의 국가에서 독점은 가격을 올리므로 소비자의 후생을 감소시킨다. 따라서 독점은 반독점규제법에 의하여 엄격한 통제를 받는다. 자본주의 경제는 시장에 정부가 개입하지 않는 것을 원칙으로 하나 경기변동이 있다거나 시장경제의 심각한 불균형이 있을 경우에는 정부가 개입하는 것을 수정자본주의라 한다.

중세의 교회와 스콜라 철학자들은 돈을 빌려주고 이자를 받는 것을 금지하였다. 이자 금지는 다음과 같은 성경에서 유래하였다.

"네가 형제에게 꾸어주거든 이자를 받지 말지니 곧 돈의 이자, 식물의 이자, 이자를 낼만한 모든 것의 이자를 받지 말 것이라"(신 23:19).

"변리를 위하여 꾸어 주지 아니하며 이자를 받지 아니하며………"(겔 18:8).

"네 형제가 가난하게 되어 빈 손으로 네 곁에 있거든… 너는 그에게 이자를 받지 말고 네 하나님을 경외하여…"(레 25:35-36).

칼빈은 돈을 빌려주는 행위를 고리대금, 가난한 자에 대한 대부, 그리고 산업체에 대한 대부로 구분하였다. 고리대금은 과중한 이자로 차입자를 수탈하여 결국은 망하게 하는 것이므로 과거와 같이 이를 엄중하게 금지하였다. 가난한 자에 대하여는 이자를 받지 않고 돈을 빌려주는 것은 가난한 자들을 돕는 것으로 보았다. 하나님은 가난한 자에게 돈을 빌려줄 때는 아무것도 바라지 말라고 하였다.

산업체에 대한 대부는 생산 과정을 통하여 가치를 생산하므로 이자를 받을 수 있다고 하였다. 중세에는 교회가 산업체에 대출도 엄격하게 금지하였는데 칼빈의 이자허용 주장은 매우 파격적이었다. 칼빈의 산업체 대부의 경우에 이자 받는 것을 허용한 것은 그 당시 제네바로 이주하여온 상공업자들을 도와주기 위하여 필요한 조치였다. 물론 이자는 생산과 유통과정에서 창출되는 부가가치에 의하여 지급될 수 있었다. 칼빈은 산업체에 대하여 합리적 대부라 하였다.

자본주의 정신

종교개혁과 자본주의

16세기 종교개혁이 일어났다. 독일의 마르틴 루터는 구원은 오직 믿음으로 얻는다는 것과 만인이 하나님 앞에서 제사장이 된다는 것을 주장하여 로마 교황의 지배로부터 벗어났다. 루터는 칼빈과 더불어 세속적 직업을 하나님으로부터 받은 소명으로 알고 누구나 직업에 충실 할 것을 요구하였다. 중세시대에는 성직이 아닌 세속적인 직업은 천하게 여겼다. 종교개혁자들은 직업을 통하여 경제적으로 성공하는 것은 하나님으로부터 구원이 예정되어 있다는 것을 증명하는 것이 된다고 했다. 종교개혁으로 이익의 추구, 이자의 지급, 재산의 사적소유가 인정됨으로써 근대적 자본주의의 이념적 기초가 확립되었다.

종교개혁이 발생한 지 300년이 지난 후 영국에서 산업혁명이 시작되어 산업자본주의 시대가 열리므로 경제적으로 번영의 시대가 되었다. 공장제 생산 시스템은 노동자 부족 사태를 가져왔으며 자본가는 노동자를 탄압하였다. 기업의 최대이익을 위하여 최저생계비도 되지 않는 임금을 노동자에게 지불하였다.

자본주의는 불공정한 분배를 심화시켰으며 이를 시정하는 것을 교회의 중요한 일로 보았다. 노동조합 운동이 발생하여 노동자가 자신의 권익을 쟁취하기 위하여 단체교섭을 하게 되었다.

좀바르트(Werna Sombart, 1778-1842)의 자본주의 정신

20세기 초 자본주의를 발흥케 한 원동력이 무엇인가에 대한 논의가 뜨거웠다. 독일의 경제학자 좀바르트는 『근대적 자본주의』(*Der moderne Kapitalismus*, 1902)를 저술하였는데 자본주의는 시민정신과 기업가의 정복 욕구에 의하여 형성되었다고 주장하였다. 시민정신은 근면, 절약, 채산성, 신뢰 같은 건전한 기업 윤리를 말한다. 기업가는 경제적 권력을 손에 넣기 위하여 이익의 극대화를 실현하려고 노력한다고 하였다.

이러한 윤리개념은 유대인의 전통적인 가르침에 따른 것이다. 첫째, 유대인들은 생명을 최고의 가치로 보았다. 둘째, 유대인들은 신의 형상을 따라서 지음 받았으므로 모든 사람은 평등하다고 한다. 셋째, 유대인은 부를 축적하는 것을 중요하게 생각한다. 유대인들은 천년 세월을 나라 없이 세계 각국에 흩어져 살면서도 이러한 사상을 실천하여 상업과 금융업에서 크게 성공하였다.

브렌타노(L. Brentano, 1863-1941)의 자본주의 정신

브렌타노는 『역사에 있어서 경제인』(*Der Wirtschaftende Mensch in der Geschichte*, 1928)에서 자본주의 정신은 영리추구와 화폐가치 추구에 있다고 주장하였다. 화폐가 있는 곳에 자본주의가 있다. 자본주의 초기에는 상업행위를 통하여 이익을 추구하는 상업자본주의였다. 상업자본주의는 농업을 중심으로 하는 봉건영주의 장원경제체제를 종식시켰다. 상업자본가가 사회의 지도자가 되었다. 화폐가 있는 곳에 이자가 있기 마련인데, 가톨릭 철학자 토마스 아퀴나스는 이자 받는 것을 금지하였다. 그러나 유대인 상업자본가들은 토마스 아퀴나스의 가르침을 무시하였으며 이에 따라 유대인이 금융 산업을 지배하게 되는 기회가 되었다. 브렌타노는 근대 자본주의 정신은 상업자본과 금융자본의 축적에 힘입어 발흥되었다고 주장하였다.

막스 베버(Max Weber, 1864-1920)의 자본주의 정신

막스 베버는 자본주의 정신을 기독교 윤리와 연결시킨 사회학자로서 『프로테스탄트 윤리와 자본주의 정신』(*Der protestantische Ethic und der Geist des Kapitalismus*, 1904)을 저술하여 학계를 놀라게 하였다. 이 저술은 지금도 뜨거운 논쟁의 대상이 되어 있다. 이 논문은 반 마르크스 선언이다. 마르크스는 사회구조를 상부구조와 하부구조로 구분하였는데 상부구조는 정신세계를, 하부구즈는 경제관계를 말한다. 마르크스는 유물사관에 입각하여 상부구조는 하부구조의 지배를 받는다고 주장하였다. 이에 베버는 반기를 들고 정신세계가 경제관계를 지배한다고 주장하였다. 이에 따라 자본주의 정신은 자본주의 경제관계를 지배한다고 하였다. 베버는 자본주의 정신으로 프로테스탄트의 정직, 검소, 절약, 근면의 윤리를 들었다. 따라서 세속 생활과 종교적 생활의 일치를 이루었다. 베버는 이러한 자본주의 정신을 프로테스탄트들이 실천함으로써 자본주의를 발흥시켰다고 주장하였다.

토니(R. H. Tawney, 1880-1962)의 자본주의 정신

열렬한 개신교 신도인 영국의 토니는 베버의 주장을 받아들이면서도 이를 날카롭게 비판하였다. 토니는 17세기에 청교도 정신이 자본주의 사회를 발흥케 하는데 결정적인 역할을 한 것은 틀림없으며 종래에는 죄악시되던 물질주의적 이익추구를 종교적 윤리로 전환시켰다는 것을 인정하였다. 이익추구 행위가 종교적 윤리와 도덕적 열정과 결합될 때 무서운 힘을 발휘하게 된다. 토니는 빈곤은 결코 칭찬할 만한 것이 아니므로 유리한 직업을 잘 선택하는 것이 중요하다고 주장하였다. 토니는 종교개혁자들이 직업에 있어서 소명의식만 강조함으로써 종교와 관계가 없는 다른 도덕적 덕목들을 무시하는 것에 대하여 불만을 가졌다. 또한 토니는 종교개혁 이후 과격한 청교도들의 난동에 가까운 행동에 대하여 유기체로서의 자본주의 사회건설을 하는데 오히려 방해 요인이 되었다고 비판하였다. 중세기 때에는 종교개혁 이후에도 고리대금업이 아무런 양심의 가책도 없이 성행 하는 것은 비윤리적이라고 하였다. 영국의 급진적인 청교도 정치지도자인 크롬웰(Oliver Cromwell)은 1642년 제1차 내란이 발생하였을 때 청교도주의에 충실한 기병대를 이끌고 승리를 거두었다. 크롬웰은 1649년에 국왕 찰스 1세를 청교도 혁명의 이름으로 처형하였다. 토니는 크롬웰의 급진적 청교도주의를 배격하였다. (막스 웨버의 프로테스탄트는 조금 후에 자세히 설명함.)

슘페터(Joseph A. Schumpeter, 1893-1950)의 자본주의 정신

끝으로 자본주의 정신을 기술혁신(innovation)에서 찾는 시도가 슘페터에 의하여 제시되었다. 슘페터는 자본주의의 발전의 동력은 기술혁신에 있으므로 창조적 파괴정신(creative destruction)이 있어야 한다고 주장하였다. 슘페터는 영국의 자본주의 발전은 자본과 노동량의 증가에 기인한 것이다. 그 밖의 요인들(residual) 중 중요한 역할을 한 것은 기술혁신이다. 경쟁을 통한 혁신은 자본주의 본질이다. 슘페터는 혁신을 도모하려면 창조적 파괴를 하여야 하는데 과거의 시장, 과거의 기술, 과거의 정신으로는 경쟁에서 이길 수 없으므로 과거를 파괴하고 새로운 것으로 전환되어야 한다고 주장하였다.

자본주의와 프로테스탄트 윤리

칼빈주의

자본주의는 16세기에서부터 19세기 간에 오랜 세월을 두고 발전되어 왔다. 아담 스미스는 자본주의란 말은 쓰지 않았으나 "자연적 자유의 체제"(the system of natural liberty)라고 하여 자유방임주의에 의한 가격기구를 옹호하였다. 종교개혁이 왕성한 국가들은 자본주의가 발달하였다.

칼빈의 종교개혁은 스위스, 프랑스, 네덜란드, 노르웨이, 스웨덴, 북미 대륙 등에 널리 퍼졌다. 칼빈은 본래 법률가이었으므로 평소에 상업혁명과 르네상스의 세계적 흐름을 이해하고 특히 상업혁명의 시장경제원리를 높이 평가했다. 자연히 칼빈의 경제윤리는 루터보다는 사회적 목적을 달성하는데 민감했다. 이윤을 취하는 것은 하나님이 인정하시기 때문에 사유재산권도 당연히 인정되어야 하는 것으로 여겼다.

막스 베버는 자본주의 정신에 부합되는 윤리로 칼빈주의라고 알려진 청교도의 가르침을 들고 있는데 이를 합리적 금욕주의라 한다. 프로테스탄트들은 근면, 검소, 정직, 절제 등 윤리적 행위를 생활화 하다 보니 부자가 되기도 하고, 부국이 되기도 하였다. 특히 영국의 청교도들이 이주한 미국의 동부지역이 그 표본이었다.

왜 청교도들은 부지런히 일하며 검소와 절제를 통하여 부를 축적하게 되었는가? 칼빈은 구원에 대하여 예정설을 주장하였다. 하나님이 예정한 자만이 구원을 얻을 수 있다는 것이다. 프로테스탄트들은 구원을 받기로 되어 있는지 아닌지에 대하여 불안과 정신적 고립감을 갖게 되었다. 청교도들은 이러한 심리적 불안감을 털어버리기 위하여 부지런히 일하고 검소한 생활을 함으로써 이윤 창출과 부의 축적을 도모하려 하였다.

청교도들은 하나님이 주신 물질을 하나님께 영광을 돌리는 데 사용하기 위하여 사치와 향락을 멀리하였다. 이러한 금욕주의적 생활과 직업에 대한 소명의식에 의하여 경제활동을 하여 사업에 성공함으로써 자신이 구원 받았음을 확신하게 하였다. 청교도들의 금욕주의 윤리는 ① 물질적 부 강조, ② 이윤 추구, ③ 정직/청렴, ④ 검소/절약, ⑤ 이타 정신/봉사정신, ⑥ 조직에의 헌신, ⑦ 완벽주의, ⑧ 준법정신, ⑨ 질서의식이다. 이러한 금욕주의는 중세 가톨릭의 수도원의 금욕주의와는 다르다. 수도원의 금욕주의는 인간의 물질에 관한 못된 욕구를 죽이고 오직 수도에 집중함으로써 하나님께 가까이 가려는 목적이었다. 수도사들은 수도원 안에서 노동을 하였으나 이는 자급자족하는 것일 뿐 자본주의 생산 양식과는 거리가 멀다. 막스 베버는 벤자민 프랭크린(Benjamin Franklin)의 다음과 같은 좌우명에 유의하였다.

"네가 자기의 일에 능숙한 사람을 보았느냐 이러한 사람은 왕 앞에 설 것이요 천한 자 앞에 서지 아니하리라"(잠 22:29).

칼빈의 경제윤리관에 대한 원 사상

막스 베버가 칼빈주의라고 소개한 프로테스탄트 윤리는 18세기 청교도들의 윤리정신이었고 정작 칼빈의 원 사상과는 거리가 있다. 칼빈 당시에는 자본주의 개념이 아직 정립되지 않았던 16세기였다. 앙드레 비엘레 교수는 칼빈을 자본주의 발흥의 아버지라고 부르는 것은 잘못되었다고 지적하였다.[30] 비엘레 교수에 의하면 칼빈은 경제를 인간의 연대(solidarity)로 이해하였으며, 인간은 연대의 관계에서 서로 도와야 한다고 주장하였다고 한다. 사회적 연대에 의하여 그리스도의 몸을 이룬다. 인간은 창조주 하나님께 속해 있을 때 인간으로서의 존재 의의를 가질 수 있으며 이때에 비로소 죄의 구속에서 자유로워 진다. 인간은 홀로 존재하지 않는다. 연대로서의 인간을 보는 칼빈의 사상을 사회적 휴머니즘이라고 부른다. 인간이 하나님과의 연대를 벗어나면 자기 본성의 노예가 된다.

칼빈이 활동하던 시대(16세기)의 제네바 시는 세계적인 상업의 중심지로 발전하였으며 신흥 부자가 출현하였으며, 이에 따라 빈부격차가 심해지는가 하면 고용주들은 노동자를 착취하는 일이 비일비재 하였다. 맘몬을 숭배하는 사고방식이 경제계를 풍미하였다. 칼빈은 자유경제로 인한 경제계의 혼돈을 바로잡기 위하여 강력한 정부의 규제가 필요하다고 주

---

30) 앙드레 비엘레, 『칼빈의 사회적 휴머니즘』, 박성원 역, 대한기독교서회, 2003.

장하였다. 칼빈은 경제성장 위주보다는 빈곤 퇴치를 주요 과제로 삼았다. 임금을 체불하는 사업주는 노동자에 대한 하나님의 은총을 방해하는 중죄로 다스렸다.

칼빈은 물질을 인간 공동체가 살아가는 도구 중의 하나로 보았다. 돈은 양면성을 가지고 있는데 돈을 선하게 사용하면 선하다고 할 수 있으나 악하게 사용하면 사악한 것이 된다. 모름지기 칼빈은 경제인은 돈을 선한 일에 사용하는 길을 선택해야 하나님의 자녀가 된다고 강조하였다.

인간은 사회적 연대를 형성하므로 부가 불평등하게 배분되는 현상은 배격되어야 한다. 왜냐하면 부의 편재는 가난한 자들의 희생 하에 이루어지기 때문이다. 칼빈은 부자를 일러 "가난한 자들의 봉사자"라고 불렀다.

종교개혁자들의 소명의식

루터는 급진적인 경제구조의 변혁을 원치 않았으므로 전통적인 경제원칙을 고수하는 태도를 보였다. 루터의 종교개혁 사상으로 농민들이 봉기하려 하였는데, 루터는 농업을 중시하는 입장과 그를 지원하는 선제후 프레데릭과 그 밖의 봉건 영주들의 입장에 따라 직업에 대한 소명 의식과 청지기 의식을 강조하였다. 가능하면 현재의 직업을 유지하는 것이 소명에 충실하는 것이라고 가르쳤다. 또한 부자의 가난한 자에 대한 의무를 강조했다. 그러나 루터는 "누구든지 일하기 싫어하거든 먹지도 말게 하라 하였더니"(살후 3:10)라는 사도 바울의 말을 강조하였다.

루터와 칼빈은 소명의식에 있어서도 약간의 차이가 있다. 루터는 현재 종사하고 있는 일을 하나님의 소명으로 알고 이에 충실하여야 한다고 주장하였다. 칼빈은 직업을 소명으로 생각하는 점에 있어서는 루터와 의견을 같이 하나 직업에서 성공함으로써 자신의 구원 예정을 나타내 보여야 한다는 주장은 칼빈의 독창적 주장이었다. 칼빈은 인간의 구원은 "하나님의 절대적 의지"(absolute will)에 의하여 예정되어 있다고 하였다.

노동은 하나님의 창조 사역의 한부분이다. 하나님은 사람을 창조하시고 두 가지 명령을 하였다. 첫째는 에덴동산을 경작하며 지키라는 것이다(창 2:17). 둘째는 아담이 타락 후 노동을 할 때 얼굴에 땀을 흘려야 한다고 명령하였다. 하나님은 당초에는 동산 중앙에 있는 나무의 열매를 먹으면 죽는다고 하였으나 이마에 땀 흘리는 정도의 징계로 경감시켜 주었다.

프로테스탄트의 금욕주의

자본주의 정신에 있어서 금욕주의는 매우 큰 영향력을 가지고 있는 부문이다. 금욕주의는 칼빈주의(Calvinism), 경건주의(Pietism), 감리교(Methodist), 침례교(Baptist)의 이름으로 북미와 유럽 여러 나라에 전파되었다. 칼빈주의자들은 모든 피조물들이 하나님의 계명을 힘써 지킴으로써 기독교인의 사회적 성취를 실현한다. 칼빈주의자들은 자신의 열매에 의하여 진실한 믿음을 증거하여야 하였다. 행위가 아무리 선하다고 하여도 믿음이 없으면 구원을 이룰 수 없다.

경건주의는 금욕생활을 통하여 하나님과 교제하는 축복을 받는다는 것을 강조한다. 이들은 자기의 죄를 회개함으로써 하나님의 은혜를 받게 되는데 회개하는 사람이 되기 위해서 경건생활을 하여야 한다고 주장한다. 감리교회에서는 거듭나야 믿음이 있다고 인정한다. 거듭날 때 감정적으로 격렬한 느낌을 받는다. 침례교회에서는 구원은 개인적 묵시에 의하여 성취된다고 주장한다. 성령(the Holy Spirit)이 일상생활에서 개별적으로 일하시며 직접 개인에게 말씀하기도 한다. 베버는 로마 칼빈의 금욕주의를 세속적 금욕주의(worldly asceticism)이라고 불렀다. 노동을 통하여, 또한 검소, 근면, 절약의 금욕주의를 생활화 하는 것은 기독교인의 의무라고 주장하였다.

칼빈이 주로 활동하였던 제네바 시는 제조업과 상업이 발달되었으므로 자본주의적 요구를 수용하지 않을 수 없었다. 칼빈의 후예들은 한걸음 더 나아가서 부의 분배와 가난한 자에 대한 배려에 있어서 부요한 자의 책임을 강조하였고 무엇보다 실업의 발생을 염려하였다. 이들은 국립은행을 설립하고 실직자에게 낮은 이자율로 대부해주도록 하였다.

지금도 청교도 윤리가 자본주의 진보에 기여하고 있는가?

청교도의 윤리는 18세기에 근대 자본주의를 창달하여 인류의 경제발전을 도모함에 있어 크게 기여하였다. 그러나 오늘날에는 사회변동으로 금욕주의적 윤리의식이 미약하거나 실종된 상태에 있는 것이 아닌가 하는 의문이 있다. 막스 베버 자신은 프로테스탄트 윤리를 집필하던 19세기 후반과 20세기 초반에 이미 미국에서 영리활동의 지주가 종교적 윤리적 의무에서 벗어났다고 보았다.[31] 그리하여 시장에서는 독점이 횡행하였으며 부정직과 한탕주의가 확산되었다. 오늘날 직업을 하나님의 소명으로 알고 직업을 선택하는 기독교 신자는 드물다. 임금 수준이 직업선택의 기준이 되고 있다. 일에 대한 목적도 하나님의 뜻을 이룬다기보다 자아실현을 더 중요하게 생각하는 경향이 있다.

자본주의의 모순

자본주의 생산 방식

칼 마르크스는 자본주의 생산 양식은 자본가에게 과실이 집중되므로 부익부 빈익빈 현상이 나타난다고 하였다. 생산 현장에서 노동자들은 인간 소외를 당한다. 노동자들의 희생에 의하여 자본가가 부를 독점하게 된다. 이렇게 자본가 집단에 이익이 집중되면 궁극적으로 정의에서 이탈하므로 그 사회는 붕괴되고 말 것이다. 남미의 해방신학자들은 대체로 자본주의는 이윤동기만을 추구하므로 반기독교적이라고 주장한다. 개신교의 복음주의신학회(Evangelical Theological Society)의 회장을 역임한 바 있는 앤드류 쿼크(Andrew Kirk)는 "예수의 십자가 상의 죽음과 부활을 믿는 자들이 구원을 얻는다는 복음주의는 개인 구원에 지나지 않으므로 사회구원을 이룰 수 있어야 진정한 기독교회라고 할 수 있다."고 주장한다.[32]

---

31) Max Weber, 『프로테스탄트 윤리와 자본주의 정신』, 권세원, 강명규 역, 일조각, 1978, 152.
32) Andrew Kirk, *The Good News of the Kingdom Coming*, Downers Grove, Ill., InterVarsity Press, 1985, 71.

소득분배의 불평등

자본주의 체제하에서는 소득 분배가 불평등하게 이루어진다. 대기업은 규모의 경제 원리에 따라 중소기업의 경우보다 코스트가 낮게 된다. 대기업에 소득이 집중된다. 정부는 고소득자에게는 중과세 하고 저소득자에게는 세금 부담을 완화시킴으로써 소득재분배를 도모한다. 그러나 부자는 중과세에 대하여 조세저항을 하는 동시에 생산 활동에 대한 모티베이션이 약화되었다고 불평을 한다. 부자가 생산 활동을 중단하면 경제성장이 멈추게 되어 사회적 불안요인이 된다. 가난한 자들은 정부에게 사회복지제도를 통하여 소득의 재분배가 이루어 질 것을 요구한다. 이 경우에 생계비를 정부 보조금에 의존하는 도덕적 해이(moral hazard)가 발생한다.

독점

자본주의의 자유기업체제는 경쟁기업에 대항하여 시장점유율을 높이고 결국은 시장을 독점하려는 성향을 가지고 있다. 경쟁에서 이긴 소수의 기업은 시장을 독점 또는 과점을 함으로써 자기의 이익을 극대화 한다. 독점은 시장의 수요공급을 왜곡시킴으로써 균형가격이 시장에서 작용하지 않도록 한다. 공급 독점인 경우에 판매가격을 경쟁시장가격에 비하여 터무니없이 높게 책정하므로 소비자의 후생을 감소시킨다. 독점은 경쟁의 결과로 승리자에게 주어지는 전리품이므로 역설이라 하지 않을 수 없다.

공공부문

공공재(public goods)는 사적 가격기구 밖에 존재한다. 공공재는 정부의 몫이므로 재정지출에 의하여 구매된다. 가계와 기업은 얻은 소득 중 일부를 조세로 국가에 지불하고, 정부는 이를 국가 목적을 수행하는 데에 지불한다. 때로는 재정 지출은 자유시장에 개입하는 역할을 한다. 특히 국공채를 발행하는 방식으로 재정자금을 조달하여 재정지출을 하는 경우에는 통화량을 증가시켜 물가를 자극한다. 정부가 국공채를 발행하여 중앙은행에 인수시키면 직접적으로 통화량이 늘어나며, 국채를 일반 국민에게 직접 발행한다 하여도 일반 국민은 이를 담보로 은행에서 대출을 받으므로 역시 통화량이 증가한다.

노동조합

노동조합은 기업에게 추가적 비용지출을 요구한다. 노동조합은 임금인상을 위하여 단체교섭권을 가진다. 단체교섭에 의하여 임금이 결정되므로, 노동시장의 수요와 공급에 따라 결정되는 임금과는 격차가 있다. 그러나 기업은 자기가 생산하는 부가가치 범위 내에서 그 일부를 임금으로 배분하게 되는데 그 배분비율이 적정하여야 한다. 노동조합의 압력으로 부가가치의 임금 배분비율이 높아지면 기업에 재정적인 부담이 되어 기업의 생존을 어렵게 하며, 반대로 낮아지면 노동자의 불만을 사게 된다.

환경오염

환경오염이 발생하면 오염을 정화하는 비용지출이 발생한다. 환경오염에 따른 비용은 수요 공급과는 관계없이 결정된다. 환경오염의 경우에 오염자 부담원칙에 따라 오염자가 오염 정화 비용을 부담함으로써 환경비용을 내부화하여야 한다. 환경비용의 내부화에 따라 제품의 가격이 상승하므로 이에 대한 대책을 강구하여야 한다.

영리주의

영리추구와 자유경쟁은 인간 간에 서로 적대감을 갖게 한다. 인간은 오직 물질적 동기에 따라 행동을 하게 된다. 경쟁에서 이기기 위하여 물질적 이익만을 추구함으로써 맘몬을 숭배하는 자가 되기 쉽다.

부자들의 착취

부요한 자가 가난한 자를 착취하는 경우가 많이 있다. 대체로 선진국은 개도국과의 무역거래나 투자에 있어서 개도국을 착취하는 경우가 있다. 제국주의 하에서는 남의 나라를 침공하여 식민지로 삼고 자연자원과 인적자원을 착취하였다. 기업이 노동자에게 터무니없이 낮은 임금을 주고 낮은 임금조차 체불하는 것은 착취의 표본이다. 대기업의 독점 행위는 소비자 가격을 인상시키므로 소비자를 수탈하는 행위이다.

이기심과 탐욕

자본주의의 이기심은 성경의 가르침과 충돌한다. 이기심은 경제활동의 동력이 되지만 이웃을 내 몸과 같이 사랑하라는 계명에 위배된다. 이기심은 거래 상대방에게 불이익을 초래하게 된다. 이기심은 끝없는 탐욕의 시작이 될 소지가 있다. 모세의 십계명은 네 이웃에 대하여 탐심을 품지 말라 하였다.

자본주의에 대한 혹독한 비판에도 불구하고 자본주의는 차선의 유효한 경제체제로 인정되어 왔다. 부자와 가난한 자, 강한 자와 약한 자, 숙련된 자와 미숙련 자, 자본가와 노동자, 이해관련 당사자 간에 이익이 평등하게 분배되도록 함에 있어 갈등이 있으나, 시장의 결정에 따르는 체제 이외에 다른 대안이 없다. 종전에는 사회주의 계획경제체제가 우월하다고 하여 100년 동안 공산주의 국가에서 시행되어 왔으나, 20세기 후반에 러시아를 비롯한 동구권 공산주의 국가들이 개혁개방의 기치를 내걸고 자본주의 체제로 전환하였다. 그러나 시장경제 기구가 완전하게 작용하지 않을 경우에는 정부가 시장에 개입할 수 있다는 것이 수정자본주의이었다. 정부는 중앙은행을 통하여 통화를 조절할 뿐만 아니라 노동자의 권익을 보호하기 위해서 최저임금제를 실시한다. 정부는 자본주의 경제 체제에 존재하는 경기변동을 조정하기 위해서 재정지출을 확대하거나 감축시킬 수 있다. 독점적 거래를 금지하기 위해서 정부 규제와 공정거래에 대한 감시 감독을 강화 할 수 있다.

대공항과 수정자본주의

19세기에서 20세기에 이르는 기간 중 자본주의 경제는 대량생산 방식에 힘입어 무서운 속도로 성장하였다. 미국의 경제학자 하일브로너(Robert L. Heilbroner, 1919-2003)[33]교수에 의하면 1874년부터 1929년 사이 50년간 미국의 국민소득은 평균 3.5% 증가하였는데, 이는 산출이 22년간에 2배로 증가하였음을 말해주고 있다. 노동자의 시간당 노임은 1909년 20센트에서 56센트로 인상되었다. 소비자 물가 상승률로 조정한 실질임금도 10~20% 상승하였다. 주식시장은 대호황을 이루어 주식투자 인구가 1천만에 육박하였다. 1921년에 1,000달러를 대표 주식에 투자한 사람은 1925년에 주가는 6,000달러, 1927년에 11,000달러, 1928년에 20,000달러로 치솟았다. 주식시장은 버블이었다. 1929년 10월 29일 버블이 꺼지자 주가는 절반가격으로 떨어져 주식시장이 붕괴됐다. GNP규모도 1929년에 1천40억 달러였으나 1933년에 560억 달러로 급감하였고 실업자 수도 1백5십만에 달하였다. 은행들은 문을 닫았으며 8만5천 개의 기업들이 도산하였다. 마치 자본주의의 모순이 한꺼번에 폭발한 것이 아닌가 하고 세계가 놀랐다.

대공황의 원인은 무엇인가? 하일브로너는 대공항의 원인은 투기에 있었다고 하였다. 급하게 부자가 되려는 탐욕(a get-rich-quick

---

33) Robert L. Heilbroner, *The Making of Economic Society*, 2nd ed.(Englewood Cliffs, NZ, Prentice-Hall, Inc., 1968), 131-148.

philosophy)의 기업과 은행은 정상적인 운영을 저버리고 투기적 이익에 몰두하게 되었다. 농업부문에서는 농산물 가격이 하락하였으나 농산물 수요의 비탄력성으로 인하여 수요가 증가하지 못하였다. 제조업 부문에서는 기술발전으로 생산은 증가하였으나 고용은 증가하지 않았다. 투자의 부족은 자본형성을 저해하였다. 소득분배의 불균등도 심각하였다.

루즈벨트 대통령은 정부의 시장개입을 골자로 하는 뉴딜(The New Deal) 정책을 시행하였다. 긴급은행법을 제정하여 은행감독을 강화하였고, 긴급 농장담보법을 만들어 농민의 은행 대출을 증가시켰다. 연방긴급구제법에 의하여 정부의 구제 지출을 확대하였다. 한편 테네시계곡발전법(Tennessee Valley Authority Act)을 제정하여 정부투자사업에 의하여 수요를 진작시키는 동시에 고용을 증가시키려 하였다. 공정노동기준법에 의하여 최저임금제, 최대 노동 시간제를 실시하는가 하면, 아동노동을 금지하였다.

뉴딜정책은 유효수요 진작에는 성공하였으나 정부지출의 확대로 재정부문은 심각한 적자상태가 되었으며, 경기대책으로 늘어난 정부 기업들은 민간 기업에 비하여 효율이 떨어졌다. 재정지출의 마중물 붓기(일명 유수정책) 효과는 나타나지 않아서 민간투자가 증가하지 않았다. 미국의 국가채무는 1929년에 169억 달러이었으나 1935년에 287억 달러, 1939년에 400억 달러, 1940년에 420억 달러로 증가하였다. 2차 대전 때는 미국의 정부지출규모가 1천억 달러로 증가했다. 그러나 2차 대전 후 미국 경제는 생산과 수출의 증가와 고용확대로 다시 호황을 누리게 됐다.

사회주의 계획경제체제에 대한 기독교적 비판

칼 마르크스(Karl Marx, 1818-1883)는 자본주의는 체제의 모순으로 자연 붕괴될 것이므로 대안으로 사회주의 국가건설을 주장하였다. 마르크스와 엥겔스는 1848년에 『공산당 선언』을, 그리고 마르크스는 1869년에 『자본론』을 저술하였다. 산업혁명 이후 수공업체제에서 공장제 산업체제로 발전되자 사회계층간의 갈등이 깊어지는 한편 노동자의 인간소외가 심각한 사회문제로 나타났다. 양계급간의 불평등한 소득분배가 화근이었다. 자본가 계급은 권력이 있으므로 계급이 낮은 노동자를 억압하였다. 노동자(프롤레타리아)는 노동자 조합을 만들어 자본가(부르주아)에게 대항하였다. 러시아의 레닌은 마르크스의 『자본론』과 『공산당 선언』을 내세워 공산당을 만들고 10월 혁명을 일으켜 황제를 축출하고 러시아 공산주의 국가를 건설하였다.

공산주의 체제하에서는 유물사관에 입각하여 생산 수단의 사적 소유를 인정하지 않았다. 공산주의 경제에서는 생산과 분배가 분리되었다. 생산은 국가의 통치자의 지시에 따라 조직화 되는 동시에 분배도 국가 명령에 의하여 독립적으로 이루어졌다. 개인의 이기심에 의한 경제활동은 금지되었고 공동목표를 달성하는 것만이 경제활동의 목표가 되었다. 마르크스는 『공산당 선언』에서 토지소유의 폐지, 누진적 소득세 제도 실시, 상속의 폐지, 금융기관, 운송업체 및 통신수단에 대한 중앙통제를 실시하여야 한다고 주장하였다. 어린이 무상교육도 『공산당 선언』에 포함되었다. 사회주의적 이상은 성경의 원리와 부합되는 것처럼 보인다. 그러나 유물론에 기초를 둔 사회주의 경제체제는 기독교 사상과 상반된다.

사회주의 체제하에서는 생산은 노동에 의하여 이루어지나 과실의 분배는 당성을 기준으로 이루어지므로 생산과 분배는 분리되었는데 이는 모순이었다. 또한 사회주의 체제하에서는 사유재산제도를 부정하다 보니 개인의 이기심은 용납되지 않았다. 인간의 능력으로 국민경제를 모든 부문에 걸쳐 계획을 한다는 것이 완전을 기할 수 없었을 뿐만 아니라 비효율적이었다.

계획경제체제에 대한 기독교적 비판을 정리해보면 다음과 같다.

첫째, 마르크스의 사회주의는 유물사관에 뿌리를 두고 있다. 신의 존재를 부인한다.

둘째, 마르크스는 자본주의 경제체제가 자신의 모순 때문에 붕괴되리라고 예언하였으나 붕괴되지 않았다.

셋째, 경제적 및 정치적 권력은 공산당에 집중되었는데 이는 인권을 짓밟는 등 부작용을 초래하였다. 하나님은 1당 독재를 원치 않으신다.

넷째, 생산 수단은 사회의 소유로 하였는데 이는 생산의 활기를 빼앗아 갔다.

다섯째, 국민소득은 공평하게 분배한다고 하였으나 실제로는 분배에 있어 공의가 무시되었다.

여섯째, 공산주의 사회에서는 재산으로부터 화폐소득을 얻을 수 없게 했다.

일곱째, 공공재는 전적으로 국가에 의하여 공급됐다.

위의 항목은 현실에 있어서는 더러는 실패하기도 하고 성공하기도 하였으나, 전체적으로는 비효율성이 강하게 나타났으며 사회적 불만이 팽배하는 결과를 초래하였다. 특히 계획경제체제는 기본적으로 자급자족경제이었으므로 대외개방이 철저하게 차단되었다. 치열한 국제경쟁에 의하여 성장하는 개방체제의 역동성이 계획경제체제에서는 불가능했다. 지난 세기말에 사회주의 폐쇄 경제체제에서 자본주의 체제로 전환한 대부분의 국가들이 지난 10년 동안 개혁개방을 통하여 활발한 경제발전을 성취하는 것을 보면, 과거 100년의 사회주의 계획경제하의 세월은 인류가 낭비한 셈이므로 안타까움을 피할 길이 없다. 개혁개방 이후의 러시아와 중국경제의 발전을 보라.

요약

자본주의의 핵심은 사유재산을 인정하는 것이다. 갈대아 우르에서 가나안에 이주하여 온 아브라함이 그의 아내가 죽자 헤브론의 땅을 매입하여 장사지냈다. 구약시대에 벌써 사유재산제도가 뿌리를 내리고 있었다. 사람은 재산을 자기 소유물로 하려고 하는 욕구가 있으므로 열심히 일하게 된다. 막스 베버는 자본주의를 발흥시킨 정신은 근면, 검소, 절약, 금욕의 청교도 윤리였다라고 주장했다. 그러나 정작 칼빈은 자본주의에 대한 개념이 없었으며 가난한 자에 대한 관심이 더 중요하였다. 토니는 베버의 주장에 찬동하였으나 청교도들의 과격한 행동은 경계했다. 그러나 좀바르트는 시민정신과 정복 욕구에 의하여 자본주의가 형성되었다고 하였다.

자본주의는 아담 스미스의 사유재산제도와 자유방임주의에서 출발했으며, 케인즈는 유효수요 부족으로 경기변동을 하는 자본주의 체제를 정부의 개입으로 수정하여야 한다는 이론을 전개하였다. 20세기 말엽 프리드만은 자유시장을 옹호하는 신자유주의를 주장하게 되어 스태그플레이션을 극복하게 됐다.

칼 마르크스는 유물사관에 입각하여 사유재산제도를 부정하고 계획경제체제를 근간으로 하는 사회주의 경제를 주장하여 러시아를 비롯한 동구 국가들과 중국, 북한에서 100년 동안 실시되었으나 효율성이 낮아 실패했다. 공산주의는 신을 부정하고 유물론을 근간으로 하였으므로 가톨릭과 개신교 모두 이를 반대했다.

자본주의는 본질적으로 이기심에 의하여 가동되는 체제이므로 자본주의의 주체인 사람의 탐욕이 제국주의, 나치즘, 노예노동 등으로 표출되어 인류 역사에 커다란 상처를 남기기도 하였다.

5

가난한 자를 향하신 하나님의 긍휼

"너희의 하나님이 이르시되

너희는 위로하라

내 백성을 위로하라"

(사 40:1).

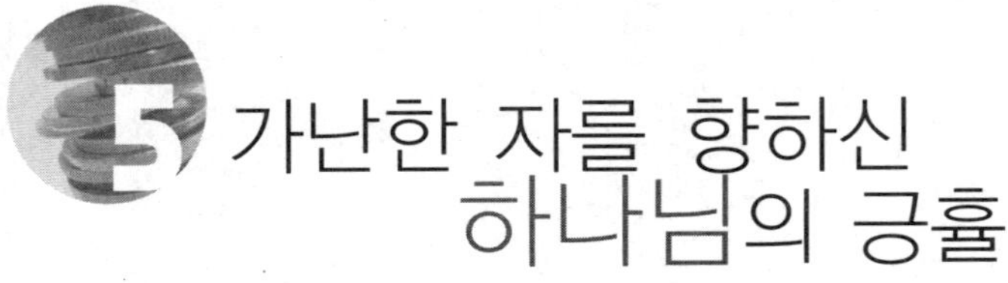

5 가난한 자를 향하신 하나님의 긍휼

하나님은 고아와 과부, 그리고 이방인 나그네에게 긍휼을 베풀도록 명령하신다. 하나님은 그의 백성들이 가난한 자가 되는 것을 원치 않으시고 부유한 자들이 가난한 자를 도와 주도록 하였다. 하나님은 그의 백성들이 빈곤으로부터의 자유를 얻게 되기를 바라신다.

빈곤이란 무엇인가

사람들은 자신의 욕구가 충족되지 않는 경우에 부족(want)함을 느끼고 빈곤하다고 생각한다. 욕구에는 물질적 욕구와 정신적 욕구가 있다. 웰빙(well-being)을 욕구상태의 바라는바 기준으로 보는 견해도 있다. 웰빙은 건강, 영양상태, 교육, 자산, 주택, 기타 사회적 권리 면에서 만족할 만한 수준일 때를 말한다. 최소한의 물질적 욕구를 기준으로 인간의 기본적 욕구(basic needs)가 만족되지 않는 상태를 빈곤이라 한다.

세계적 석학 제프리 삭스(Jefferry Sachs) 교수는 그의 역작 『빈곤의 종말』에서 빈곤을 다음과 같이 정의하였다.

첫째, 극단적(또는 절대적) 빈곤: 가계들이 생존을 위한 기본적 필요를 충족하지 못할 때를 극단의 빈곤이라 한다. 극단적 빈곤에서는 만성적 기아 상태에 처하게 되며, 질병에 걸려도 의료 시설을 이용할 수 없는 상태가 된다. 또한 안전한 식수나 위생적 편의 시설을 갖추지 못한다. 물론 자녀를 공교육 시설에서 교육시키지도 못하며 거처하는 집의 지붕이 비가 새도 어떻게 할 수 없다. 극단적 빈곤은 주로 개발도상국에서 발생한다.

둘째, 중위의 빈곤: 가계들은 기본적 필요를 충족시킬 수 있으나 가까스로 필요조건을 충족하는 정도이다.

셋째, 상대적 빈곤: 상대적 빈곤 가계들은 평균적 국민소득보다 낮은 소득 수준에 처하며, 문화, 오락, 레크리에이션, 양질의 의료 서비스와 교육을 접할 수 있는 기회가 주어지지 않은 상태에 있다. 사회적으로 이들의 신분 상승이 어려운 상태이다.

빈곤은 인간의 존엄성을 무시하게 만든다. 빈곤은 곧 인권유린이다. 빈곤과 인권유린은 상호작용을 하여 상승효과를 나타낸다. 절대빈곤 상태에서는 인권이 무시당해도 호소할 곳이 없다.

농촌에서 일자리를 찾아 도시로 이주하는 노동자들은 도시 변두리의 열악한 환경의 주택에 거주하면서 주로 일용노동에 종사하는 도시빈민이 되기 쉽다. 도시빈민은 소득이나 소비 수준에 있어 매우 낮은 것은 물론 다음과 같은 고통을 당하고 있다.

- 슬럼(slums)을 형성한다.
- 주거지역의 환경오염이 심각하다.
- 공동체 의식이 없다.
- 주로 일용 노동에 종사한다.
- 범죄와 폭력이 난무한다.
- 교육을 제대로 받지 못한다.
- 어린이 노동이 심하다.
- 빈민지역에서는 자연재해가 많이 발생한다.

빈곤의 실상

20세기 후반 이후 세계의 경제는 역사상 유례가 없는 경제적 번영을 누리고 있다. 디지털 혁명으로 정보전달 체제의 속도가 엄청나게 빨라졌다. 기술 발달의 속도도 빨라졌다. 그럼에도 불구하고 없어지지 않고 있는 부문이 세계의 참혹한 빈곤이다. 세계에는 우리나라와 같이 빈곤으로부터 탈출하는 데 성공하는 나라도 있으나 오랜 세월 동안 빈곤국으로 그대로 남아 있는 나라가 많이 있다. 또한 풍요한 나라 안에도 절대적 빈곤층이 기아선상에 놓여 있다.

빈곤선

어느 나라나 절대빈곤 상태 즉 빈곤선(poverty line) 아래에 있는 사람들이 있다. 예를 들면 미국에서는 적절한 식사를 하기에 필요한 최소비용의 약 3배에 미치지 못하면 절대빈곤이라 분류한다. 우리나라에서는 기초생활비수급대상자를 빈곤선 아래에 있다고 한다. 빈곤선 아래에 있는 인구의 총인구에 대한 비율을 빈곤율(poverty rate)이라 한다. 활발한 경제 성장으로 소득은 증가하였으나 빈곤율이 높아졌다고 하면 불평등한 소득분배로 소득이 상위계층에 편중되었다는 것을 알려 준다.

미국의 빈곤율을 [표 5-1]에서 보면 다음과 같은 사실을 발견할 수 있다.

[표 5-1] 미국의 빈곤 인구의 구성

집단	빈곤율
전체인구	12.7%
백인	8.2
흑인	26.1
히스패닉	25.6
아시아인	12.5
어린이(18세 미만)	18.9
노인 (64세 이상)	10.5
남편없는 여성 가장	33.3

자료: 미국통계청 1998년

첫째, 빈곤은 인종 구조에 따라 다른 양상을 나타낸다. 흑인과 히스패닉은 백인보다 빈곤층에 속하는 경우가 3배 높다.

둘째, 빈곤은 연령 구조와 상관관계에 있다. 어린이들은 노령인구보다 빈곤가정에 속하는 비율이 높다.

셋째, 빈곤은 가족 구성과 상관관계가 있다. 여성이 가장인 가족은 평균적인 가정보다 빈곤층에 속하는 경우가 2배 높다.

세계의 빈곤 상태

21세기 초 인류는 이러한 빈곤이 아직도 지구상에 존재한다는 것을 수치로 알게 되었다. 세계은행 총재 울팬손(J. D. Woelfensohn)은 『세계개발보고서 2000/2001-빈곤을 향한 공격』의 서문에서 다음과 같이 말하였다.

"세계은행은 빈곤과의 투쟁을 핵심과업으로 인식하고, 빈곤과의 투쟁에 열정과 전문가적 역량으로 대처해나가는 것을 사명으로 하고 있다."

세계은행은 1인당 1일 소득이 $1($1 a day) 이하인 경우에 절대빈곤이라 한다. [표 5-2]에서 보는바와 같이 1999년 세계의 절대빈곤 인구는 11억5천만 명에 달한다. 남아시아 여러 나라의 절대빈곤 인구가 세계전체 절대빈곤 인구의 42.6%를 차지하는데, 사하라 사막 남쪽 국가(Sub-Saharan Africa)들이 26.1%, 동아시아 및 태평양 연안 국가들이 22.5%

를 차지하고 있다. 빈곤상태의 변동을 보면 1990-99년간에 동아시아 및 태평양 국가들의 빈곤상태가 크게 악화되었고 유럽, 라틴 아메리카 및 중동 국가와 북아프리카 국가들은 약간 개선되었다.

최저소득 국가들은 국별 총인구 중 절대 빈곤에 처하는 인구가 많은 비중을 차지한다. 1999년 현재 사하라 사막 남쪽 국가들은 "$1 a day"에 해당하는 인구가 세계 총 빈곤인구의 46.7%에 달한다. 남아시아 국가의 "$1 a day"에 해당하는 인구는 36.9%이다. 라틴 아메리카 및 칼리비안 국가들은 15.1%, 동아시아 및 태평양 국가들은 22.6%이다. 1999년의 전 세계 인구(중국 제외) 중 빈곤층의 비중은 22.7%였는데 1990년의 29%에 비하면 약간 개선되었다.

[표 5-2] 총인구 중 절대빈곤 인구 비중

지역	총인구중 절대빈곤($1 a day) 인구비율(%)		절대빈곤($1 a day) 해당인구 수(백만 명)	
	1990	1999	1990 (구성비%)	1999 (구성비%)
사하라 사막 이남 국가들*	47.7	46.7	242 (18.9)	300 (26.1)
동아시아, 태평양 연안	27.6	14.2	452 (35.4)	260 (22.6)
(중국제외)	(18.5)	(7.9)	(92) (7.0)	(46) (4.0)
남아시아	44.0	36.9	495 (38.7)	490 (42.6)
라틴 아메리카, 칼리비안 군도	16.8	15.1	74 (5.7)	77 (6.6)
동유럽, 중앙아시아	16	3.6	7 (0.5)	17 (1.5)
합계	29.0	22.7	1,276 (100)	1,151 (100)
(중국제외)	(28.1)	(24.5)	(916) (71.7)	(936) (81.3)

* 모잠비크, 우간다, Cape Verde, Burkina Faso, 에티오피아, 코마로스, 콩고, 부룬디, 시에라 레온, 콩고 민주국

자료: World Bank, 2002

1인당 1일 소득이 1~2달러($2 a day)인 중위 빈곤 인구는 16억 명에 이르는데 동아시아 지역에 6억 명, 남아시아 지역에 6억 5천만 명, 사하라 남쪽 지역에 2억 명에 달하고 있다. 이들은 중위 빈곤국이라 하여도 1일 소득이 2달러 미만이므로 빈곤으로 인한 삶의 고통은 말할 수 없이 고달프다.

빈곤은 사람들로 하여금 굶주리게 하기도 하지만 교육, 건강 및 사회적 의식을 황폐하게 만든다. 또한 이들 국가에서는 문맹자가 증가하며, 유아 사망률이 높아진다.

사하라 사막 이남지역의 국가에서는 13명 중 1명은 생후 5년 이내에 사망하고 있으며, 남아시아는 54명 중 1명이 5세 이내에 죽는다. 선진국들의 유아 사망률은 4,085명당 1명이다. 한편 교육 상태를 보면 방글라데시, 인도, 모로코, 파키스탄, 사하라 사막 이남 지역 국가 8개국은 15~19세 인구의 절반이 전혀 교육을 받지 못하고 있다.

유엔 식량농업기구(Food and Agriculture Organization: FAO)가 2006년 10월에 유엔에 제출한 보고서에 의하면 2005년 기준으로 10세 미만의 어린이가 5초에 1명씩 굶어서 죽고 있으며 세계인구의 1/7인 8억 5천만 명이 영양실조 상태에 있어 질병에 대책 없이 그대로 노출되고 있다.[34] 아프리카 인구의 36%가 기아상태이다. 기아로 죽어가고 있는 인구가 1990년에는 8억2천2백만 명이었으나, 1990년에는 8억2천8백만 명, 2005년에는 8억5천만 명으로 증가하였다. 기아인구는 사하라 사막 남쪽 지역에 1억7천만 명, 아시아 지역에 5억5천만 명이 분포되어 있다.

---

34) 장 지글러, 『왜 세계의 절반은 굶주리고 있는가?』, 유경미 역, 칼라파고스, 2007, 87.

기아 상태는 "경제적 기아"와 "구조적 기아"로 구분한다. 경제적 기아는 가뭄이나 태풍과 같은 돌발 사태로 식량생산이 급감하는 경우를 말한다. 경제적 기아에는 열악한 수송 시설 또는 내전으로 제때에 식량이 기아 지역에 공급되지 못하는 경우도 포함된다. 에티오피아는 1984년 이후 5년 동안 가뭄이 닥치자 아코르 고원지대에 사는 주민들이 난민 캠프로 모여 들었으나 국제구호단체들이 손 쓸 사이도 없이 대부분의 난민들은 기아로 사망하거나 영양실조에 허덕이게 되었다.

구조적 기아는 비타민 A의 부족으로 시력을 상실하거나 체력이 약해져서 출산 중에 산모와 (또는) 신생아가 사망하는 경우, 그리고 전염병으로 주민들이 대량으로 죽음에 이르는 경우를 말한다. 구조적 기아는 사전에 외부에 잘 노출되지 않는 특성을 지니고 있어 심각한 기아에 노출되어서야 긴급구조를 하게 된다.

[표 5-3] 유아 사망률	
지역	5세 미만 유아 사망률
사하라 사막 이남 국가들	13명 중 1인 사망
남아시아 국가들	54명 중 1인 사망
중동 및 북미 국가들	55명 중 1인 사망
라틴 아메리카 및 칼리비안 군도 국가들	157명 중 1인 사망
동아시아 및 태평양 연안 국가 국가들	283명 중 1인 사망
중남미 및 동유럽 국가들	797명 중 1인 사망

자료: UNICEP, 2002

세계 기아 인구의 25%를 차지하고 있는 아프리카에서는 전쟁으로 난민이 대량으로 발생되고 있다. 수단 남부지역, 라이베리아, 킨샤사, 브라자빌, 앙골라, 차드, 부룬디, 시에라리온 등에서 전쟁이 끊임없이 발발하고 있어 곳곳의 난민 캠프에 1천만 명 이상의 난민들이 몰려들고 있다. 1970년부터 1989년 사이에 아프리카에서는 43차례나 군사 쿠데타 또는 내전이 발생하거나 국경간 전쟁이 벌어졌다.

1995년부터 현재까지 북한에서는 2백만 명 이상이 굶어 죽었다. 북한에서는 집단 농장의 실패로 농업기반이 무너졌다. 1995년에는 극심한 흉년, 1997년과 1998년에는 가뭄 피해로 식량생산이 급감하였다.

선진국과 개발도상국의 양극화 현상

지난 세기동안 자유경제의 결과로 세계의 부가 선진국에 편재하는 현상이 심화되었는데, 이는 개도국의 빈곤을 증폭시키고 있다. 세계화의 편익을 선진국과 개도국이 공유하여야 공정하다고 할 수 있을 것이나 자유시장경제하에서는 경제적 편익이 선진국에 집중되는 현상을 나타내었다. 반면 개발도상국은 경제성장 동력이 부족하여 주민의 삶이 매우 고달프다. 1985년-2001년간 년 3%이상의 경제성장률을 기록한 개발도상국은 16개 국가(중국 및 인도 포함)에 불과하며, 년 2%미만의 경제성장률을 기록한 개발도상국은 23국에 이른다. 2001년 중 세계무역에서 선진국이 차지하는 비중은 48%였으며 세계해외투자에서 차지하는 비중은 무려 53%에 달한다.[35] 1960년~62년의 1인당 국민 총생산(GDP)는 개발도상국이 212달러였으나 선진국은 11,417달러였다. GDP는 2000년~02

년간에는 개발도상국은 267달러였으나 선진국은 32,339달러였다. 선진국과 개도국간의 소득 양극화가 심각한 상태에 이르게 되었다.

왜 빈곤국은 빈곤국 상태를 벗어나지 못하는가? 지금으로부터 200년 전만 해도 인도, 중국 및 유럽의 나라들 모두가 빈곤 상태였다. 그 중에서 중국은 가장 상태가 좋은 나라였으나 지금의 생활 기준으로 볼 때는 매우 열악한 상태였다. 1880년대까지 세계의 경제성장률은 미미하였으므로 세계 곳곳에서 기아에 시달려 왔다. 이후 200년 동안에 인류의 평균 소득은 약 9배 증가했다. 이 때 1인당 소득 기준으로 미국은 25배, 유럽 국가들은 15배 증가했다. 경이로운 일이다. 그러나 아시아 국가들은 일본을 제외하고는 정체상태를 벗어나지 못하였다. 이 때부터 부국과 빈곤국의 소득 격차가 나기 시작하였다. 유럽 제국과 미국의 경제는 크게 도약하였는데 아시아 국가들은 낮은 경제성장에 머물러 있었다.

삭스 교수는 200년 전까지 정체해 있던 세계경제가 도약하게 된 그 원인으로 서구의 기술발전을 지적하고 있다.[36] 1750년 영국에서 증기기관의 발명으로 대량 생산체제가 도입되었고, 비료의 대량 생산으로 식량 생산이 크게 증가하였다. 석탄을 주요 에너지원으로 개발하게 되자 생산 효율이 높아졌다. 철강, 화학, 제약, 직물, 의류 등 생산에 획기적인 기술 개발이 이루어졌다. 이들은 18세기 산업혁명으로 집약된다. 산업혁명을 받아들인 나라는 부강해졌으나 그렇지 못한 나라는 경제적 정체상태를

---

35) World Commission on the Social Dimension of Globalization, "A Fair Globalization: Creating Opportunities for All," 2004, 36.
36) 삭스, 56.

면치 못하였다.

한국의 빈곤

한국보건사회연구원의 자료에 의하면 한국의 빈곤층은 2005년 1/4 분기에 5백만 명에 달하였다. 한국 전체인구를 4천9백만 명이라고 하면 10명중 1명이 빈곤층에 속한다. 2005년 현재 한국의 빈곤층은 기초생활 수급자(4인 가족기준 113만6천 원 이하)가 135만 명이고, 최저생계비의 120%에 해당하는 차상위 계층(잠재빈곤층)은 109만 명이며, 재산이나 부양가족이 있어 기초생활보호대상에서 제외된 비수급 빈곤층은 248만 명으로서 이를 합계하면 494만 명이 빈곤층에 속한다.

통계청 자료에 의하면 2005년 1/4분기에 상위 10% 가구의 월평균소득은 하위 10% 가구의 18.2배가 됨으로써 소득격차가 매우 큰 것을 알 수 있다.

우리나라에는 본인 스스로의 능력으로 식량, 교육, 의료, 주거 등의 기초생활을 할 수 없는 가계가 많이 있다. 정부는 이 절대빈곤층의 기초생활비를 정부의 자금으로 지급하는 국민기초생활보장제도를 2000년부터 실시하여 왔다.

첫째, 기초생활보장제도는 근로능력이 없어 최저생계비를 지불할 능력이 없는 자를 대상으로 한다.

둘째, 근로능력이 있는 자가 최저 생계비 수준 이하의 소득밖에 벌지 못하면 생계비, 의료보조, 자녀 학비를 지급한다.

셋째, 주거안정과 긴급시의 생계안정을 위하여 주거급여와 긴급급여제
도에 의하여 지원한다.

넷째, 근로능력이 있으나 경기변동에 기인하는 마찰실업인 경우에는
가구별 자립계획을 세워 자립할 수 있도록 지원한다.

우리나라의 국민기초생활보장제도의 혜택을 받는 자는 2001년에 71만
가구, 151만 명이다.

빈곤의 원인

빈곤의 원인에 관하여는 여러 학설이 있으나 삭스 교수의 빈곤의 함정
설은 매우 설득력이 있다. 빈곤국이 일단 절대빈곤국 상태에 들어가면
빈곤의 악순환 과정에 처하기 때문에 빈곤에서 해쳐 나오지 못하는 빈곤
의 함정에 빠지게 된다. 절대 빈곤상태에 있는 국가들은 장래를 위해 저
축할 능력이 없으며 자본 부족으로 경제성장이 이루어 질 수 없다. 그리
하여 우선 노출된 자연자원을 집중적으로 소모하게 되어 더욱더 성장 동
력을 잃게 된다. 삭스의 학설은 라그너 넉시의 빈곤의 악순환이론과 유
사하다. 넉시는 빈곤국에서는 저축이 부족한데 이는 투자 부진을 초래하
며 경제성장도 할 수 없게 된다고 주장하였다.

왜 절대빈곤국이 되었는가? 먼저 자연 지리적 여건이 척박하였다는 것
을 들 수 있다. 역사적으로 볼 때 해양 접근성이 좋은 나라들은 경제가 발

전하였고 내륙에 고립된 국가들은 경제가 낙후되었다. 예를 들면 아프리카 국가들의 경우 해안지방은 건조하고 땅이 척박하여 내륙지방에 모여 살았는데, 내륙지방은 교통이 불편하고 물류비가 많이 소요되므로 경제가 발달 할 수 없었다. 자연적으로 내륙지역에 고립되어 생활하게 되니 그저 채취경제에 만족하였다. 그리하여 외부 세계와는 고립된 채로 20세기까지 활과 창으로 수렵 생활을 하는 것으로 만족하며 살아왔던 것이다.

기후조건도 절대빈곤의 한 원인이 되었다. 지나치게 온도가 높은 적도지역에 위치한 국가들은 부지런히 일하기에 부적합하였으며 식물을 재배하지 않고도 먹거리는 자연에서 채취할 수 있었으므로 제조업이란 것은 알지 못하였다. 또한 열대 우림지역에는 말라리아와 같은 전염병이 창궐하여 인간의 생존조건이 매우 열악했다. 아프리카 지역에서는 지금도 해마다 300만 명이 말라리아로 목숨을 잃고 있다. 대체로 이러한 자연조건과 사회구조는 기술발전을 저해하였으므로 빈곤의 함정을 벗어날 수 있는 계기를 얻지 못하였다. 말할 것도 없이 높은 인구 증가율은 절대빈곤의 중요한 원인이었다.

다른 나라의 식민지가 된 경우에는 자연자원을 수탈당할 뿐만 아니라 교육의 기회를 제한 받았기 때문에 자립국가가 되지 못하는 나라가 많이 있다. 자유무역 체제는 선진국과 개발도상국간의 양극화를 심화시켰으므로 더욱더 개도국의 빈곤을 심각한 상태에 이르게 하였다. 대체로 이들 빈곤 국가들은 통치구조가 실패하였다는 점을 또한 간과 할 수 없다. 이들은 끊임없이 전쟁과 내란에 시달려 왔는데 이는 대체로 서구 제국의 식민지

시대의 후유증이라고 할 수 있다. 또한 이들 국가들은 사회 간접자본을 확충하려고 하여도 재정이 부족하였다. 2차 대전 후 세계은행이 이들을 지원하여 왔으나 충분한 사회간접자본을 외부자금에만 의존하여 건설하기는 역부족이었다. 절대빈곤 국가들은 교육 시설이 낙후되어 숙련된 인력이 부족하여 외국인 투자자들을 유인할 수 없었다.

이렇게 절대빈곤 국가들은 빈곤의 함정을 벗어나지 못하고 악순환을 거듭하게 된다. 따라서 무엇보다 중요한 것은 절대빈곤 국가들에게 빈곤의 함정에서 건져 내어 주는 힘이 있어야 한다. 금세기에 와서 세계은행을 중심으로 전개되고 있는 밀레니엄 개발 목표 계획에 의한 빈곤감축 프로젝트는 이들의 마지막 희망이다.

구빈(救貧)제도의 역사

오늘의 선진국들도 빈곤국이었던 때가 있었고 선진국이 되었다 하여도 사회 밑바닥에는 여전히 빈민들이 도사리고 있는 것이 현실이다. 다음에서 각 나라의 구빈제도의 역사를 살펴보자.[37]

영국의 구빈제도

유럽 각국에서는 기독교의 가르침을 따라 가난한 자를 돕는 구빈제도

---

37) 이두호 외, 『빈곤론』(서울: 나남, 1991), 351-383.

가 발달되었다. 토마스 아퀴나스는, 부자는 쓰고 남은 부를 가난한 자에게 나누어 주라고 가르쳤다. 종교개혁가들은 나태한 자들이 직업을 가지지 않는 것을 배격하였다. 15~16세기 영국에서 구빈법이 제정되었는데 이 법은 유럽 각국에 파급됐다. 중세가 몰락하자 장원경제가 약화되고 흑사병의 만연과 인구증가에 따라 부랑하는 걸식자들이 많아졌다. 이들에 대한 구빈사업이 각국에서 중요한 정책이 됐다. 구빈법은 이들 부랑 걸식자들을 수용하는 목적을 두고 성립되었다. 1530년 영국에서는 노동할 수 없는 걸인에 한하여 구걸면허증을 교부해 주었다.

1834년 영국에서는 구빈법을 개정하였는데 빈곤을 타파하기 위한 교육, 훈련, 고용, 알선 등의 제도가 창설되었으며, 빈곤자의 경제적 안정을 도모하는 저축기관을 설치하였다. 한편 로버트 오웬에 의한 협동조합운동이 일어나 걸인 명패의 사용금지, 노예무역 금지, 여자매질 금지, 공장의 작업조건 개선 등을 부르짖었다. 구빈원에 수용된 걸인은 혹독한 강제 노동에 시달렸다. 1948년 영국의 구빈법은 노동당 정부에 의하여 폐지되고 근대적 복지제도가 채택됐다. 1911년 국가보험법에 의한 질병급여제도와 실업급여 제도가 창설되었는데 자조원칙에 따라 혜택이 주어졌다. 1959년에는 국가보험법의 개정, 1975년의 사회보장연금법의 제정 등에 힘입어 빈곤퇴치를 위한 연금급여제도가 시행됐다. 1980년대 대처의 보수당 정부는 공공지출을 삭감하였는데 사회복지 지출을 크게 감소하였다. 그 대신 사적연금제도를 확충했다.

영국의 복지제도의 역사를 보면 복지제도가 과다하면 재정 부담이 과중하여져서 경제성장을 저해하며 도덕적 해이에 의하여 국민은 나태하게 되므로 자활제도를 겸하여 실시하여야 한다는 사실을 발견하게 된다.

미국의 구빈제도

미국은 19세기 이래 도시빈민들이 증가하였는데 1960년대에 와서야 빈곤과의 전쟁(war on poverty)을 선포하고 집중적인 빈곤대책을 강구하였다. 이에 따라 미국의 사회복지 프로그램이 활발하게 전개되기 시작하였으며 1988년에 사회복지를 위한 재정지출이 8,858억불에 달하였다. 이는 미국 GNP의 16.5%를 점하는 실적이다. 빈곤층을 위한 사회복지 프로그램은 다음과 같다.

첫째, 사회보험: 65세 이상 노인이 은퇴할 때 일정금액의 급여를 지급하였다. 또한 미국은 1965년에 공적 의료보험제도를 실시했다.

둘째, 공적 부조: 공적 부조 프로그램은 비느인 빈곤층을 위한 소득보장프로그램인데, 1988년 현재 1,100만 명이 혜택을 받고 있다. 또한 SSI(Supplemental Security Income)제도에 의하여 노령부조, 맹인부조, 장애자부조 프로그램을 운영하고 있다.

셋째, 미국은 가난한 사람들의 소득보장을 위하여 교육, 훈련 및 고용을 위한 광범위한 제도를 운영하고 있다.

일본의 구빈제도

일본은 최저생계비를 보장하는 것을 최종목표로 하는 복지정책을 추진

하여 왔다. 일본정부의 생활보조비 지출액은 1965년에 가구당 18,204엔
이었으나 1990년에는 140,577엔으로 증가했다. 일본의 공적연금체계는
전 국민을 대상으로 하는데 독립적으로 운영한다. 국민연금제도는 20세
이상 60세 미만의 전 국민을 대상으로 한다. 고용보험은 실업급여 중심
으로 운영되며 산업재해 또는 업무상 사망한 경우 노동자를 보호한다.
생활부조, 교육부조, 주택부조 프로그램 등 공적부조제도도 발달되었다.
의료보험제도와 노인복지제도가 활발하게 전개되고 있다.

독일의 구빈제도

독일의 사회부조제도는 부조를 받을 대상자가 인간다운 생활을 할 수
있도록 하는데 목적을 두고 있다. 사회부조제도는 생계부조와 특별부조
로 구분되었는데 식비, 생활비, 광열비, 가구비 및 제잡비 등을 지급하며
특별부조는 노령부조, 장애자부조 등이 발달되어 있다.

우리나라의 구빈제도

우리나라의 구빈제도는 중국의 제도를 본보기로 하여 성립됐다. 왕의
통치는 치산치수, 농업장려, 근면절약 등을 중요 정책으로 하였다. 농업
생산은 국토가 좁아서 경작지가 제한되었으므로 춘궁기에는 기아가 발
생하였다. 이에 따라 나라에는 농민들에게 춘궁기에 식량을 대여하고 가
을에 환납하게 하는 환곡(還穀)제도를 실시하였다. 환곡제도는 고구려 고
국천왕 16년(A. D. 194년)에 최초로 실시되었다는 기록이 삼국사기에 나

온다. 고려 태조는 환곡제도를 운영하는 흑창(黑倉)을 개설하였고, 고려 성종 때에는 흑창을 의창(義倉)이라 하였다. 또한 고려 성종은 상평창을 두어 곡가의 계절 변동을 완화하였는데 곡식을 정부가 매매하였다. 의창은 본래 이식이 없었으나 환곡제도에 따른 운영비의 조달을 위하여 이식을 받기 시작하여 년 3할에 이르기도 하였다. 환곡제도와 더불어 실시된 구휼제도로서 곡식 이외의 식량 공급 방법을 국민에게 홍보하였다. 즉 솔잎, 칡뿌리, 마, 밤, 토란, 무 씨, 고구마 등을 갈무리하고 먹는 방법을 계몽하였다. 그러나 이조 말기에는 환곡을 담당하는 지방 아전의 부정행위, 환곡재고의 부족 등으로 환곡운영이 문란하여져서 나라 재정을 취약하게 하는 요인이 됐다.

1950년 6.25동란으로 빈민구호대상자 수가 전인구의 절반에 이르게 되었는데, 유엔의 구호 프로그램에 의하여 입에 풀칠을 하는 것이 고작이었다. 1960년 5.16 군사혁명이 발생하였는데 이들은 도탄에 빠진 민생고를 해결하기 위하여 근대적 구빈법인 〈생활보호법〉을 제정하였다. 그러나 국민총생산규모가 열악한 상태에서 복지지출을 할 형편이 되지 못하였다. 경제정책은 선성장 후복지였다. 1970년대 후반에 이르러 어느 정도 경제성장이 이루어지자 의료보험법의 제정을 비롯한 빈곤 추방을 위한 빈곤대책이 실시됐다. 현행 우리나라의 구빈제도를 요약하면 다음과 같다.

첫째, 공공부문: 〈생활보호법〉과 〈의료보험법〉을 중심으로 생활비 지급제도와 자활조성제도 및 의료 공공브조제도가 실시됐다.

둘째, 최저임금제도: 1988년에 〈최저임금법〉이 제정 실시되어 노동자의 임금은 최저 생계비를 보장하도록 하고 있다.

셋째, 조세감면: 저소득층에 대하여는 조세를 감면함으로써 빈곤을 완화한다. 소득세법상 빈곤자에 대하여는 면세점을 설정하였고 각종 공제를 인정하였다.

넷째, 의료보험제도: 전 국민을 대상으로 국가의료보험제도를 창설했다. 근로능력이 없는 저소득층은 의료보호제도에 의하여 공공부조가 적용됐다. 의료 부조대상자는 1종 및 2종으로 구분하는데 1종 환자는 치료비 전액을 정부가 부담하며, 2종 환자는 외래는 무료이나 입원의 경우에는 의료비의 20-30%를 환자 본인이 부담한다.

21세기 국제사회의 빈곤 감축 운동

빈곤감축을 위한 밀레니엄 개발 목표

2000년 9월에 뉴욕에서 개최된 UN 밀레니엄 정상회의(Millennium Summit)는 밀레니엄 선언을 채택하였다. 이 선언은 2015년까지의 밀레니엄 세계개발 목표(Millennium Development Goals: MDG)를 설정하고 UN은 각 국제경제기구와 협력하여 빈곤을 추방키로 하였다. MDG에서 채택된 목표는 다음과 같이 모두 8개이다.[38]

---

38) UN General Assembly, 55/2 United Nations Millenium Goals.

첫째, 절대빈곤과 기아의 추방

밀레니엄 개발 목표는 2015년까지 세계의 절대빈곤과 기아상태를 2015년까지 50% 감축한다. 밀레니엄 개발 계획이 성공적으로 달성되면 세계의 절대빈곤 및 굶주리는 인구는 3억 명이 감소될 것이다.

둘째, 초등학교 의무교육 전반적 실시

2015년까지 세계 어디에서나 남녀 불문하고 어린이들이 초등학교 교육을 의무적으로 받을 수 있도록 한다.

셋째, 양성(兩性) 평등의 촉진과 역량 강화

초등학교 및 중등학교에서의 성별 차이를 가능한 한 2005년까지, 모든 교육과정에서는 2015년까지 근절한다.

넷째, 아동사망율의 감소

5세 이하의 아동 사망률을 1990-2015년간에 2/3를 줄인다.

다섯째, 출산 건강

출산사망률을 1990년-2015년간에 2/3를 줄인다.

여섯째, HIV/AIDS, 말라리아 및 기타 질병

2015년까지 HIV/AIDS의 확산을 막고 질병의 확산 세력을 약화시킨다. 2015년까지 말라리아 및 여타 질병의 발생을 억제하고 발생하지 않도록 한다.

일곱째, 환경의 지속가능성 개발

2015년까지 자원고갈을 역전시킨다. 안전한 식수원에 지속적인 접근이 보장되지 않는 인구의 비율을 2015년까지 절반으로 감소시킨다.

2020년까지 1억 명의 빈민가 주민의 생활을 개선한다.

여덟째, 개발을 위한 범세계적 파트너십 개발

국제무역과 금융의 무차별원칙의 실시를 확산시킨다. 최빈국의 수출증대를 위하여 관세율을 인하하는 한편 수입쿼터제를 폐지한다. 부채가 많은 최빈국의 채무를 탕감하여 주는 프로그램을 도입한다. 지속가능한 개발을 위하여 이들 개도국의 부채문제를 국제적 조치에 의하여 해결한다. 개도국과 협력하여 청소년을 위한 생산적 전략을 수립하고 제약산업과 협력하여 개도국의 기초약품에의 접근을 용이하게 한다. 가난한 나라도 정보통신 기술의 혜택을 볼 수 있게 한다.

UN의 개발도상국문제 전문기구인 UN개발프로그램(UN Development Program: UNDP)은 MDG 실행 계획을 총괄하고 있다.

국제사회의 빈곤 감소 대책의 기본 전략

과거 1950~60년대 국제사회의 빈곤감소 전략은 개발도상국의 사회간접자본의 확충에 있었다. 1970년대에는 건강과 교육의 개선에 집중하였다. 1980년대에는 시장경제의 확충으로 효율적 경제 관리를 달성하는데 중점을 두었다. 대부분의 개발도상국에서는 노동집약산업을 육성하여 소득증대와 고용을 확대하였다. 1990년대에는 빈곤국의 취약성을 개선하는데 자본이 집중되었다. 21세기 국제사회가 추진하는 빈곤감축의 기본전략은 다음과 같다.

첫째 전략은 일자리, 금융, 도로, 전기, 시장, 교육, 수도, 위생건강 및 서비스 면에서 기회를 확충함으로써 빈곤을 퇴치한다. 이들 기회는 경제 개발의 질적 구조를 강화하는 것을 중요시 한다. 경제의 불평등을 개선하고 인간, 토지, 사회간접자본의 개발을 지속적으로 추진한다.

둘째 전략은 빈곤층에 정치적, 사회적 및 제도적으로 권리를 보장하고 이를 신장시킨다. 빈곤층이 사회적으르 소외되는 국가에서는 빈곤 감소 정책이 무시되기 때문이다. 이를 위해서 빈곤층, 중산층, 고소득층간의 협력을 강화함으로써 정치적 지배구조, 사법적 기구, 공공 서비스에서 빈곤층이 제대로 대접을 받을 수 있도록 한다.

셋째, 가난한 사람들은 각종 위험에 노출되는데 이들은 취약성이 높아 절망 상태에 빠지기 쉽다. 경제성장은 가난한 이들의 취약성을 약화시키는데 있어서 최상의 전략이다.

자연적 위험에는 폭우, 홍수, 산사태, 화산 폭발, 지진, 가뭄, 폭풍, 쓰나미 등이 있으며, 건강 면에서는 각종 질병, 전염병, 부상, 장애, 노령, 죽음 등이 있으며, 사회적 면에서는 범죄 폭력, 테러, 강도, 전쟁, 반란 등이 있고, 경제적인 면에서는 실업, 수확실패, 농산물 가격 변동, 악성 인플레이션, 국제수지 악화, 기술적 충격, 외환위험 등이 있다. 또한 정치적 면에서는 내란, 쿠데타 등이 심각하며, 환경 면에서는 환경오염, 산림 황폐화, 핵문제 등이 있다.

소득이 증가하면 위험에 대처하는 능력이 제고된다. 위험에 대비하는 사회 안전망이 구축되어야 한다. 사회안전망으로 의료보험제도, 노령자 지원제도, 연금제도, 실업보험제도, 산업안전, 사회기금, 금융제도의 시스템화 등의 개선을 도모한다.

무역 증진에 의한 개도국 지원과 빈곤 추방

2001년에 세계무역에서 선진국이 차지하는 비중은 48%였으며 세계해외투자에서 차지하는 비중은 무려 53%에 달했다.[39] 모름지기 세계 각국은 상호간에 무역과 직접투자 방법에 의하여 상대방 국가에 접근할 때 장애가 없어야 할 뿐만 아니라 선진국은 개도국에 대하여 어떠한 특혜를 배려하여야 한다. 1945년 이래 개발도상국이 선진국에 수출하면 선진국은 낮은 관세율을 적용하는 일반특혜관세제도를 실시하여 많은 혜택을 주어왔다. 그 동안 8차례에 걸친 관세라운드를 통하여 세계적으로 관세율 수준이 낮아져 개도국에 대한 일반특혜관세제도의 상대적 수혜율이 낮아졌다. 새로운 시장접근 방안 등 개도국에 실질적으로 도움이 되는 방안을 강구할 필요가 있다.

효과적인 개도국 지원은 개도국이 생산한 제품을 선진국이 수입하여 줌으로써 개도국의 생산을 촉진하고 고용을 확대시키는 것이다. 세계무역기구(WTO)의 Doha 라운드에서는 최빈국으로부터의 수출에 대하여 선진국은 무관세 및 무쿼타를 적용하는 방안을 논의하고 있다. 개도국은 수출품목이 제1차 산품에 국한되고 있어 수출품의 다양화가 필요하다.

---

39) World Commission on the Social Dimension of Globalization, "A Fair Globalization: Creating Opportunities for All," 2004, p. 36.

농업의 생산성 향상, 무역과 관련된 사회간접자본 형성, 수출산업의 경쟁력 향상 등을 선진국이 적극 지원하여야 한다. 세계무역기구(WTO)는 자유무역의 확산은 개도국의 빈곤 추방에 있어서 중요한 역할을 한다고 한다. 많은 사람들은 무차별적인 자유무역 체제는 국제경쟁력이 약한 개도국을 세계시장에서 배제하므로 수출로 경제 성장을 하려는 개도국으로 하여금 절망케 한다. 그러나 최근의 연구들은 무역자유화는 개도국의 국제경쟁에서 더 많은 지식과 기술을 습득하게 되어 경쟁력이 높아진다고 본다. 이에 따라 교육의 창달, 사회간접자본의 확충, 지적재산권의 보호 등을 통하여 경제성장의 기반을 확충할 수 있으며 이는 곧 빈곤 축소의 방편이 된다. 개도국은 값싼 노동력을 노동집약 산업에 집중적으로 투입한다면 선진국시장에서도 경쟁력을 가질 수 있다.[40]

빈곤타파를 위한 공적개발원조

유럽경제협력개발기구(OECD) 산하 개발원조위원회(Development Assistance Committee: DAC)의 공적개발 원조(official development aid: ODA)는 1990년대를 통하여 감소되어왔으나 선진국의 국민소득(GNI)에 대한 비율이 2000년 이후 0.25%대로 높아졌다. 1980년대에 0.33%이었음에 비하면 아직 낮은 수준이다. 개도국에 대한 ODA 공여 실적은 1980년대 이후 1990년대에 연간 124억불까지 감소하던 추세가

---

40) Dan Ben David, H. Nordstroem, L. Alan Winters, *Trade, Income Disparity and Poverty*, WTO Special Studies 5, 1999, pp. 1-10.

2003년에 들어와서 685억불 그리고 2005년에는 1,070억불로 증가한 것은 희망적이다. 2005년의 OECD 주요국의 ODA 비율(ODA/GNI)은 노르웨이 0.93, 스웨덴 0.92, 네덜란드 0.82, 영국 0.48, 프랑스 0.47, 독일 0.35, 스페인 0.29, 일본 0.28, 그리스 0.24, 미국 0.22, 포르투갈 0.21였다. 2005년과 2006년에는 부채탕감액이 각각 249억불, 186억불로 증가하였음도 특이할만한 일이다.

제퍼리 삭스(Jeffrey Sachs)는 ODA가 빈곤국의 경제개발을 위해 유효하게 사용될 것이라고 주장하였다. ODA의 일부는 가뭄이 심할 때 식량원조 형식으로 가계에 직접 제공되며, 또한 다른 일부는 소액금융 형식으로 빈곤 가계로 흘러들어 간다. 나머지 부분은 공공투자에 투입된다. 가계로 이동한 원조자금의 일부는 가계저축으로 남고 공공투자자금은 자본형성을 촉진하여 경제성장에 기여한다.

2005년 우리나라의 ODA 공여액은 7억4천만 달러로서 국민총소득(GNI)에 대한 ODA비율은 0.09%이다. 한국의 ODA는 80%가 한국산 물자와 용역을 구매하는 조건으로 하였다. 경제력을 기준으로 보면 우리나라는 세계 제10위국이나 ODA 공여 실적은 OECD 회원국 중 18위다. 한국은 2010년에 DAC에 가입할 예정이다.

MDG의 성과

세계 각국은 MDG에 대하여 뜨거운 호응을 보였다. 각국은 개별적으로 또는 집단적으로 자국 및 국제적 개발계획에 MDG를 반영하였다. 아직 MDG를 시행한지 4년 정도 밖에 지나지 않았으므로 성과를 평가하기에는 이르지만 몇 가지 희망적인 조짐을 발견할 수 있다.

동아시아 및 남아시아 지역의 2억의 인구가 1990년에 비교하여 빈곤의 정도가 완화되었다. 그러나 급성장하고 있는 국가에서도 환경파괴 및 출산사망율의 감소가 눈에 띠게 개선되지 않았다. 라틴아메리카, 중동 제국, 북아프리카 지역에서 환경이 개선되는 국가가 있는가 하면 오히려 악화되는 국가도 있다. 아프리카지역에서는 어린이 사망률이 떨어지고 있으며 사망 숫자도 감소하였다. 초등학교 교육도 확대되었다. 그러나 중앙아시아 지역에서는 어린이 사망률이 높아졌다. HIV/AIDS로 사망하는 사람이 매년 3백만 명에 달하고 있으며, 양성평등은 요원한 것이 사실이다.

가난한 자를 향하신 하나님의 긍휼하심

빈곤 퇴치는 하나님이 인류에게 명하신 의무(obligation)이다. 가난이 자신의 나태에 있든지 부자들의 착취에 있든지 가난한 자는 가난에서 벗어날 권리가 주어져 있다.

억압에서 자유를

이스라엘 백성은 아브라함과 이삭을 거쳐 야곱의 대에 와서 가나안에서 애굽으로 이주하였다. 애굽의 총리대신이 된 요셉의 덕택으로 야곱의 가족들은 가나안의 흉년을 피하여 비옥한 나일 강의 삼각지 고센지방에 정착하였다. 이후에 애굽 왕조가 다른 정치적 세력으로 바뀌게 되었고 세월이 흐르면서 이스라엘 민족은 노예의 신분이 되어 400년을 지나게 되었다. 그러나 하나님은 모세를 지도자로 하여 이스라엘을 애굽에서 해방시켜 주었다. 억압과 가난의 굴레에서 자유롭게 됐다.

하나님은 자기 백성이 빈곤으로부터 해방(freedom from the poverty)되기를 원하신다. 하나님은 창조 역사를 통하여 모든 생물과 더불어 인간이 생육하고 번성하기를 원하셨다.

이스라엘 백성은 애굽을 탈출하여 40년 동안 시내광야에서 유목민 생활을 할 때에는 가난한 사람도, 부자도 없었다. 하나님이 매일 공급해 주시는 만나와 메추라기를 먹고 살 수 있었기 때문이다. 그러나 가나안에 정착한 후 지파별로 땅을 분배 받으면서 부자와 가난한 자들의 차별이 시작되었다. 이때 하나님은 사회정의의 관점에서 가난한 자들을 돌보시고 위로해주시는 하나님으로 나타나셨다. 하나님은 율법을 제정하였는데 가난한 자들의 권리를 보호하는 것이 중요 내용이었다. 예언자들의 목소리도 가난한 자들의 호소를 대변하는 것이었다.

하나님은 이스라엘의 부자에게 가난한 자들을 도우라고 명령하셨다,

"땅에는 언제든지 가난한 자가 그치지 아니하겠으므로 내가 네게 명령하여 이르노니 너는 반드시 네 땅 안에 네 형제 중 곤란한 자와 궁핍한 자에게 네 손을 펼지니라"(신 15:11).

사도 요한은 이 세상에서 재물을 가지고도 네 형제의 궁핍함을 도와주지 않으면 그 속에 사랑이 없는 사람이라고 하였다(요일 3:16). 예언자 이사야는 다음과 같이 말하였다.

"또 주린 자에게 네 양식을 나누어 주며 유리하는 빈민을 집에 들이며 헐벗은 자를 보면 입히며....."(사 58:7).

빈곤의 첫째 원인은 분배의 불평등이다. 경제성장의 과실은 일정한데 이를 불공평하게 분배함으로써 저소득층이 분배받아야 할 몫의 일부를 고소득층이 차지하였기 때문이다. 저소득층은 그들의 원 소득(original income) 또는 원부(original wealth)를 고소득층에 빼앗긴 꼴이다. 그러므로 소득분배를 평등하게 하는 것이 경제정의이다. 하나님은 공평과 정의가 하수 같이 흐르기를 바라신다. 가난한 자는 이 세상에서 경제정의가 실현될 것을 요구할 권리가 있다.

구약성서에서 우리는 부자가 가난한 자를 착취한다고 책망하는 것을 많이 볼 수 있다. 욥기에 나타난 생생한 기록을 보자. 욥기가 쓰여 지던 시대의 삶의 자리는 오늘 우리시대에도 있다.

"어떤 사람은 땅의 경계표를 옮기며 양떼를 빼앗아 기르며 고아의 나귀를 몰아 가며 과부의 소를 볼모 잡으며 가난한 자를 길에서 몰아내나니 세상에서 학대 받는 자가 다 스스로 숨는구나"(욥 24:2-4).

채무탕감법

구약시대에는 가난한 자에게 돈을 꾸어 주었을 때에 어떻게 하여야 하는가에 대한 율법이 있었다. 출애굽기 20:22~23:19는 계약의 법전으로 알려져 있는데 가난한 자와 관련되는 부분의 내용은 다음과 같다.

첫째, 돈을 다른 부자에게나 가난한 자에게 빌려 줄 수 있다.

둘째, 돈을 가난한 자에게 빌려주었으면 채권자 같이 행사하지 말라. 그 시대에는 돈을 빌려가서 원금과 이자를 갚지 않으면 채무자를 노예로 삼는 것이 허용되었다. 그러므로 가난한 자를 노예로 삼는 것보다 가난한 자를 돕는다는 뜻으로 이자를 받지 말라고 규정하였다.

셋째, 신명기에는 안식년과 희년에 관한 율법이 제정되어 있다. 안식년이 되면 이웃에게 꾸어준 것은 탕감해주라는 법이다. 안식년에 빚을 탕감해줌으로써 빈부격차를 해소할 수 있었다. 또한 땅을 6년 동안 경작하고 제7년에는 휴경하여 거기서 자라나는 식물의 열매를 가난한 사람들이 취할 수 있도록 하였다.

"매 칠 년 끝에는 (빚을) 면제하라 면제의 규례는 이러하니라 그의 이웃에게 꾸어준 모든 채주는 그것을 면제하고 그의 이웃에게나 그 형제에게 독촉하지 말지니 이는 여호와를 위하여 면제를 선포하였음이라"(신 15:1-2).

희년은 매50년마다 돌아온다. 고대 이스라엘에서 토지는 하나님께 속한 것으로 보았다. 토지는 영구히 팔 수 없었다. 다만 가난한 자들이 돈이 필요할 때 토지를 담보물로 제공하는 것은 허용되었다. 원리금을 상환하지 않으면 토지는 채권자에게 넘어 간다. 그러나 50년이 되면 원리금을 다 갚지 못하였어도 토지는 원소유주에게 반환하라고 하였다. 토지 소유 제도와 분배정의를 절묘하게 조화시킨 제도이다. 또한 희년이 되면 노예들을 해방시키라고 하였다.

예수님과 제자들

예수님은 실제로 가난한 자가 되셔서 가난을 몸소 체험하면서 복음을 전파하셨다. 예수님의 삶의 자리는 가난이었다. 예수님은 산상수훈 첫머리에서 가난한 자는 복이 있다고 했다. 여우도 굴이 있고 날짐승도 깃들일 곳이 있으나 인자는 머리 둘 곳이 없다고 했다. 3년 동안 복음을 전파하시느라 갈릴리와 예루살렘을 여행할 때 여관에도 드시지 않았다. 잠자리가 없으면 산으로 들어가서 나무 밑에서 겉옷을 덮고 주무셨다. 갈릴리 호수에서 제자들과 같이 배를 타고 건너실 때 오죽 피곤하였으면 폭풍우 속에서도 주무셨겠는가? 예수님은 가난한 자의 친구가 되셨고 병원에 갈 수 없는 병자들을 고쳐 주시는 의사 선생님이셨다.

제자들도 마찬가지로 가난한 자들이었다. 본래 갈릴리 지방 사람들은 가난하였고 예수님을 따르느라고 배도 그물도 버렸기 때문에 더욱 가난하여졌다. 그러나 예수님의 제자들은 순교자의 반열에 올라 하나님의 영광에 참여하게 되었으니 가치 있고 풍요한 인생을 살았다고 할 수 있다.

초대교회의 성령 공동체

초대교회시대는 나눔의 시대였다. 초대교회는 부양자가 없는 참과부들을 열심히 구제하였다(딤전 5:1-10). 예루살렘 교회 교인들이 흉년으로 고생할 때 소아시아 교회 교인들이 이들을 돕기 위하여 힘껏 헌금하였다. 바울 사도는 헌금을 직접 가지고 예루살렘에 갔다. 예루살렘에는 바울을 죽이려 하는 자들이 노리고 있었다. 바울이 교회의 구제활동을 얼마나 중시하였는지를 알 수 있다.

초대교회는 유무상통의 공동체이었다. 예루살렘 초대교회에서는 성도들이 모든 물건을 서로 통용하였고 재물을 팔아 사도들에게 내어 놓으면 사도들은 이를 가난한 사람들에게 나누어 주었다. 이들은 개인의 재산권을 포기하고 의식주 생활을 공동으로 영위하였다. 어떤 이들은 이를 공산주의 사회의 첫 사례라고 하나, 공산주의 국가는 유물사관에 뿌리를 두고 있고 초대교회의 유무상통 공동체는 성령 공동체이었으니 달라도 한참 다른 것이다.

"믿는 무리가 한마음과 한 뜻이 되어 모든 물건을 서로 통용하고 자기 재물을 조금이라도 자기 것이라 하는 이가 없더라… 그 중에 가난한 사람이 없으니 이는 밭과 집 있는 자는 팔아 그 판 것의 값을 가져다가 사도들의 발 앞에 두매 그들이 각 사람의 필요를 따라 나누어 줌이라"(행 4:32-35).

초대교회에서는 성도들이 성령이 충만하여 성도와 교제를 나누기에 열정적이었고 사랑으로 서로 도와주었다. 초대교회에서는 예수님의 재림이 임박하였다고 강조하였기 때문에 더욱더 가난한 이들을 구제하는데 힘을 썼다. 초대교회의 사랑의 공동체는 그 이후 정신은 살아 있었으나 형식은 지속되지 못하였다.

구체적인 빈곤 퇴치 방안

경제의 순환과정에서 불경기 때문에 실업이 갑자기 증가하였다고 하자. 이로 인하여 가난한 자는 실업급여를 받을 수 있도록 복지 정책이 강구되어 있어야 한다. 다음에서 구체적인 빈곤 대책에 대하여 살펴보자.

빈곤완화의 경제성장(pro-poor growth)

경제성장을 할 때 빈곤층의 소득 증가율이 고소득층의 소득 증가율보다 높으면 빈곤완화의 성장이라고 한다. 고소득층의 소득 증가율이 저소득층의 경우보다 높으면 소득불평등이 심화 될 우려가 있으며 빈곤층의 상대적 빈곤감만 커지게 한다. 중국은 과거 20년 동안 급속도의 경제성장을 이루었지만 소득분배에 있어 빈곤층을 소외 시켰기 때문에 경제성장으로 증가한 파이(pie)는 고소득층이 차지하였다.

빈곤층의 고용확대

실업상태에 있는 노동자는 소득이 없으므로 단기간에 빈곤에 처하게 된다. 사회복지 제도가 발달된 나라에서는 실업급여를 수령할 수 있다. 그러나 그렇지 않은 나라에서는 가계가 파산지경에 이른다. 실업보험제도를 이용하여 언제 닥칠지 모르는 실업의 위험에서 벗어나는 방법을 강구할 필요가 있다.

최저임금제

최저임금제는 수혜대상인 비숙련 노동자이어서 임금수준이 최저생계비보다 낮은 경우 이를 최저임금제 수준으로 임금을 높이는 제도이다. 그러므로 회사에서는 총임금이 증가한다. 회사에서는 인건비 부담 증가를 감당할 수 없어 고용을 감소시킨다. 고용감소로 낮은 임금 수준에서도 고용기회를 갖기를 원하는 미숙련 노동자의 고용기회를 감소시킬 우려가 있다.

빈곤층 소득보조

이 제도는 정부가 소득수준이 낮은 빈곤층에 대하여 빈곤층 소득보조금(welfare)을 지불하는 제도이다. 우리나라에서는 공적 부조라고 부른다. 미국에서는 성인소득원이 없는 소년 소녀 가장에게 보조금을 지급한다. 또한 병들거나 몸이 불편한 가난한 자들을 돕는 제도도 있다. 우리나라에서는 본인 스스로의 능력으로 의식주의 기초생활조건을 충족할 수 없는 가계에 국민기초생활보장제도에 의하여 일정 생활비를 지급한다. 소득보조는 대상자가 근로의욕을 낮추는 현상을 나타냄으로써 도덕적 해이에 빠지는 경우가 많이 발생한다. 미국에서 미혼모에 대한 소득보조금을 주었더니 대상 미혼모가 증가했다.

마이너스 소득세

모든 가구는 소득을 정부에 신고해야 하는데 고소득층은 소득에 따라 세금을 납부하나, 저소득 가구는 마이너스 세금을 낸다. 예를 들어 마이너스 소득세 계산 공식은 같다.

$$소득세 = (소득의\ 1/3) - \$10,000$$

이 공식에 의하면 소득이 \$60,000인 사람은 \$10,000의 세금을 내고, 소득이 \$90,000인 사람은 \$20,000의 세금을 낸다. 그러나 소득이 \$15,000인 사람은 $-\$5,000$을 내게 된다(마이너스 부호가 있으므로 \$5,000을 정부로부터 받는다는 뜻이다). 이 제도 하에서는 개인이 빈곤자임을 입증하지 않아도 되며 미혼모의 발생 같은 도덕적 해이를 걱정하지 않아도 된다.

종교적 금욕주의

일찍이 종교 개혁가들은 부자이든 가난한 자이든 절제정신에 의하여 금욕 생활을 하여야 한다고 가르쳤다. 부자는 부를 가난한 자에게 나누어 줌으로써 스스로 가난해져서 금욕주의자가 된다고 했다. 가난한 자는 근면하고 검소함으로써 다른 가난한 이들을 도와 선한 공동체를 형성해야 한다. 존 웨슬리는 열심히 돈을 벌고 저축하는 한편 사치와 자만심을 버려야 한다면서 다음과 같은 표어로서 교훈했다.

"할 수 있는 대로 열심히 돈을 벌라"(Gain all you can)
"할 수 있는 대로 많이 저축하라"(Save all you can)
"할 수 있는 대로 많이 주라"(Give all you can)

웨슬리 자신은 최소한의 생활비 이외에는 모든 수입을 선교와 구제를 위해 사용하였다. 그가 죽을 때 동전 몇 푼과 은수저 밖에 남긴 것이 없었다. 또한 웨슬리는 실업자 구제에 노력을 기울여 왔으며 신용조합을 설립하여 무이자로 가난한 이들에게 융통하여 주었으며 과부와 고아 및 병자를 돌보는 진료소와 "가난한 자의 집"을 설립하였다.

채무탕감

미국 비롯한 선진국의 경제성장은 아프리카에서 잡혀 온 노예들의 노동 덕택이었다. 이들 선진국의 노예상인들은 아프리카 오지의 동네에 들어가 무력으로 위협하여 노예로 납치하였다. 아무런 죄도 없이 차꼬에 채이고 수용소에 감금되어 노예시장에서 팔려 나갔다. 그 당시에는 노예

거래는 합법적이었다. 그러나 노예제도는 인간의 존엄성을 침해하는 것이므로 사악한 제도이다. 노예노동을 통하여 선진국이 된 나라는 흑인 노예의 후손과 잡혀온 아프리카 지역사회에 어떤 형식으로든 사과하고 보상해야 한다.

개발도상국은 외채누적으로 인한 원리금 상환 부담이 커졌다. 따라서 외채 외채원리금 상환용 신규 외채를 다시 들여와야 한다. 아프리카 국가들은 2차 대전 이전부터 서구 선진국들의 식민지 아래에서 고통을 당하였기에 제대로 민주주의 훈련과 교육을 받지 못한 터라 정치가 불안하여 독재정치 또는 내란으로 시달리고 있다. 독재자가 군림하던 국가들은 권력을 유지하기 위해 외채를 무리하게 도입하였으므로 도입된 외채는 정작 경제성장에는 기여하지 못하였다. 이제 외채의 만기가 도래하니 현세대의 경제가 상환 부담을 지게 되었다. 세네갈의 단소코(Samuel Dansokho)[41] 목사는 다음과 같이 외채탕감을 호소하고 있다.

"세네갈과 대부분의 아프리카 국가에서 산다는 것은 그렇게 쉬운 것은 아니다. 우리는 하나님의 돌보심을 굳게 믿는다. 하나님은 공의의 하나님이시다. 하나님은 풍요로운 삶과 미래의 희망을 인간에게 주신다. 그러나 지금 우리는 잔혹한 역설에 당면하고 있다. 그것은 과거 우리의 정

---

41) Samuel Dansokho 목사는 세네갈 시민으로 흐년 Chicago 연대의 아프리카 위원회 조정관이다. 희년 연대는 부국은 빈곤국의 과중한 빚을 탕감하여 주도록 촉구하는 운동을 전개하고 있다. 이 글은 Dansokho 목사가 Weaton 대학에서 열린 "희년 2000년 포름"에서 연설한 내용을 요약한 것이다. Samuel Dansokho, "Seeking Jubilee for the Global Poor," *Discernment*, Center for Applied Christian Ethics, Weaton College, Summer/Fail 2001 Vol.8.No.2/3, 5.

치지도자들이 외국에서 빌려다 쓴 빚 때문이다. 정치가들은 그 돈을 국민을 핍박하는데 사용하거나 권력을 유지하는데 부당하게 사용하였다. 그들은 국민 복지를 위하여 빚을 낸 것이 아니었다. 이러한 외채를 오늘의 국민들이 갚아야 하니 국민 부담이 너무 크다.

과거에 아프리카의 어린이들을 노예로 잡아 간 것에 대하여 누가 보상해줄 것인가? 아프리카의 자원과 다이아몬드, 금을 마구 약탈한 대가는 누가 갚아 줄 것인가? 수많은 아프리카인들이 절대적 빈곤에 시달리는 것은 얼마나 보상해줄 것인가? 어떻게 하여 서구사회는 부자가 되었는가? 만기가 도래한 외채를 갚으려니 새롭게 외채를 일으키지 않을 수밖에 달리 방도가 없다. 이는 악순환한다. 희년정신으로 당신의 형제자매들을 도와주라. 옛날 이스라엘에서는 희년이 되면 종들을 자유케 하고 토지 무르기를 허락하였다(레 25장). 이는 선택적인 것이 아니고 하나님의 말씀이다."

민주적인 정치 정착

아프리카 국가들은 정치 불안과 내란으로 경제적 활동이 극히 위축된 상태에 있다. 정부를 반대하는 자들은 무력단체화 하기가 일수이고 정부군을 무력으로 공격하는 나라도 있다. 양민들은 내란을 피하여 인접국 난민 캠프로 피난 나와 몇 년이고 열악한 생활환경에서 연명하고 있다. 난민 캠프는 임시적인 시설이므로 주거환경이 비위생적일 뿐만 아니라 식량이나 의료약품이 제대로 공급되지 않아 많은 사람들이 영양실조와 전염병으로 목숨을 잃고 있다. 무엇보다 급선무인 것은 아프리카 지도자와 국민들을 민주주의의 교육과 훈련을 시켜 민주적으로 국가운영을 할 수 있도록 만들어야 한다. 선진국이 협력하여 아프리카, 아시아 및 중남미 지역에 미래의 지도자를 양성하는 정치 및 경제 대학을 1~2개씩 설립하는 방안을 생각할 수 있다. 세계의 우명대학들이 교수를 파견하고 대학 시스템을 조직하도록 한다. 내란을 종식시키기 위한 UN의 평화군 노력과 역할도 강화되어야 한다.

기독교회의 세계빈곤완화기금 설립

세계 기독교회가 연합하여 세계빈곤완화기금을 설립하고 개발도상국의 경제개발을 도와주어야 한다. 제국주의 시대에 기독교 선교사가 들어오면 그 다음으로 정복자가 들어와 식민지로 만드는 것이 수순이었다. 이것은 잘못된 일이었다. 이제 교회는 깊이 회개하고 이를 보상하는 뜻으로 빈곤국들의 가난한 자들을 지원하기 위한 기금 조성에 협력하여야 한다. 세계교단 즉 가톨릭 교황청과 개신고의 세계교회협의회(World Council of Churches: WCC)가 협력하여 기금을 설립할 수도 있고, 세계 모든 교회가 개별적으로 지분에 참여하는 방안도 생각할 수 있다. 지금은 세계선교는 복음만 들고 나가서는 되지 않는 시대이다. 가난한 자의 비참함을 안다면 복음과 함께 빈곤을 완화하는 대책을 가지고 피선교국에 들어가야 한다. 이것이 예수님이 선한 사마리아 사람의 이야기를 들려주신 기본 뜻이요, 떡 다섯 개와 물고기 두 마리로 5천 명을 먹이신 뜻일 것이다. 150년 전 미국선교사들이 한국에 들어와서 복음도 전하였지만 의료사업과 교육 사업을 통하여 이 나라의 구조를 변화시킨 것이 한국선교의 성공요인이었다고 생각된다.

요약

세계의 절대빈곤 인구는 11억 명에 이른다. 절대 빈곤국은 남아시아 제국, 사하라 사막 남쪽의 아프리카 나라들 및 동아시아 태평양 연안 국가들이다. 이들은 1인당 1일 소득이 $1미만인 국가의 인구들이다. 이들은 소득이 너무 낮아 기아선상에 있으며 유아사망율도 높다. 교육을 제대로 받지 못하여 문맹자가 많다.

UN을 중심으로 국제사회는 밀레니엄 세계개발 목표(MDG)를 2015년까지 세계의 절대빈곤 인구를 50% 감축한다는 목표를 세우고 노력을 경주하고 있다. 구약시대에는 희년에 가난한 자들에게 팔았던 토지를 무를 수 있게 하였으며 빚도 탕감해 주었다. 초대교회는 집사를 세워 구제하는 일에 전념토록 하였다. 안디옥교회는 흉년으로 고생하는 예루살렘 교회를 위하여 힘껏 헌금하였다. 가난한 자는 하나님의 긍휼하심과 위로를 받는다. 세계기독교회는 세계의 빈곤퇴치를 위하여 가칭 〈세계빈곤추방기금〉을 설립하는 방안도 생각할 수 있다. 하나님은 굶주리는 이웃을 외면하지 말라고 말씀하신다.

6

부자들이여,
가난한 부자 되세요

“사마리아의 산에 있는 바산의 암소들아
이 말을 들으라.
너희는 힘 없는 자를 학대하며
가난한 자를 압제하며…”

(암 4:1)

부자들이여,
가난한 부자 되세요

하나님은 이 세상에서 부자들을 세우시고 그의 부를 가난한 자를 돕는데 사용하도록 하신다. 가난한 자를 돕지 않는 부자를 향하여 "어찌하여 너희가 내 백성을 짓밟으며 가난한 자의 얼굴에 맷돌질 하였느냐"(사 3:15)라고 경고하신다. 하나님은 부자는 소유하고 있는 재물을 가난한 자를 돕는데 사용하도록 함으로써 가난한 부자로서 하나님께 헌신하도록 하신다. 부자들은 재물을 흩어서 구제함으로써 하나님께 영광을 돌리게 된다.

물질적 부와 하나님 사랑의 매트릭스

물질적 부요를 종축으로 하고 하나님에 대한 사랑을 횡축으로 하여 매트릭스를 구성하면, 다음과 같이 4개의 유형을 얻게 된다. 즉, ① 하나님을 사랑하는 부자, ② 하나님을 사랑하지 않는 부자, ③ 하나님을 사랑하는 가난한 자, ④ 하나님을 사랑하지 않는 가난한 자로 구분 된다.

제1유형은 하나님을 사랑하면서 물질적 부를 많이 소유한 부자이다. 제1유형의 부자는 자신의 부를 사회와 가난한 자를 위하여 사용함으로써 하나님께 영광을 돌릴 수 있다. 제2유형은 부자로서 평안과 권력을 향유하되 하나님을 사랑하지 않는다. 이 부자는 자신의 부를 자신의 이익만을 위하여 사용한다. 이들은 사업에 있어서도 경제정의를 무시하며 노동자를 착취하기 일쑤이다. 시장에서는 독점을 추구한다. 제3유형은 물질적으로는 가난하나 하나님을 사랑하는 자로서 구원의 축복을 받은 자이므로 하나님 앞에서 행복한 자이다. 그러나 가난으로 인하여 생계유지가 어려우므로 사회적인 도움이 필요하다. 제4유형은 하나님을 알지 못하는 가난한 사람들이다.

가장 소망스러운 인간 유형은 제1유형이다. 모름지기 제2유형인 하나님을 사랑하지 않은 부자는 하나님을 받아들여 제1유형이 되어야 한다. 하나님을 사랑하는 가난한 자는 경제적 기회를 활용하여 부를 축적할 수 있도록 하나님께 지혜를 구하여야 한다. 제4유형의 하나님을 사랑하지 않는 가난한 자는 먼저 하나님을 알도록 자신을 돌아보고 가난에서 벗어날 수 있는 지혜를 하나님으로부터 얻어야 한다.

[그림 6-1]   부자와 하나님 사랑의 매트릭스

	하나님을 사랑하는 자 (영적 부요)	하나님을 사랑하지 않는 자 (영적 빈곤)
부자 ↑	I. 하나님을 사랑하는 부자	II. 하나님을 사랑하지 않는 부자
가난한 자 ↓	III. 하나님을 사랑하는 가난한 자	IV. 하나님을 사랑하지 않는 가난한 자

제1유형/ 하나님을 사랑하는 부자

물질적으로 부요하고 하나님도 잘 섬기는 자는 더할 수 없이 행복하다. 물질적 부와 영적 풍요를 다 갖추었으니 하나님의 창조 질서에 따라 생육하고 번성하는 자이다. 부자가 재물에 성공한 것은 하나님이 재물을 얻을 능력을 주셨기 때문이다(신 8:17-18). 사탄은 이러한 부자를 무너뜨리려고 집중 공격을 한다. 사탄은 귓속말로 이렇게 속삭인다.

"회계장부를 조작하여 손실이 난 것처럼 분식 회계를 하라."

"영수증을 위조하여 비용지출이 많은 것처럼 위장하여 세금을 피하라."

"은행에 차입신청을 할 때 제출하는 대차대조표와 손익계산서를 과장하여 은행으로부터 대출금을 많이 타내라."

"은행대출금은 제때에 상환하지 말고 연체를 하라. 은행대출금은 할 수 있으면 떼어 먹으라."

"할 수 있는 대로 부채를 늘려서 기업을 확장시켜라. 은행은 대기업에 대해서 계속하여 자금을 융통하여 주지 않을 수 없다. 대기업이 넘어지면 은행도 넘어지기 때문이다."

"정부 공사를 따내기 위해 관리에게 뇌물을 주라."

"불법체류 외국인 노동자를 고용하고 임금을 체불하여 제품원가를 한 푼이라도 절감하라."

"돈은 권력이다. 당신은 권력자이다."

사탄은 하나님을 사랑하는 부자에게 접근하여 끈질기게 유혹할 것이다. 부자를 악의 구렁텅이 속으로 넘어뜨리기만 하면 사탄으로서는 이익이 크다. 그럼에도 불구하고 끝까지 인내하여 이기는 부자는 하나님의 영광을 볼 것이다. 김동호 목사는 이러한 부자를 청부(淸富)라고 하였다.[42] 다음에서 성경 속의 청부들을 만나보자.

아브라함: 아브라함은 갈대아 우르를 떠나라는 하나님의 명령에 따라 갈대아 우르에서의 사회적 지위와 안정을 버리고 가나안 땅으로 이주하였다. 아브라함은 큰 가축 떼를 거느리는 부자가 되었다. 가축 떼로 인해 목자들끼리 서로 다투는 문제 때문에 조카 룻과 분쟁이 발생하자 아브라

---

42) 김동호, 『깨끗한 부자』(서울: 규장, 2003).

함은 조카에게 좋은 곳을 양보하였다. 하나님은 순종하는 아브라함을 귀히 보시고 아브라함에게 네 눈에 비치는 온 땅을 네 자손에게 주겠다고 약속을 하였다. 아브라함은 부의 유혹에 빠지지 않고 하나님에 대한 믿음과 언약에 굳게 서는 믿음의 조상이 되었다.

"내가 네게 큰 복을 주고 네 씨가 크게 번성하여 하늘의 별과 같고 바닷가의 모래와 같게 하리니 네 씨가 그 대적의 성문을 차지하리라"(창 22:17)

야곱: 야곱은 팥죽 한 그릇으로 장자의 축복을 형 에서로부터 가로챘다. 외삼촌 집에 거할 때에도 얼룩 있는 새끼양은 제 것으로 만들어 부자가 되었다. 자손도 복이 넘쳐 12 아들을 얻었다. 야곱이 12 아들 중 요셉만을 편애하자 그 형들은 시기하여 기회를 엿보다가 요셉을 애굽으로 가는 상인에게 노예로 팔아 버렸다. 요셉은 꿈을 해몽할 수 있는 지혜가 있었다. 마침내 애굽 왕의 꿈을 정확하게 해몽함으로써 국무총리가 되었다. 야곱과 그 가족은 이스라엘 땅에 흉년이 들자 요셉의 주선에 의하여 애굽으로 이주하여 바로왕의 대접을 잘 받았다.

"네 자손이 땅의 티끌 같이 되어 네가 서쪽과 동쪽과 북쪽과 남쪽으로 퍼져나갈지며 땅의 모든 족속이 너와 네 자손으로 말미암아 복을 받으리라"(창 28:14).

욥: 욥은 부자이었으나 동방의 의인이었다. 어느 날 폭풍이 불어 욥은 아들들과 재물을 모두 잃어 버렸다. 그러나 욥은 하나님을 원망하지 않고 제 것은 모두 당신 것이오니 당신이 원하시는 대로 주시든지, 가져가시든지 마음대로 하시라고 했다. 욥의 고난당함을 본 친구들이 와서 유혹하여도 하나님을 경외하는 것을 포기하지 않았다. 욥의 고난이 끝나는 날 하나님께서 폭풍우 가운데서 말씀하셨다.

"너는 대장부처럼 허리를 묶고 내가 네게 묻는 것을 대답할지니라 내가 땅의 기초를 놓을 때에 네가 어디 있었느냐 네가 깨달아 알았거든 말할지니라"(욥 38:3-4).

하나님은 욥에게 모퉁이 돌은 누가 놓았느냐, 바다의 샘에 들어가 보았느냐, 하늘의 궤도를 아느냐고 질문을 하였다. 욥은 대답하였다.

"내가 스스로 거두어들이고 티끌과 재 가운데에서 회개하나이다"(욥 42:6).

동방의 의인 욥은 다시 축복을 받게 되었다. 하나님은 이전 모든 소유의 갑절을 욥에게 주셨다.

보아스: 룻기에서 보아스를 "유력한 자"라고 칭하고 있는 것을 보아 그

는 베들레헴의 부농이었음에 틀림없다. 보아스는 부농이었으나 매우 인
자하고 절도 있는 사람이었는데 시어머니를 잘 섬기는 룻과 결혼하였다.
보아스는 룻과 결혼하여 오벳을 낳았고 오벳은 이새를 낳고 이새는 다윗
을 낳았다. 보아스는 다윗의 조상이 되어 예수님의 족보에 이름이 오르
는 사람이 되었다.

솔로몬: 솔로몬은 하나님께서 "내가 너에게 무엇을 해주면 좋겠느냐?"
고 물었을 때 지혜를 구하였다. 사실 솔로몬은 성벽도 쌓아야 하고 예루
살렘에 성전과 궁궐을 지으려면 재물이 필요했다. 그러나 재물을 구하지
않고 지혜를 구하였다. 장수나 부귀를 구하지 않고 나라를 잘 다스릴 지
혜를 구한 솔로몬에게 하나님은 지혜와 더불어 부귀와 명예도 주셨다.

"내가 네 말대로 하여 네게 지혜롭고 총명한 마음을 주노니 네 앞에도
너와 같은 자가 없었거니와 네 뒤에도 너와 같은 자가 일어남이 없으리
라"(왕상 3:12).

아리마대 요셉: 아리마대 요셉은 큰 부자이었으나 숨은 크리스천이었
다. 그러나 예수님이 십자가에서 죽음을 당했을 때 용기를 내어 내가 예
수의 장례를 치르겠다고 빌라도에게 청원하였다. 그때의 상황으로는 목
숨을 내건 위험한 일이었다. 요셉은 소유하고 있던 가족묘에 예수님의
시체를 안장하였다. 아리마대 요셉은 자신이 소유한 무덤에서 예수님이

부활하는 영광을 보게 되었다.

제2유형/ 하나님을 사랑하지 않는 부자

부자는 교만하여 이 세상에서 호의호식하고 권력을 움켜쥐고 가난한 자를 탄압하기 쉽다. 이러한 부자는 하나님을 의지하지 않고 자기를 의지하는 자이다. 하나님은 구약의 선지자들을 통하여 이러한 부자에 대하여 격렬하게 공격하였다. 이러한 부자는 일반적으로 가난한 자를 수탈하고 억압하였다. 축적한 부를 가난한 자에게 분배함으로써 부의 균등을 이루어야 하는데 이를 이행치 않는 자들이다. 이들은 이 세상에서 부를 가지게 된 것이 오히려 자신의 영혼에는 올무가 된다.

아합: 아합은 이스라엘의 왕이었는데 탐심이 많아 백성들의 재산을 갈취하였다. 간교한 아내 이세벨은 바알의 신당을 짓고 이스라엘 백성을 미혹하였다. 엘리야가 바알의 선지자들과 대결하여 이겼으나 이세벨은 이에 승복하지 않고 오히려 엘리야를 죽이려 하였다. 아합은 나봇의 포도원이 탐이 났으나 이를 소유할 수 있는 방법이 없어 병이 날 지경이었다. 이세벨은 나봇에게 역모의 죄를 씌우고 불량자를 동원하여 돌로 쳐 죽이고 포도원을 가로채서 아합에게 주었다. 하나님은 엘리야를 아합에게 보내어 경고하였으나 아합은 악한 마음을 돌이키지 아니 하였다(왕상 21: 1-29). 아합은 유다왕 여호사밧과 동맹하여 길르앗 라못으로 나가 아람과 전쟁을 하였는데 아람 병사 한 사람이 쏜 화살에 맞아 죽었다. 아합

의 병거에 고인 피들을 개들이 와서 먹었다.

여호야김: 유다왕 여호야김은 조상들이 행한 모든 일을 따라서 여호와 보시기에 악을 행하던 왕이었다(왕하 23: 36-37). 예레미야 선지자는 여호야김 왕에 대하여 다음과 같은 경고를 하였다. 첫째, 자기 이익을 위하여 고아와 빈민의 송사를 불공정하게 판결하는 자는 하나님의 보복을 면치 못할 것이다(렘 5:26-29). 둘째, 사람을 고용한 후 노동자의 임금을 착취하는 왕은 예루살렘 문밖에 버리움을 당할 것이다(렘 22:13-19). 송사의 불공정한 판결과 임금체불이 얼마나 무서운 범죄인가를 가르쳐 주는 사례이다.

나사로와 부자: 부자는 자색 옷과 고운 베옷을 입고 날마다 호화롭게 연회를 즐겼으나 죽어서는 음부에 떨어졌다. 거지 나사로는 죽어서 아브라함의 품안에 있게 되었다. 부자는 아브라함에게 나사로를 지상에 다시 보내어 다섯 형제에게 경고해주기를 간청하였다. 아브라함은 부자의 그런 요청을 거부하였다. 부자의 잘못이 무엇인가? 부자는 가난한 자를 옆에 두고 혼자만 호의호식하였다. 부자는 헌데가 나서 고생하는 나사로를 치료해줄 생각은 하지 않고 개가 헌데를 혀로 핥토록 내버려 두었다. 거지 나사로는 부자 상에서 떨어지는 음식 부스러기를 먹고 연명하였다. 부자는 가난한 이들에게 긍휼을 베풀 줄 몰랐다.

제3유형/ 하나님을 사랑하는 가난한 자

물질적으로는 가난하나 영적으로는 하나님을 잘 섬기는 자들이 있다. 이들은 비록 가난하나 하나님의 은혜에 감사하는 생활을 한다. 재물을 모을 능력이 없거나 재물에 관심이 없어 가난한 사람들이 이에 속한다. 또는 기독교를 믿는다고 핍박을 받거나 부자들에게 수탈당하여 가난하게 되는 자들도 있다. 제3유형에 속하는 가난한 자들은 가난의 원인이 어디에 있든지 하나님을 사랑하는 것을 포기하지 않는다. 구약의 이스라엘 백성 중에는 이 유형에 속한 경우가 많았다. 신약시대에 와서는 로마의 압제를 받아 가난하게 된 사람들이 많았다.

물질적으로는 가난하나 하나님을 잘 섬기는 자들 중에는 본래 소유가 많았으나 그 소유를 팔아 가난한 이들을 구제함으로써 가난하게 된 자들도 있다. 성 프란시스코는 아버지로부터 상속받은 재산이 많았으나 이를 가난한 자들에게 나누어 주고 성 프란시스코 수도원을 창설하여 선한 일을 많이 했다. 애굽을 탈출한 이스라엘 백성들은 시내광야에서 40년 동안 광야생활을 하였다. 광야에서의 생활은 고생의 연속이었으나 부요한 자와 가난한 자의 차별이 없었다. 사막을 유랑하던 이스라엘 백성에게 하나님은 만나라는 양식을 매일 내려 주었다. 만나를 많이 거두어들이려 하는 자도 있었으나 일용할 양식을 초과하여 거둔 것은 벌레가 생기고 냄새가 나서 보관하지 못하였다.

그러나 이스라엘 백성이 가나안 땅에 정착 한 후에는 부요한 자와 가난한 자의 구분이 나타나기 시작하였다. 12지파에 분배된 토지는 지파 간에는 사고 팔 수 있었다. 이스라엘 왕들은 이방인의 토지를 무력으로 빼앗거나 헐값으로 사들였다. 신하들도 같은 방법으로 토지를 매수하여 부자가 되었다. 대지주 층이 나타나자 상대적으로 빈곤층도 나타났다. 백성들은 가난한 소작농이 되었다. 그러나 바벨론 유배시대는 집단 농장에서 강제 노동하는 포로 신세가 됐다. 주전 6세기에 바벨론 포로에서 해방되어 예루살렘으로 귀환하였으나 귀향한 이스라엘 백성들은 가난을 면치 못하였다. 안식년과 희년에 노예를 해방시키고 빚을 탕감해주는 제도가 이때에 제정되었다.

제4유형/ 하나님을 사랑하지 않는 가난한 자

이 유형은 가난 때문에 하나님을 찾을 여유와 시간이 없다고 하는 자들이 속한다. 가난 때문에 하나님을 원망하는 자들도 이에 속한다. 이들은 복음을 들을 여유가 없다고 불안해한다. 그들은 가난으로 절망하며 사회에 대하여 적대감을 가진다. 그들은 쉽게 범법자가 된다. 알코올과 마약 중독에 쉽게 노출되나 빈곤국에서는 그들을 치료할 수 있는 사회적 안전망이 없다.

재물을 얻을 은사

부자의 부는 하나님이 은사로 주신 것이다.

김동호 목사는 기독교의 궁극적 목표는 청빈에 있지 않고 청부에 있다고 하였다. 하나님은 크리스천이 하나님의 방식과 법대로 살면 그에 대한 은혜와 상급으로 부를 주신다. 기독교에서 부는 죄도 아니고 부끄러운 것도 아니다. 반대로 부정한 방법으로 축적한 부는 죄이다. 부정한 방법에는 도둑질, 성매매, 도박, 투기, 복권, 저울추를 속이는 방법 등을 예로 들 수 있다. 또한 김동호 목사는 부를 정당하게 사용하여야 완전한 청부가 된다고 하였다. 부를 가진 자는 하나님께 드릴 것은 하나님께, 이웃에게 주어야 할 것은 이웃에게, 그리고 남은 것이 있으면 자기를 위하여 사용한다.[43]

하나님은 재물이 필요한 사람에게는 재물을 얻을 능력을 주신다고 언약하셨다. 재물을 잘 관리하고 재물을 선한 일에 쓸 사람에게 재물 얻을 능력을 주신다. 신명기 8장은 다음과 같이 말한다.

"네가 마음에 이르기를 내 능력과 내 손의 힘으로 내가 이 재물을 얻었다 말할 것이라 네 하나님 여호와를 기억하라 그가 네게 재물 얻을 능력을 주셨음이라 이같이 하심은 네 조상들에게 맹세하신 언약을 오늘과 같이 이루려 하심이니라"(신 8:17-18).

한 부자 청년이 예수님께 찾아와서 무슨 선한 일을 하여야 영생을 얻을

---

43) 김동호, 『깨끗한 크리스천』(서울: 규장, 2002), 3-9, 113, 140; 『깨끗한 부자』(서울: 규장, 2003), 5-6.

수 있느냐고 질문하였다. 예수님은 다음과 같이 말씀하셨다.

"네가 온전하고자 할진대 가서 네 소유를 팔아 가난한 자들에게 주라 그리하면 하늘에서 보화가 네게 있으리라 그리고 와서 나를 따르라"(마 19:21).

이 청년은 재물이 많으므로 예수를 따르는 것을 포기하였다. 반면 세리 삭개오는 예수를 만나 회개하고 재산의 반을 팔아 가난한 사람에게 나누어 줄 뿐만 아니라 부정하게 속인 것에 대하여는 4배로 갚겠다고 하였다. 예수님은 삭개오에게 오늘 이 집에 구원이 이르렀다고 하셨다(눅 19:9).

그러나 부자가 천국에 들어가는 것은 어려운 일이다.

하나님 나라에서는 부자라고 하여 특별히 환영을 받는 일도 없으며 가난하다고 하여 배척받지도 않는다. 오직 믿음으로 의롭게 되어 하나님 나라에 이를 뿐이다. 예수님은 부자들과 가난한 자를 다 같이 사랑했다. 그러나 부자들이 가난한 자를 외면하고 수탈하는 것은 엄중하게 경고했다. 부자와 나사로의 비유에서 거지 나사로는 부자의 식탁에서 떨어지는 빵 부스러기로 연명했다. 하루는 부자와 나사로 둘 다 세상을 하직하였는데 부자는 음부에, 거지는 천국으로 들어갔다(눅 16:19~31). 이 세상에 있을 때 부자는 자색 옷을 입고 날마다 호화롭게 잔치를 하고 살았으나 거지 나사로는 거들떠보지도 않았다. 부자는 가난한 자를 도와주어야 하는 책임과 의무가 주어져 있는데 이를 이행치 않았기 때문에 음부로 가게 됐다.

또 한 사람의 부자 이야기가 있다. 이 부자는 밭에서 많은 곡식을 수확하면 곡식을 쌓아 둘 곳이 없을 정도로 부자여서 여러 해 쓸 물건을 많이 쌓아두었다. 그러나 이 부자는 하나님께 대하여서는 부요하지 못하였다. 하나님께서는 이 부자에게 다음과 같이 말하였다.

"어리석은 자여 오늘 밤에 네 영혼을 도로 찾으리니 그러면 네 준비한 것이 누구의 것이 되겠느냐"(눅 12:20).

부자는 돈을 사랑하여 맘몬을 섬기는 자가 되기 쉽다. 인간은 탐욕에 약한 존재이다. 십계명 중 마지막 계명은 "삼가 탐심을 물리치라. 네 이웃을 탐내지 말지니라"이다.

중세에는 물질과 영적인 것을 이원화하고 물질은 악한 것으로 규정하였다. 그리하여 청빈과 금욕주의를 최고의 덕목으로 여겼다. 이는 영지주의적 가치관이다. 영지주의자들은 "인간은 영혼과 육체로 이루어져 있는데 실체는 영이며, 육체는 악한 존재로서 영을 가두는 감옥과 같다."고 했다. 바울 사도는 영지주의를 이단 사상으로 규정하고 성도들이 미혹되지 않도록 경고하였다.

칼빈은 물질적 재산이 하나님의 섭리를 완성시키는 도구들이라고 가르쳤다. 하나님은 인간의 생존을 지원하기 위해 필요한 물질을 공급해 주신다. 돈 그 자체는 경제를 움직이는 경제적 수단이지 돈 자체가 목적이 될 수 없다. 돈을 탐하는 자는 거래에 있어 속임수를 쓰며 남의 재산을 탈취하려는 유혹에 빠지게 된다. 따라서 타락한 인간의 손에 돈이 들어간다는 것은 어린아이에게 칼을 맡기는 것과 같이 매우 위험한 일이다.

물질만능주의

탐심은 물질만능주의의 원천이다. 부자는 자신의 능력으로 부자가 된 것으로 생각하고 마음이 교만해 진다(겔 28:4-5).

랜디 알콘 목사는 물질만능주의 폐해를 다음과 같이 열거하였다.[44]

첫째, 물질만능주의는 우리의 영적인 삶을 방해하거나 파괴한다.

둘째, 물질만능주의는 부의 저주로 우리를 눈멀게 한다.

셋째, 물질만능주의는 불행과 염려를 가져다준다.

넷째, 물질만능주의의 종착역은 공허함이다.

다섯째, 물질만능주의는 인생에 가장 중요한 구원의 선물을 포함한 값없이 주시는 많은 것들을 깨닫지 못하게 만든다.

여섯째, 물질만능주의는 믿음에 치명적인 독립성과 자급자족을 낳는다.

일곱째, 물질만능주의는 교만과 엘리트 의식을 갖게 만든다.

여덟째, 물질만능주의는 부정과 착취를 증진시킨다.

---

44) Randy Alcorn, *Money, Possessions and Eternity* (Tyndal House Publisher, Inc. 2003), 김신호 역, 예영커뮤니케이션, 2006, 88-109.

아홉째, 물질만능주의는 부도덕과 가정의 황폐를 가속화 한다.

열째, 물질만능주의는 우리의 중심 목적을 딴 곳으로 돌려 버린다.

부자에 대한 하나님의 경고

부자에 대한 불행 선언

예수님은 산상수훈에서 행복 선언 후에 부자에게 대하여 4가지 불행선언을 하였다. 이 기사는 다른 공관복음에는 게재되어 있지 않으며 누가복음에만 있다. 누가는 의사여서 부자들과 교제가 넓었기 때문에 부자들의 평상시 모습을 잘 알고 있었다.

누가복음에서는 산상수훈을 행복선언 4개와 불행선언 4개로 표현하고 있다.[45] 행복 선언은 첫째, 가난한 자는 하나님 나라를 소유할 것이며, 둘째, 지금 주린 자는 배부름을 얻을 것이요, 셋째, 지금 우는 자는 웃을 것이요, 넷째, 인자로 말미암아 사람들로부터 미움을 당하는 자는 하늘에서 상을 받을 것이라고 했다.

부자에 대한 불행선언은 첫째, 부요한 자는 위로를 이미 받았으므로 더 이상 줄 것이 없다는 것으로 시작한다. 둘째, 지금 배부른 자는 이미 배불렀으므로 주릴 것이요, 셋째, 지금 웃는 자는 애통할 것이요, 넷째, 사람들로부터 칭찬을 받았으므로 더 이상의 축복은 없다(눅 6:24-26).

---

45) 마태복음 5장에서는 8복선언이 기술되어 있으나 부자에 대한 불행선언은 기술되지 아니하였다.

행복한 자와 불행한 자에 대한 서술 방식은 교차식이다. 첫째, 부요한 자는 가난한 자와 대비되고 있으며, 둘째, 배부른 자는 굶주린 자와 대조를 이루며, 셋째, 지금 웃는 자는 애통하게 될 것이며, 넷째, 지금 사람들로부터 칭찬을 듣는 자는 화를 당하리라는 말씀과 대조된다. 이는 부자가 불행하지 않으려면 대치되는 행복선언에 해당하는 자가 되어야 한다는 것을 말한다. 부자는 부에 있어서는 부자이나 가난한 자의 자리에 처하기도 하고 굶주리고 애통하는 자가 되어야 하며 의를 위하여 핍박을 받는 자리에 나아가야 한다. 부자가 가난한 자를 위하여 굶주리고 애통한다면 이보다 더 숭고한 일이 있겠는가?

가난한 자를 수탈하는 부자들에 대한 경고

이사야 선지자는 가난한 자의 포도원을 삼키고 가난한 자에게서 재물을 탈취한 장로들과 고관들을 심문하러 주께서 오신다고 하였다.

"어찌하여 너희가 내 백성을 짓밟으며 가난한 자의 얼굴에 맷돌질하였느냐"(사 3:15).

"보라 너희 밭에서 추수한 품꾼에게 주지 아니한 삯이 소리 지르며 그 추수한 자의 우는 소리가 만군의 주의 귀에 들렸느니라"(약 5:4).

성경에서 경고 대상으로 하는 부자는 모든 부자가 아니라 그 중에서 가난한 자를 수탈하거나 가난한 자를 돌보지 않는 부자가 해당된다. 부자가 가난한 자를 수탈하는 방법에는 임금체불, 저임금, 경제적 독점, 적대적 인수합병, 불의한 송사, 저울추를 속이는 것, 뇌물공여 등이 있다. 소돔과 고모라가 멸망한 이유 중의 하나가 가난하고 궁핍한 자들을 도와주지 않은 죄 때문이다.

에스겔 선지자는 암몬, 모압, 에돔이 받을 심판에 대하여 예언한 후에 두로 왕이 멸망할 것을 선포하였다. 두로는 베니게의 항구도시로서 무역과 해운이 발달하였다. 두로는 13년 동안 바벨론 느부갓네살 왕의 공격을 받았지만 멸망치 않았으나, B.C. 539년 바사의 고레스 왕에 의하여 정복당하였다. 두로는 부당하고 정의롭지 않은 방법을 동원하여 무역을 하고 재물을 축적하였기 때문에 멸망하였던 것이다.

"네 지혜와 총명으로 재물을 얻었으며 금과 은을 곳간에 저축하였으며 네 큰 지혜와 네 무역으로 재물을 더하고 그 재물로 말미암아 네 마음이 교만하였도다"(겔 28:4-5).

아모스 선지자는 이스라엘이 가난한 자로부터 부당한 세를 거두는 한편 가난한 자를 억울하게 한 죄를 회개하라고 하였다. 아모스는 이스라엘 부자들이 가난한 자를 수탈하여 거두어 드린 재물로 집을 짓고 포도원을 조성하였으나 거기서 살지 못할 것이며 포도주도 마시지 못할 것이라고 경고하였다(암 5:11).

썩은 재물의 부자에 대한 경고

사도 야고보는 로마 압제 하에서 로마에 빌붙어서 수단 방법을 가리지 않고 부를 축적한 부자들에게 강력하게 경고하였다. 당시 부자들은 밭에서 추수한 품꾼에게 임금을 주지 않았으며 사치하고 방종하였다. 또한 의인을 정죄하고 죽였다. 그러므로 징벌을 받아 고생할 것이라고 야고보는 경고하였다.

"들으라 부한 자들아 너희에게 임할 고생으로 말미암아 울고 통곡하라 너희 재물은 썩었고 너희 옷은 좀먹었으며…"(약 5:1-2).

하나님은 부자들이 영원한 것에 투자하기를 바라고 있다.

"너희 소유를 팔아 구제하여 낡아지지 아니하는 배낭을 만들라 곧 하늘에 둔 바 다함이 없는 보물이니 거기는 도둑도 가까이 하는 일이 없고 좀도 먹는 일이 없느니라 너희 보물 있는 곳에는 너희 마음도 있으리라"(눅 12:33-34).

낡아지지 아니하는 배낭을 만드는 방법은 구제를 하는 일이다. 이는 하늘에 보물을 쌓아두는 것과 같다(마 6:20). 종교개혁자들은 열심히 일하여 돈을 벌면 이를 구제하는 데 사용함으로써 금욕주의자가 될 것을 권고하였다. 부자는 소유를 흩어 구제함으로 자신은 가난한 자가 되는 것이 가치 있는 일이다.

가난한 부자가 되세요.

예수님은 보물을 소유한 사람은 하늘에 보물을 쌓아 두라 했다. 바울은 믿을 수 없는 재물에 희망을 두지 말라(딤전 6:17)고 하였다. 재산이 아무리 많다 하여도 그의 재산이 그의 목숨을 늘려 주지 않는다. 공연히 재물만 믿고 교만해지기 쉬우며 사탄의 유혹에 빠지기 쉽다. 유혹에 빠진 부자는 천국에 들어가는 것이 낙타가 바늘구멍을 통과하는 것보다 더 어렵다.

"돈을 사랑함이 일만 악의 뿌리가 되나니 이것을 탐내는 자들은 미혹을 받아 믿음에서 떠나 많은 근심으로써 자기를 찔렀도다"(딤전 6:10).

"네가 이 세대에서 부한 자들을 명하여 마음을 높이지 말고 정함이 없는 재물에 소망을 두지 말고 오직 우리에게 모든 것을 후히 주사 누리게 하시는 하나님께 두며 선을 행하고 선한 사업을 많이 하고 나누어 주기를 좋아하며 너그러운 자가 되게 하라"(딤전 6:17-18).

부자는 자신의 재산을 이웃과 나누는 일에 사용함으로써 하나님이 재산을 주신 뜻을 이 지상에서 달성해야 한다.

흔히 사람들은 돈은 하나의 생활 수단이지 목적은 아니라고 말은 하지만 자기도 모르는 사이에 돈을 따라 살아가고 있는 자신을 발견하는 경우가 많이 있다. 특히 기업을 경영하는 자는 수단 방법을 가리지 않고 이익을 추구하여 온갖 부정을 저지르는 경우가 많이 있다. 바울 사도는 돈은 모든 악의 뿌리라고 하지 않고 돈을 사랑하는 것이 모든 악의 뿌리라고 하였다. 돈은 있다가도 없어지는 경우가 있다. 경제는 불황과 호황의 경기변동을 한다. 기업도 흥망성쇠의 명암이 엇갈리는 경우가 많다. 지구상에서 재물을 영원히 소유할 수 있는 사람은 아무도 없다. "왜 하나님께서 부자에게 재물을 많이 주셨을까?" 라고 질문해 보면 우리는 쉽게 답을 얻을 수 있다. 재물은 굶주린 이웃을 도울 때 필요하다. 복음을 미전도 종족에게 전하려 할 때 필요한 경비를 충당하려면 돈이 필요하다. 흉년이 든 예루살렘 교회를 위하여 헌금할 돈이 필요하다. 재물은 하나님이 재물을 얻을 능력을 주셨기 때문에 얻을 수 있다. 물론 하나님은 어떤 사람에게는 많이 주시고 어떤 사람에게는 적게 주시기도 한다. 많이 받은 이는 교만하지 말아야 하며, 적게 받은 이는 실망하지 말아야 한다. 재물은 가치 있는 데 쓰도록 하기 위하여 하나님이 맡기신 것이다.

그러나 이 세상의 부자들은 "땅에서 사치하고 방종하여 살륙의 날에 너희 마음을 살찌게 하였고"(약 5:5) "말세에 재물을 쌓았다"(약 5:3)고 야고보는 안타까워 하였다. 주님 오실 날이 얼마남지 않았는데 부자들은 추수한 품꾼에게 줄 임금을 체불하여 재물을 쌓고 있다.

탐심은 끝이 없다. 부자가 되기를 원하는 사람은 먼저 자신을 돌아보아 교만한 마음이 있지 않은가, 또는 탐심으로 부자가 되려고 하지 않은가를 살펴보아야 한다. 제10계명은 네 이웃을 탐내지 말라고 한다.

"삼가 모든 탐심을 물리치라 사람의 생명이 그 소유의 넉넉한 데 있지 아니 하니라"(눅 12:15)

요약

부자는 하나님으로부터 재물을 얻을 능력을 받은 자이다. 성경은 "속이는 말로 재물을 모으는 것은 죽음을 구하는 것이다"(잠 21:6)라고 했다. 귀를 막고 가난한 자의 소리를 듣지 않으려 한 부자는, 자신이 하나님께 부르짖게 되었을 때에 하나님은 그 소리를 듣지 않으신다.

부자가 물질만능주의자가 되면 교만해질 뿐만 아니라 탐욕에 빠지기 쉽다. 탐심은 끝이 없으며 말세에 재물을 탐하여 재물을 축적하려 한다. 교만해진 부자는 가난한 자를 수탈하거나 임금을 체불하기까지 한다. 야고보 사도는 "들으라, 부한 자들아 너희 재물은 썩었고 너희 옷은 좀 먹었다"(약 5:1-2)라고 말씀하고 있다. 그러므르 예수님은 부자가 천국에 들어가는 것이 낙타가 바늘구멍을 지나는 것보다 어렵다고 하였다. 부자가 천국에 들어갈 수 없다고 말씀하지 않았다. 오히려 겸손한 부자는 가난한 자들에게 자선을 배풀 기회와 능력이 많이 있으므로 천국에 들어가는 문은 부자에게 항상 열려있다.

하나님이 부자에게 재물 얻을 은사를 주신 목적은 가난한 자와 소외된 자들을 돕는 데 사용하라는 것이다. 부자가 많은 재물을 얻었는데도 재물을 흩어 남을 구제함으로써 가난한 자가 되면 매우 성스러운 일이다.

7

노동은 신성한 것이다

"손을 게으르게 놀리는 자는 가난하게 되고
손이 부지런한 자는 부하게 되느니라"
(잠 10:4).

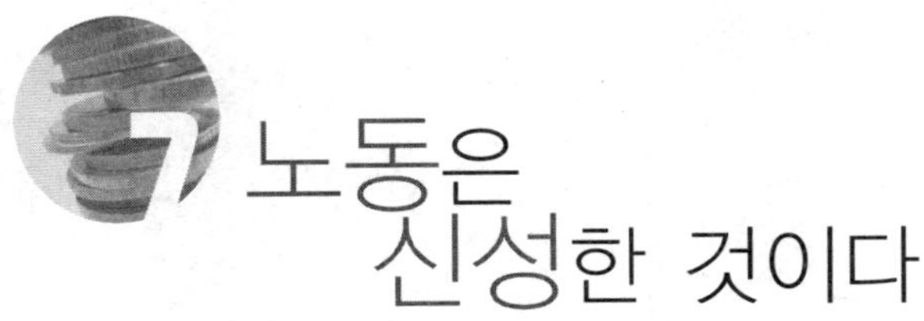

노동은 신성한 것이다

인간은 노동하도록 창조되었다. 노동을 하지 않는 것은 하나님의 부르심에 역행하는 것이 된다. 칼빈은 사람은 누구나 노동권을 가지고 있는데 고용주가 정당한 이유 없이 노동자로부터 노동권을 박탈할 수 없으며, 또한 노동자로 하여금 과잉노동을 하게 하는 것 역시 노동권을 침해한 것이 된다고 주장했다.

노동의 본질

노동은 하나님의 부르심이다

예수님은 아버지가 일하시니 나도 일한다(요 5:17)고 하셨다. 사람은 하나님이 일하도록 부르셔서 노동한다. 말하자면 노동하는 청지기다. 아담은 지음을 받고 땅을 경작하라는 명령을 하나님께로부터 받았다. 천지 창조 때 하나님은 6일 동안 일하고 7일 되는 날 안식하였다. 인간은 하나님의 형상을 따라 지은바 되었으니 하나님을 따라 일하여야 한다. 십계명 중 제4계명은 안식일을 지키기 위해서는 엿새 동안 힘써 일하고 게으르지 말라 하였다(신 3:6-13). 바울 사도는 데살로니가 교회 교인들에게 "누구든지 일하기 싫어하거든 먹지도 말게 하라"(살후 3:10) 했다.

칼빈은 사람이 노동하는 것은 하나님의 노동에 참여하는 것으로 보았다. 따라서 노동은 영적인 존엄성을 가진다. 노동자가 받는 임금은 노동의 대가로 받는 것이라기보다는 하나님의 노동에 참여한 자에게 주는 하나님의 선물이다. 하나님은 인간의 생존을 보장하기 위하여 인간으로 하여금 노동을 하게 하고 생존에 필요한 임금을 선물로 주신다. 따라서 임금을 이유 없이 삭감하거나 체불하는 것은 신성모독이라고 칼빈은 주장했다.[46]

사람은 하나님의 청지기로서 맡겨진 물질을 선하게 관리하는 일을 감당해야 한다. 인간은 타락 후에는 노동을 할 때 이마에 땀이 흐를 정도로 힘이 들게 되었다(창 3:17). 하나님은 인간이 노동을 할 때 고통이 따르게 하심은 그 때에 에덴동산에서 선악과를 따먹은 죄를 상기하라는 뜻이다.

---

46) 앙드레 비엘레, 『칼빈의 사회적 휴머니즘』(박성원 역, 대한기독교서회, 2003), 71-82.

여자가 출산 할 때도 마찬가지로 고통이 따르게 했다.

사람은 노동을 통하여 의식주를 위한 생계비를 조달할 뿐만 아니라 일 자체에서 얻는 성취감 내지 자기실현(self-actualization)의 욕구를 충족함으로써 기쁨을 누릴 수 있다. 노동으로 한 가정의 생계를 충당하는 것은 하나님 주신 축복이요 기회이다. 전도서는 "사람이 먹고 마시며 수고하는 것보다 그의 마음을 기쁘게 하는 것은 없다. 내가 이것을 본즉 하나님의 손에서 나오는 것이니라"(전 3:24) 말하고 있다.

종교개혁자들이 주장한바 직업을 소명으로 보는 직업의식은 세속적인 일을 성스러운 차원으로 업그레이드(upgrade) 하였다. 이에 따라 성(聖)과 속(俗)의 구분이 없게 되었다. 과거에는 장사하는 일을 천박하고 탐욕스런 것으로 인식하였지만, 이제는 정반대로 성직자와 다름없는 성스러운 하나님의 부르신 일로 인정받게 되고 보니 열심히 일하지 않을 수 없었다. 스위스의 종교개혁자 쯔빙그리(Ulrich Zwingli, 1484~1531)는 노동은 선하고 신성한 것으로, 노동 할 때에 창조주 하나님께 가까워진다고 하였다. 칼빈은 인간은 노동하기 위하여 창조된 존재로 보았으며 일하지 않는 게으른 자들은 하나님의 축복이 임하지 않는다고 주장하였다. 프랑스에서 종교개혁에 동조하는 이들이 박해를 받게 되자 많은 사람들이 제네바로 이주하였다. 칼빈은 이들에게 일자리를 마련해 주는 것이 매우 급하였다. 칼빈은 이들을 위하여 구빈원을 창설하여 그 안에 섬유공장을 세우고 직업훈련을 시켰다. 칼빈은 임금을 단순히 노동의 대가라고 생각하지 않고 하나님께서 주시는 선물이라고 하였다. 그러므로 임금은 최저생계비를 보장하여야 했다. 칼빈은 기업들이 최저생계비 규정을 잘 지키는가를 감독하기 위하여 제네바 시에 중재위원회를 설립하였다.

물론 하나님의 부르심에는 인간의 반응이 있어야 했다. 그것이 정직, 절제, 검소, 금욕의 윤리였다. 노동자는 개인의 욕구와 능력 및 기업의 조직구조에 따라 직무가 주어진다. 어떤 이는 변호사가 되는가 하면 어떤 이는 피자집 배달원이 되기도 한다. 직무가 노동자의 욕구와 적성에 적합하지 않아 심한 좌절감을 가질 때도 있다. 노동의 전환이 손쉬운 사회에서는 이러한 소외현상을 해소 할 수 있으나 경기가 나쁠 때에는 전환이 어렵다. 사람은 각자가 재능을 타고 나기도 하나 교육을 통하여 직무를 수행할 수 있는 능력을 소유하게 된다. 직무능력과 숙련의 정도에 따라 노동의 종류와 일자리가 정해진다. 가인은 농사일, 아벨은 양치는 일, 유발은 수금과 퉁소를 잡는 일, 두발가인은 구리와 쇠를 다루는 일에 종사했다.

아담 스미스와 리카르도 때에는 노동만이 부가가치를 생산해내는 요소라고 하였으며 이를 노동가치설이라 한다. 직무능력은 하나님이 일하라고 주신 것이다. 직종이 세속적이든 성직이든 하나님이 일하라고 부르셨으니 성실하게 직무에 임하여야 한다. 하나님 앞에서는 세속직과 성직의 구분이 없다. 예수님은 달란트 비유에서 아무 일도 하지 아니한 1달란트 맡은 청지기를 무익한 종이라 책망하셨다.

노동의 목적

크리스천의 노동행위의 궁극적인 목적은 일을 통하여 하나님께 영광 돌리는 것이다. 기독교인은 인간 삶의 목표를 하나님께 영광을 돌리는 데 둔다. 따라서 기독교인의 노동은 즐거운 것이다. 하나님은 사람으로 하여금 노동을 통하여 이웃을 내 몸과 같이 사랑하게 된다. 기독교 노동자는 노동할 때에 하나님을 위한다고 생각하면 자원봉사와 같이 노동하는 것이 기쁨이 된다.

하나님은 사람으로 하여금 자연자원을 관리하는 노동을 하게 했다. 노동자는 노동을 통해서 가족의 생계를 책임진다. 이는 하나님의 은총이다.[47]

오늘날의 사회구조는 기계화 되었다. 즉 시스템화 하였다. 노동자가 작업 현장에서 자기실현이나 하나님의 창조사역에 참여한다는 자부심을 갖기가 어렵게 되었다. 사람은 매일 쉼 없이 같은 노동을 되풀이 한다. 지금 한국에서는 노동의 신축성을 확보한다고 하여 비정규직 노동자 제도를 확충함으로써 비정규직의 구성비가 50%에 이른다고 한다. 비정규직은 고용의 안전이 보장되지 않는다. 비정규직은 정규 직원과 같은 일을 하면서도 임금에서 크게 차이가 난다. 동일직무 동일임금의 원칙에 어긋난다. 사회정의에도 어긋난다. 이들은 작업 현장에서 심각한 인간소외에 빠진다. 그러므로 노동 현장에서 노동의 정의가 실현되어야 하며, 노동

---

47) Guenter Brakelmann, *Zur Arbeit geboren*, Swi-Verlag, Bochum, 1988, 백용기 역, 『기독교 노동윤리』 한들출판사, 24-36.

자의 인간 소외에서 노동자를 구해내기 위한 새로운 패러다임의 기독교 노동관이 확립되어야 한다. 따라서 노동공동체는 다음과 같은 목표를 달성함으로써 노동세계의 인간화를 이루어야 한다.[48]

- 자신의 노동에서 육체적, 정신적 및 영적인 가능성을 전개함으로써 인간의 전인성을 회복한다.
- 노동자가 기능적이고 기구적인 가치의식을 극복한다.
- 공동체를 촉진시키는 협력관계를 발전시킨다.
- 동료 노동자를 동등한 가치를 가진 협력자로 여긴다.
- 협력하는 방법을 습득한다.
- 개인의 창조성을 발휘한다.
- 노동의 의미를 느낄 수 있도록 한다.
- 인간의 물질적 및 비물질적 욕구를 충족한다.

노동과 임금

노동자는 노동을 공급하고 기업은 노동을 수요로 한다. 임금은 노동시장에서 수요·공급에 의하여 결정된다. 전통경제학에서는 노동이 가치를 생산한다고 보았다. 노동과 원자재가 생산과정에 투입되면 제품이 생산되어 나오는데 제품의 가격은 투입된 원자재 가격보다 크다. 그 차이가 노동의 가치이다. 아담 스미스는 이를 노동의 교환가치라고 하였다.

---

48) Ibid, 35-36.

데이비드 리카르도 역시 노동만이 가치를 생산한다고 보았다. 그러나 이러한 이론은 노동시장에서는 너무나 피상적이다. 임금은 노사협상에 의하여 결정되기 때문이다. 협상이 결렬되면 노동조합의 단체행동이 협상을 대신한다. 노사 양측의 갈등은 권력투쟁으로까지 발전한다. 때로는 노동조합원들이 스트라이크를 함으로써 사용자 측을 물리적으로 압박한다. 스트라이크는 노동자의 이성을 상실케 하고 폭력적이 되기 쉽다. 그러한 와중에도 노사협상에서 적절한 타협이 이루어지면 다행이다. 그렇지 않으면 파행이 계속되어 기업은 큰 손실을 입게 된다. 손실이 커지는 것을 막기 위하여 노사 양측은 타협에 의하여 임금 인상률을 합의한다. 따라서 임금의 결정에 있어서 시장 요인은 고려되지 않고 타협만이 작용하는 세상이 된다.

성경은 주인이 노동자에게 임금을 지불함에 있어 "품꾼의 삯을 아침까지 밤새도록 네게 두지 말라"(레 19:13)고 하여 임금 체불을 강하게 금지하고 있다. 구약의 예언자들은 부자들이 가난한 노동자를 수탈한다고 경계하였는데 최저생계비도 아니 되는 임금을 주었기 때문이다.

노동에 대한 가톨릭의 견해[49]

가톨릭교회에서는 1891년 교황 레오 13세의 〈노동헌장〉(Rerum Novarum)이래 노동자에 대한 관심이 매우 높아졌다. 레오 13세는 마르크스주의자들이 노동자들의 계급투쟁을 주장하는 것은 잘못된 것으로

---

49) 한국천주교중앙협의회, 『노동하는 인간: 가톨릭의 노동관』, 1981

보았다. 레오 교황은 이를 시정하기 위해서는 사용자와 노동자간에 상호
적 의무를 강조하였다. 즉 사용자는 노동자에게 무리한 노동을 강요할
수 없으며, 노동자는 노동을 상품으로 판다는 의식을 버려야 한다고 하
였다. 특히 사용자는 노동자에게 정당한 임금을 주어야 하며 노동현장에
서 인간으로서의 존엄성을 존중하여야 한다고 주장하였다.

1981년 교황 요한 바오르 2세는 회칙 〈노동하는 인간〉을 발표하였는데
노동자는 신의 인격체라는 것을 강조하였다. 이 회칙에서는 인간 노동이
모든 사회문제의 결정적 요인인 것을 밝히고 있다. 노동자는 노동으로부
터 얻는 소득으로 일용할 양식을 얻으므로 임금은 무엇보다 중요하다.
사용자는 노동자의 임금을 착취할 수 없다. 노동현장에서 노동의 의미는
다음과 같다.

첫째, 인간은 자신과 가족의 생존을 위하여 노동한다.

둘째, 노동하는 것은 신으로부터 받은 소명이다. 그러나 노동에는 땀
흘리는 수고가 따른다.

셋째, 인간은 노동함으로써 신의 창조 작업에 참여한다.

넷째, 인간은 노동하면서 왜 땀 흘리는 수고를 하게 되었는가를 생각하
고 인간의 원죄를 깨닫게 된다.

노동에 대한 개신교회의 새로운 해석

전술한 바와 같이 종교개혁 이래 개신교는 소명으로서의 직업윤리를

중심으로 노동문제를 생각하여 왔다. 산업혁명 후 대량 생산과 대량 소비 사회가 성립되었고, 현재는 사회구조가 디지털 구조로 전환되고 있다. 최근의 디지털 혁명은 모든 사회부문을 전자화 하고 있다. 1954년 세계교회협의회(the World Council of Churches: WCC)의 연구 분과위원회는 크리스천과 직업(the Christian in his Vocation)이라는 제목으로 토의 하였는데 리처드손과 올드햄이 작성한 『노동의 성경적 교의와 현대의 노동』[50]이라는 보고서를 채택하였다. 이 보고서는 노동(work)이라는 단어 속에는 일상적인 노동 이외에도 우리가 생각하는 것, 기도하는 것, 봉사하는 것도 포함되어 있다고 한다. 기독교인이 하나님께서 보내신 이를 믿는 것도 하나의 일이다(요 6:29). 기독교인은 하나님의 나라를 확장시키는 일을 하도록 부르심을 받았다.

구약성서에서의 노동은 인간생활에 있어서 필수불가결한 활동으로 보고 있다. 하나님의 사람들은 노동하는 것은 부끄럽게 생각하지 않았다. 사울왕은 소로 밭을 가는 사람이었고, 다윗은 양치기였다. 이들은 과거에 노동자였음을 숨기지 않고 인구에 회자하도록 그대로 두었다. 아담은 창조 후 땅을 경작하라는 명령을 하나님께로부터 받았기 때문에 기쁨으로 노동에 임하였다.

세속적이라고 부르던 직업을 종교개혁자들은 하나님이 주시는 소명(calling)으로 인식하게 되었다. 영어의 calling이라는 단어는 직업을 뜻

---

50) A. Richardson and J. H. Oldham, *The Biblical Doctrine of Work and Work in Modern Society*, 1952, 강근식, 조만 역, 『성서의 노동관』, 대한기독교출판사, 1981, 13-14.

하는 동시에 하나님의 부르심을 뜻한다. 그러나 신약성경에서 소명이라는 단어는 회개하고 예수를 믿는 자가 교회 안에서 친교와 봉사의 생활을 살도록 하나님이 부르신다는 뜻으로 사용되었다. 기독교인들은 그들의 세속적인 직업이 무엇이든 간에 복음 전하는 자, 교사, 또는 봉사자로 각각의 은사에 따라 부르심을 받았다고 믿는다(엡 4:11, 고전 12:28).[51] 세속적인 일은 하나님 나라의 일꾼으로 쓰이는데 있어서 도움이 된다. 바울은 복음 전하는 일과 장막 짓는 일 두 가지를 하였는데, 바울은 장막 짓는 일을 복음전하는 일의 방편으로 삼았다. 오늘날의 용어로 자비량 선교사였다. 중세 수도승들은 성직자간이 하나님의 부르심을 받았다고 생각하였다. 그러나 종교개혁자들은 수도원의 수도승만이 부르심을 받은 것이 아니고 세속적인 직업을 가진 자라도 하나님의 일꾼으로 부르심을 받은 것이라고 주장하였다.

그러면 구속 받은 성도의 세속적인 직업에 대한 태도는 어떻게 하여야 하는가? 에베소서 6:5-6에서 "종들이 육체의 상전들을 섬길 때 그리스도의 종들처럼 하라"고 하였으며, 골로새서 3:2에서는 "무슨 일을 하든지 마음을 다하여 주께 하듯 하고 사람에게 하듯 하지 말라"고 하였다. 성도가 그리스도의 백성으로서 세속적 직업에 있어서도 칭찬 받는 사람이 되는 것은 직업 현장에서 하나님께 영광 돌리는 것이 된다.

---

51) Ibid, 39.

안식과 노동

하나님은 천지창조 때 엿새 동안 일하시고 제7일에는 안식하셨다. 안식은 종말론적으로 하나님과 더불어 가지는 영원한 안식의 표상이다. 안식일은 하나님의 날이므로 인류에게는 희망을 주는 날이다.

안식일은 노동으로부터 해방되며 노동의 고생과 피로를 풀며 하나님께 영원히 영광 돌리기 위해서 구별된 날이다. 안식일은 사람이 휴식하기 위한 날이기도 하지만 궁극적으로는 하나님을 위하여 휴식하는 날이다. 사람이 안식일을 지키는 것은 하나님의 안식에 동참하는 것이다.

"그런즉 안식할 때가 하나님의 백성에게 남아있도다 이미 그의 안식에 들어간 자는 하나님이 자기의 일을 쉬심과 같이 그도 자기의 일을 쉬느니라 그러므로 우리가 저 안식에 들어가기를 힘쓸지니 이는 누구든지 저 순종하지 아니하는 본에 빠지지 않게 하려 함이라"(히 4:9-11).

노동정의의 실현

노동자의 인간으로서의 존엄성

노동현장에서의 가장 큰 문제는 노동정의의 측면에서 노동자가 착취당한다는 사실이다. 생계비 이하의 낮은 임금, 장기적 임금 체불, 부당해고, 아동 노동, 죄수 노동, 노예 노동, 산업재해, 환경오염 등으로 인간으로서의 존엄성이 짓밟히는 경우가 많다.

첫째, 노동자들은 기업공동체의 일원이다. 공동체는 이웃 사랑이 핵심 요소이다.

둘째, 기업공동체는 인간을 대할 때 인간의 존엄성을 존중하여야 한다. 인간은 하나님의 형상을 따라 창조되었기 때문이다.

셋째, 노동현장에서는 공평과 정의가 물 흐르듯 하여야 한다. 노동현장에서 차별과 불공평은 하나님이 평등하게 창조한 창조질서를 침해하는 것이 되므로 금지되어야 한다. 노동자의 성차별과 인종차별은 배격되어야 한다.

인간은 하나님으로부터 땅을 경작하고 관리할 책임을 받았다. 하나님의 명령을 불순종하였음에도 불구하고 경작의 소임은 빼앗지 않으시고 노동하는 권리는 계속 위임하셨다. 노동은 대체로 그룹으로 수행한다. 노동은 공동체를 형성하면서 체계적으로 이루어진다. 여기서 체계적이라 함은 분업, 협업, 기계화, 공정계획 등과 어울려서 하나의 체계를 이루는 것이다. 이 과정에서 인간 개인은 소외되기도 하지만 자아실현(self-actualization)의 기쁨을 누리기도 한다. 노동의 윤리는 개인윤리적인 면과 사회윤리적인 면이 있다. 개인적 노동은 개인의 업적으로 귀착된다. 그러나 사회적 노동은 분업과 협업의 체계를 갖춘 공동체를 형성한다.

자본주의 사회에서는 생산 수단의 사유권이 인정된다. 생산과정에서 자본가는 이익을 극대화함으로써 사회적으로 권력이 약한 노동자는 생산의 과실을 평등하게 분배받지 못하는 사태가 발생한다. 인간은 기계의 일부로 취급되므로 노동자는 인간으로서의 존엄성이 짓밟히는 현상이 만연하였다. 기독교 노동윤리는 노동현장의 인간화를 형성하면서 적어도 다음 문제를 해결하여야 한다.

첫째, 인간은 육체적, 정신적 및 영적 존재이다. 노동자는 노동현장에서 전인적 상태를 유지할 수 있어야 한다.

둘째, 노동자는 인간의 존엄성이라는 가치를 가진다. 어떠한 상태에서도 노동자의 인간으로서의 존엄성을 지켜야 한다. 노동자는 공동체로서 이를 지킬 권리와 의무가 있다.

셋째, 노동자의 임금은 최소한 가족의 최저생계비를 충당할 수 있어야 한다. 노동자의 임금은 인간의 존엄성 문제이다.

넷째, 노동자 공동체는 경영자와 협력관계를 형성하여야 한다.

다섯째, 노동자 개인의 창조성이 존중되어야 한다. 자아실현의 기회를 열어 놓음으로써 노동의 가치를 높여야 한다.

노동자의 인권은 무시당하기 쉽다. 인종 및 성차별, 아동 노동, 죄수 노동, 노예제도 등은 노동자의 인간으로서의 존엄성을 짓밟는 행위이다. 강제노동과 노동현장에서의 인종 차별은 세계 곳곳에서 자행되었다. 1993년까지 남아프리카에서는 흑인차별주의가 실시되었고, 미얀마에서는 태국에 이르는 송유관 공사 시 아동들에게 강제로 노동시켰다. 수단은 1990년 이슬람교 지역인 북부가 기독교지역인 남부 지역을 점령하자 인종청소, 강간, 대량학살, 노예무역 등이 난무하였다.

최저임금제

최저임금제는 임금의 하한선을 국가가 결정하는 제도로서 기업은 이를 법에 의하여 지키도록 하는 제도이다. 최저임금제는 노동의 수요·공급에 의하여 임금이 정해지지 않고 정부에 의하여 임금의 하한이 정해진다는 문제점이 있다. 자연적으로 최저임금이 수요·공급에 의하여 결정되는 임금보다 높은 수준에서 결정되므로 노동의 공급이 수요를 초과하는 현상이 발생한다. 그만큼 실업이 발생한다. 최저임금제는 저소득 노동자에게는 소득을 향상시키고 최저생계비를 보장하는 효과가 있으나 기업은 인건비의 증가를 초래하므로 피고용자 수를 감소시키려 하기 때문이다. 최저임금제는 미숙련 근로자나 경험이 없는 노동자에 대하여 적용하는 것이 일반적이다.

아동 노동

아동 노동(child labour)은 소득 수준이 낮은 나라에서 심각하다. 아동 노동은 초등교육의 기회를 박탈하는 동시에, 성장기의 지나친 노동은 신체의 정상적인 발육과 성장을 저해한다. 국제노동기구(International Labour Organization: ILO)의 통계에 의하면 1995년에 개발도상국에서 15세 이하의 어린이 120백만 명이 노동을 하고 있다. 농업부문에서 볼리비아와 페루의 아동 노동 비율이 70~80%이며, 에콰도르 및 필리핀에서는 90%를 초과한다. 제조업 부문에서 엘살바도르는 14%로 나타났으며, 다른 나라들은 5%이다. 아동 노동은 농업부문에서 집중적으로 나타난다. 물론 대부분의 국가에서 아동 노동은 법률로써 금지되어 있다. 아동 노동은 가정의 빈곤이 첫째 원인이다. 가정의 빈곤으로 영양상태가 좋지 않은 어린이들이 생산 현장의 열악한 환경으로 인해 건강에 치명적인 상처를 입는다. 어린이가 정상적으로 성장하지 못하면 성인이 되어서

[표 7-1] 개발도상국의 아동노동(%)

구분	볼리비아	에콰도르	엘살바도르	가나	페루	필리핀
농업	75.4	94.3	56.8	13.8	77.7	90.7
제조업	5.5	0.1	14.4	2.2	3.5	3.2
무역	12.4	3.7	22.6	4.6	15.4	10.8
서비스	..	0.7	..	3.8	..	0.1
계	100	100	100	100	100	100

자료 ILO Understanding Child Work Project, 2001

도 노동능력이 떨어지는 원인이 된다.

노예 노동

1863년에 링컨 대통령에 의하여 노예제도는 폐지되었다. 고대사회에서부터 동서양을 불문하고 노예제도가 만연하였다. 고대사회에서는 전쟁에서 승리하면 패전국 백성들을 노예로 삼았다. 미국 남부가 노예를 해방시키려 하지 않고 전쟁도 불사한 것은 목화재배를 주로 하는 농업에 일손이 절대적으로 필요했기 때문이었다. 사람들은 구약시대와 신약시대에 노예제도는 일반적으로 인정되었던 것이라고 말한다. 그러나 하나님은 노예제도를 인정하시지 않는다.

첫째, 사람은 누구나 하나님의 형상을 따라 창조되었고 인간으로서의

존엄성을 가진다. 이들은 어떠한 이유로도 침해할 수 없다. 노예 노동은 인간의 존엄성을 침해하는 일이다.

둘째, 이스라엘 백성이 애굽에서 노예생활을 하였으나 하나님께서는 이스라엘 백성을 노예에서 해방시키셨다. 미국의 노예해방도 링컨의 결단으로 해방되었다기보다 하나님이 링컨으로 하여금 노예를 해방시키게 하셨다고 보아야 한다.

셋째, 레위기에 의하면 형제가 빈한하여 종으로 팔린 경우 이를 노예(slave)로 하지 말고 품군(hired man)이나 객(guest)으로 쓰라고 하였다(레 25:39-46). 어떠한 노예라도 6년을 지나 안식년이 되거나 49년을 지나 50년인 희년이 되면 노예들을 자기 집으로 돌려보내라 하였다. 그러나 이스라엘 백성들은 이를 잘 시행하지 않았다. 선지자 예레미야는 이를 신랄하게 공격하였다.

노사갈등

자본주의하에서는 노동자의 고용 및 임금의 결정 권한은 고용주에게 있다. 이 과정에서 고용주는 노동자를 착취할 소지가 많은 것이 자본주의의 모순 중 하나이다. 이러한 고용주의 의사결정은 기업의 목표 이익과 경영환경의 변화, 생산 기술과 시설의 변화, 경기 변동 등 요인이 있을 수 있으나, 노동자 측에서는 부당한 해고와 임금 착취에 대항 할 수 있는 장치가 있어야 한다. 이를 위한 수단으로 인정된 것이 노동조합이다. 노동자는 노동자 단체의 결사권과 단체교섭권이 국민의 기본권으로 헌법에 보장되어 있다. 고용주는 노동자에게 높은 생산성과 많은 이익을 요구하고, 노동자는 높은 임금과 고용안정을 희망한다. 고용주는 기업의 부가가치 생산액과 생산성 상승분 이내에서 임금을 지급하려 하고, 노동자는 지속적인 생계비 지출을 위해서 부가가치나 생산성의 변동 여하에 불구하고 높은 임금을 주장한다.

　노사관계가 평등주의를 실현하기 위한 장이 되면 파행을 겪지 않을 수 없다. 평등주의는 궁극적으로는 계급투쟁의식에서 나온 것이기 때문이다. 경영자와 노동자는 다 같이 주주에 대하여 대리인으로서 책임을 지고 일한다. 노사관계가 첨예화하여 파업의 지경에 이르면 노사 양측에 손실을 초래한다. 경영주에게는 이익의 감소를, 노동조합에게는 일자리의 감소를 초래한다. 강성 노조에 대항하여 기업은 생산 과정을 기계화하고 자동화함으로써 가능하면 무인공장 시스템을 구축하려 한다. 물론 기계화 내지 자동화는 생산성 향상으로 경쟁력을 높이는데 기본 목적이 있으나 강성노조에 대한 대응이기도 한다. 노사 간 갈등이 파업지경에 이르면 기업은 폭력을 당한 것이나 마찬가지이다. 폭력은 증오에서 출발한다. 급기야는 파괴를 초래한다. 노사관계는 협상이다. 협상은 양측의 자기희생이 없이는 타결되지 않는다. 고용주가 노사관계에 있어 고압적인 자세를 갖는다든지, 노동조합이 이기적으로 자기 이익만 요구한다면 협상은 이루어지지 않는다. 기업이라는 공동체는 상호 양보에 의하여 성장한다. 양보는 자기희생이요 이웃 사랑이며 여기에서 공동선이 실현된다.

독일에는 독일 고유의 노동자 경영참여제도가 발달되어 있다. 경영참여노동자대표협의회를 통하여 노동자도 경영에 참여한다. 경영참여노동자대표협의회에 참여하는 노동자 대표는 비밀선거와 직접선거로 선출된다. 피고용인이 151인 이상 300인이면 7인의 대표, 301인 이상 660인이면 9인의 대표를 구성한다. 경영참여노동자대표협의회는 첫째로 공장, 사무실, 그리고 경영과 관련되는 공간의 신규 건축 및 확장, 둘째로 기술적인 시설, 셋째로 노동방법, 넷째로 일자리에 대하여 회사가 보고하면 이를 심의 한다. 이 협의회는 일자리와 노동자의 생활이 인간의 존엄성이 보장되는 가를 우선적으로 평가한다. 특히 해고의 경우에는 이 협의회의 심의는 노동자의 이익이 보장되도록 이루어진다. 이 협의회 제도는 노사 간의 커뮤니케이션을 개선하는 데 효과적이므로 예방적 효과가 크다.

미국과 우리나라에서는 종업원지주제가 발달되어 있는데 노동자가 주주로서 회사경영에 참여하는 방식이다. 종업원이 자기회사 주식을 취득하는 방법에는 종업원 지주제도, 스톡옵션제, 제한적 주식 보상제도, 주식매입제도 등이 있다. 종업원 지주제도는 조직문화에서 소속의식을 제고하는 데도 기여한다.

직업윤리

직업의 의의

직업은 경제적 보상을 목적으로 일상적으로 일하는 성인 등의 경제활동을 말하는데, 경제적, 사회적 및 종교적 관점에서 바라 볼 때 차이가 있다.

첫째, 경제적 보상을 목적으로 일하는 것을 직업이라 한다. 따라서 자원봉사 활동은 직업에 해당되지 않는다. 여가활동은 경제적 보상이라는 목적에서 역시 직업이라고 부를 수 없다. 가정주부가 일상적으로 가사에 종사하는 것은 경제적 보상을 목적으로 하지 않으므로 직업이 아니라는 주장이 있으나 그렇다고 자원봉사라고 하기에는 지나치게 경제적인 의미가 크다.

둘째, 직업은 성인들의 경제 활동을 말한다. 성인이 되어야 생계비를 벌어야 할 의무가 주어지기 때문이다. 미성인은 사회복지제도상 보호를 받아야 하므로 생계를 책임지도록 버려둘 수 없다. 그러나 오늘날 이들에게 사회복지의 손길이 닿지 못하여 생계를 소년 소녀 가장이 생계를 맡아 노동하는 경우가 많이 있다. 만약 아동 노동의 경우에 산업재해가 발생하면 보상을 해줄 수 없다. 이는 비인간적이므로 인류의 수치이다.

셋째, 직업은 직접 또는 간접으로 생계와 관련하여 일상적으로 하는 노동 활동이다. 대학생들이 학비를 충당하기 위하여 정원사 일을 하는 것은 일상적이 아니므로 노동은 하나 직업이라고 할 수 없다.

넷째, 인간은 직업을 통하여 자기실현을 할 수 있다. 직업을 통해 자기실현을 하려면 직업이 자신의 능력과 적성에 맞아야 하며 이에 대한 비전이 있어야 한다. 그렇지 않을 때는 좌절감에 사로잡히며 때로는 고통을 느끼기도 한다. 어떤 교회 성가대 지휘자는 어릴 때부터 음악가가 되고 싶었으나 아버지의 권유로 치과 의사가 되었다. 그러나 치과의사로서의 적성을 발견하지 못하여 늦게나마 독일에 유학하여 그 어려운 작곡을 공부하여 음악학 박사가 됐다.

노동자가 자아실현의 욕구를 만족하려면 창조적이라야 한다. 예술가는 삶에 대하여 처절하게 고뇌하고 몸부림치는 과정을 통하여 아름다움을 창조해낸다. 그 때에 예술가는 살아 있다는 기쁨을 누린다. 루터는 본래 아버지의 뜻에 따라 법률가가 되기 위하여 법률을 공부하였으나 길을 가던 중 동행하던 친구가 벼락에 맞는 것을 보고 신학을 공부하여 수도승이 되었다. 직업은 사회적 지위와는 관계가 없다. 직업에는 귀천이 없다는 뜻이다.

다섯째, 중세 서구사회에서는 신분에 따라 직업 선택이 제한적이었다. 귀족계급이라야 영주 또는 기사가 될 수 있었다. 우리나라에서는 양반신분이어야 과거에 응시할 수 있었다. 사농공상의 신분제가 엄격하였다. 인류 역사에 있어서 가장 치욕스러운 것은 노예제도이다. 인간을 소유물로 보았으며 물건과 같이 매매하였기 때문이다.

여섯째, 위의 조건에 해당되는 직업이라 하여도 모두 직업이라고 할 수 없는 것이 있다. 사회통념상 사회에 해를 끼치는 직업은 직업이라고 인정할 수 없다. 즉, 성매매, 도둑질, 밀수, 소매치기, 조직폭력배 등은 사회가 직업으로 인정하지 않는다. 오히려 이들은 범죄행위에 해당한다.

일곱째, 직업에 종교적 의미를 부여하면 자아실현의 동기가 소명의식의 종교적 열정과 결합되어 신에 대한 헌신으로 승화 될 수 있다. 중세까지 노동은 원죄의 결과라고 천시하였고 죄의식을 가지고 노동을 하였다. 종교개혁자들은 직업을 하나님의 소명으로 알고 귀하게 여겼다. 우리나라 축구선수 중에는 기독교인이 많이 있다. 축구시합에서 골을 넣게 되면 잔디밭에 무릎을 꿇고 감사기도를 드린다. 기독교인인 축구선수는 축구를 통하여 하나님께 영광을 돌린다.

여덟째, 노동은 기술발달과 사회변동에 따라 변동한다. 고대사회에서는 사냥을 하거나 농사를 짓는 단순한 구조였으나 수공업 시대, 산업자본주의 시대, 지식 정보화 시대로 발전되어 왔다. 오늘날은 산업구조가 소프트웨어 중심으로 옮겨가고 있다. 소프트웨어 산업은 고도의 지식과 창의력을 가진 소수의 인적 자원에 의존하므로 경제성장은 있으나 그에 비례하여 고용을 증가하지 않는다.

직업에 대한 하나님의 소명

종교개혁자들은 고린도전서 7장 17-24절의 말씀에 따라 하나님이 부르신 직업에 충실할 것을 주장하였다. 직업을 하나님의 소명으로 알았다.

"각 사람은 부르심을 받은 그 부르심 그대로 지내라 네가 종으로 있을 때에 부르심을 받았느냐 염려하지 말라 그러나 네가 자유롭게 될 수 있거든 그것을 이용하라 주 안에서 부르심을 받은 자는 종이라도 주께 속한 자유인이요 또 그와 같이 자유인으로 있을 때에 부르심을 받은 자는 그리스도의 종이니라 너희는 값으로 사신 것이니 사람들의 종이 되지 말라 형제들아 너희는 각각 부르심을 받은 그대로 하나님과 함께 거하라"(고전 7:20-24).

각자의 직업은 하나님의 부르심이다. 종이면 종의 직업을 비관하지 말고, 종의 직업을 그대로 가질 수밖에 없는 사정이라면 이에 충성하라. 종은 될 수 있으면 자유인이 되어도 좋다. 그러나 노예해방운동을 하라는 것은 아니다. 그 당시 종교개혁운동은 들불 같이 전국으로 퍼져 갔는데, 그 동안 봉건영주의 압제를 받아온 백성들이 압제자에게서 해방되는 것으로 인식하고 기뻐하였다. 급진주의 종교개혁자들은 폭동을 주도하기고 하였다. 결국 독일에서 농민 전쟁이 발생하였다. 루터는 이를 못마땅해 하였다. 본래 루터는 사람은 누구나 하나님께 직접 기도할 수 있으며 성경도 읽고 묵상할 수 있다고 생각하였다. 이른바 만인 제사장이다. 종교개혁 이전의 직업은 사제들을 제외하고는 모두가 세속적인 것이었다. 사제를 높은 계급으로 인정하는 신분제를 타파하고 만인 평등을 이루기 위해서는 신분제와 링크되어 되어 있는 직업의 귀천을 타파하지 않을 수 없었다. 그리하여 직업을 하나님의 소명으로 알고 어떠한 직업을 가지든지 소명에 충실하라 하였다. 세속세계와 거룩한 세계를 일치시켰다. 세속적인 일이라 하더라도 성직에 임하는 것과 같이 열심히 책임을 수행함으로써 어떠한 일터에서라도 하나님의 영광을 드러낸다는 것이었다. 앞에서 살펴 본 바와 같이 직업의 소명의식은 프로테스탄트들의 근로 의욕을 자극하였으며, 이는 자본주의경제를 발흥시키는 원동력이 되었다고 막스 베버가 주장한 것은 제4장에서 다룬바 있다.

그러나 종교개혁자들의 직업의 소명의식은 종교개혁 당시의 시대상황에 비추어 필요한 주장이었다고 말하지 않을 수 없다. 루터는 사제계급을 타파하는 일이 중요하였으므로 민중도 제사장으로서 하나님께 직접 예배드릴 수 있다는 만인제사장을 부르짖었다. 한편 칼빈은 상업과 제조업이 번성하기 시작하는 제네바에서 아직은 작업환경이 열악한 상태의 공장의 노동자들을 독려하여야 하는 입장에 있었다. 또한 성공하는 기업가가 되는 길을 보여 주어야 하였다. 전에는 부를 죄악시하였으나 이제는 부의 축적을 통하여 하나님께 영광 돌리는 것을 중요하게 생각하는 시대가 되었던 것이다.

고린도전서 7장 말씀을 자세히 들여다보면 사람이 어떤 직업을 가지고 있어도 하나님을 믿고 섬기라고 부르시는 데는 아무런 차별이 없다고 말하고 있음을 발견할 수 있다. 노예의 신분이라도 하나님이 부르시니 하나님 안에서 영적 자유인이 된다. 누구나 영적 자유인으로서 하나님께 직접 기도도 하고 교회 봉사도 할 수 있다. 우리를 영적으로 하나님 나라의 자유 시민으로 부르셨다. 또한 부의 축적에 있어서도 부는 하나님의 소유이다. 사람은 하나님의 청지기에 지나지 않는다. 부를 축적한 자가 선한 일을 하지 않으면 하나님이 선택한 사람이 아닌 것이 증명된다. 칼빈은 노동자를 고용한 기업가가 제대로 임금을 주지 않으면 잔인한 부자라고 책망하였다. 부자가 노동자를 착취하는 것을 큰 죄악으로 보았다.

오늘날 프로테스탄트들이 가졌던 직업에 대한 종교적 열정은 식어진 것 같다. 서구 사회에서 근면, 성실, 검소, 정직의 직업윤리는 많이 희석되었다. 한국사회에서는 자본주의가 도입 될 때에 직업윤리에 대한 덕목은 무시되고 부의 축적만 강조하였으므로 한국경제에는 혼이 없다고 할 수 있다. 1997년 외환위기가 발생하였을 때에 그 원인으로 세계의 학자들과 전문가들은 투명성의 결여, 도덕적 해이, 집단 이기주의, 과격하고 경직적인 노동운동 등을 들었다. 우리는 반성하여야 한다.

바울 사도는 "각 사람은 부르심을 받은 그 부르심 그대로 지내라"(고전 7:20) 하였다. 이미 받은 소명에 충실한다고 하여 직업을 바꿀 수 없는 것으로 인식되었다. 그러나 고전 7:21에 "네가 종으로 있을 때에 부르심을 받았느냐 염려하지 말라 그러나 네가 자유롭게 될 수 있거든 그것을 이용하라" 하였으니 직업전환을 허용하고 있다. 그것은 새로운 사명을 받았기 때문이다.

모범적 직장인

직장에는 기독교 신자와 비신자가 혼합되어 있다. 기업의 소유주 또는 경영자가 기독교인이라 하더라도 종업원은 신자와 비신자로 구성된다. 주일날 교회에서와 같이 경건한 모습으로 직장생활을 할 수 없는 경우가 많다. 예를 들어 회계부서에 근무하는 신자인 직원이 상사로부터 회계장부를 분식할 것을 명령받았을 때 직원은 갈등에 빠진다. 회계서류를 조작하여 은행에 대출 신청을 하여 대출을 받지 않으면 회사가 부도가 난다고 하자. 분식회계를 할 것인가? 아니면 분식회계를 거부 할 것인가? 신자인 직원은 정직한 회계서류에 의하여 대출신청서를 작성하여 은행에 제출하고 기업을 도와 줄 것을 요청한다. 대출만 해준다면 기업이 회생할 수 있음을 확신시킨다. 회계담당자는 분식회계를 거부하고 투명성 있는 경영을 할 것을 CEO에게 건의하여야 한다. 아니면 경건을 지키기 위해서 직업을 포기하든지 해야 한다.

예레미야는 바벨론에 표로된 자들에게 다음과 같이 말하였다.

"너희는 집을 짓고 거기에 살며 텃밭을 만들고 그 열매를 먹으라 아내를 맞이하여 자녀를 낳으며 너희 아들이 아내를 맞이하며 너희 딸이 남편을 맞아 그들로 자녀를 낳게 하여 너희가 거기에서 번성하고 줄어들지 아니하게 하라"(렘 29:5-6).

비록 포로로 바벨론에 사로잡혀 갔으나 이스라엘 백성이 거기에서 신앙을 지키고 열심히 살아 번성하였다. 다니엘, 하나냐, 미사엘과 아사랴는 바벨론에 잡혀온 포로 신분이었으나 지혜가 출중하여 느부갓네살 왕의 고위보좌관이 되어 정사에 참여하였다. 오늘날 크리스천은 바벨론 같은 직업전선에서 성공하여야 한다. 하나님이 직장에 우리를 보내신 것은 하나님 나라를 그 직장에게까지 확장하라는 명령이다. 한국에는 직장마다 기독신우회가 있어 매주 신자들이 모여서 직장에서 예배드리고 동료 직원들에게 복음을 전한다. 신우회 회원들은 직장을 복음을 전할 땅 끝으로 알고 있다. 직장 신우회는 세계어 유례가 없는 현상이다.

골로새서 3장은 기독교 신자가 직장에서 어떻게 성실하여야 하는 가를 보여주고 있다. 직장에서 육신의 상전에게 순종하되 사람을 기쁘게 하는 자와 같이 눈가림만 하지 말고 무슨 일을 하든지 주께 하듯 해야 한다. 한편 직장 상사가 된 자는 부하직원들에게 의오 공평으로 대하여야 한다(골 3:22-25). 기독인 직장인은 하나님 나라를 이 지상왕국에 건설해야 하는 사명을 받았다. 기독교인 기업인은 자기 기업이 마치 천국을 지상에 옮겨 놓은 것과 같아야 한다. 이랜드 그룹의 신우회 담임목사인 방선기 목사는 『기업경영과 하나님 나라』에서 기독교 기업의 경영원리를 다음과 같이 들고 있다.

① 일하는 사람들의 가치를 중히 여긴다.
② 대화를 잘한다.
③ 직원의 책임성과 전문성을 강조한다.
④ 훈련과 교육의 가치를 높인다.
⑤ 돈의 가치와 이윤의 가치를 안다.
⑥ 지도자는 섬기는 자세를 가져야 한다.

기독교경제윤리를 실천하려는 크리스천 직장인과 그가 소속한 기업의 조직행동 지침이 상반되는 경우가 현실적으로 많이 발생한다. 이는 기업 조직의 최우선 순위가 이익이기 때문이다. 이익이 없으면 기업은 생존이 불가능하므로 사회적 공헌도 할 수 없다. 또한 오늘날의 경제구조는 빠르게 변할 뿐만 아니라 매우 복잡하게 전개되므로 기독교 경제윤리가 신속하게 구체적 행동지침을 직장인에게 주지시키지 못하는 경우가 발생한다. 크리스천의 정체성과 기업의 이익 목표가 충돌하게 되면 경영자는 권력을 가지고 있으므로 이익 목표를 위하여 크리스천의 정체성을 희생시키는 경우가 있다. 이러한 갈등에 처할 때 조직의 목표를 거부하지 못하고 복종하게 된다. 이러한 상황에서 크리스천은 수호해야 할 기독교 경제윤리 지침을 따르되 유연성 있게 대처하여야 한다.[52] 기독교계율이 조직의 행동지침과 명백하게 상충될 때 "아니요"라고 거부해야 한다. 예를 들면 일제 강점기에 일본은 신사참배를 강요하였는데 이는 분명히 우상숭배이므로 거부했어야 했다. 이익목표를 달성하기 위해서 뇌물을 주어야 하는 상황일 때 뇌물 대신 성실과 정성으로 설득시켜야 한다. 물론 이때 하나님께 기도함으로써 하나님의 도움을 받아야 한다. 직장조직이 윤리적으로 불완전 할 때 크리스천 직장인은 조직을 윤리적으로 완전하도록 개선할 의무가 있다.

요약

---

52) 데이비드 크루거, 임성빈 역, 『급변하는 세계경제와 그리스도인의 직업윤리』, 예영커뮤니케이션, 1997. pp. 91-120.

노동은 하나님의 부르심이다. 하나님은 사람을 부르시고 노동을 하게 했다. 노동을 통해서 이웃사랑을 실천하며 동시에 가계를 꾸리는데 필요한 생계비를 얻게 하신다. 종교개혁자들은 세속적인 직업도 소명으로 받아들였다. 중세에 상업이나 노예 노동은 천박한 것으로 여겨왔으며 이자를 대출해주는 대금업을 금지하였으나 종교개혁자들은 이를 모두 하나님의 부르심으로 보았다. 이것은 세계 역사에 있어서 커다란 분수령이 되었다. 여기에서 근대적 자본주의의 기틀이 잡히기 시작했다. 노동이 없는 자본주의는 신기루에 불과하다.

노동자의 인간으로서의 존엄성은 존중되어야 하며 아동 노동은 법으로 금지되어야 한다. 노사관계는 일반적으로 갈등관계에 있는데 갈등은 대화와 협상으로 풀어야 하며 파업 등 물리적 수단을 먼저 동원해서는 아니 된다. 크리스천 노동자는 노동현장에서 성실한 사람으로 인정받는 자가 되어야 한다. 일에 성실한 자는 왕 앞에 선다고 했다.

8

기업의 사회적 책임은
제3의 자본주의이다.

"믿음이 강한 우리는
마땅히 믿음이 약한 자의 약점을 담당하고
자기를 기쁘게 하지 아니 할 것이라
우리 각 사람이 이웃을 기쁘게 하되
선을 이루고 덕을 세우도록 할지니라"

(롬 15:1-2).

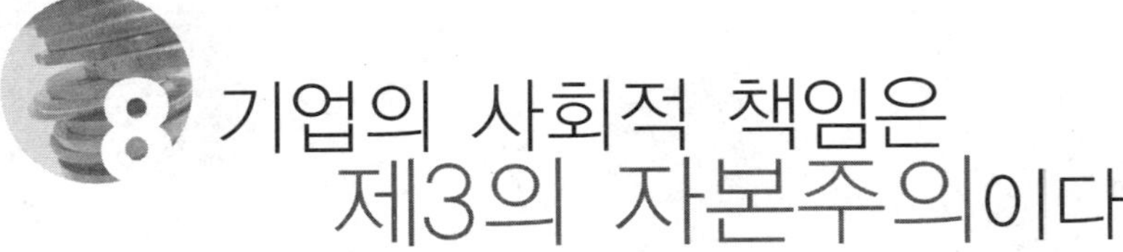

8 기업의 사회적 책임은 제3의 자본주의이다

하나님은 기업으로 하여금 사회적 책임윤리를 수행하지 않으면 기업의 생존이 어렵도록 기업환경을 조성하였다. 기업은 사회적 책임을 하나님의 경영전략으로 추진하도록 기업환경을 변화시켰다. 하나님은 크리스천 기업이든 아니든 사회적 책임을 실천하도록 하였으며, 사회적 책임을 실천하지 않으면 대중이 기업에 대해 적대감을 가지게 하여 기업 생존을 어렵게 했다. 이제 자본주의는 이익 자본주의 시대에서 복지사회 자본주의 시대를 거쳐 사회적 책임의 자본주의 시대로 전개 되어가고 있다.

기업의 사회적 책임 윤리의 시작

카네기, 포드 및 록펠러의 사회공헌 활동

일찍이 기업의 사회적 책임 윤리를 실천한 사람은 미국의 철강왕 카네기, 자동차왕 헨리 포드 및 석유왕 록펠러이다. 이들은 19세기 말엽과 20세기 초반의 동시대에 기업을 창업하여 세계 최고의 부를 축적한 후에는 과감하게 기업을 다른 사람에게 양도하거나 자선을 전문으로 하는 재단을 설립하고 소유한 모든 개인 재산을 재단에 출연하였다. 당시에는 기업의 사회적 책임이란 개념이나 용어도 없었으며, 기업에 대한 대중의 적대감도 없을 때였다. 이들은 열심히 일하여 부자가 된 후에는 하나님의 말씀에 따라 축적한 부를 자선활동에 아낌없이 내어 놓았을 뿐이었다.

안드류 카네기(Andrew Carnegie, 1888-1955)는[53] 철강회사를 설립하여 미국의 철강왕이 되었다. 이 회사의 전성기에는 카네기의 철강 생산량이 미국 철강생산의 4분의 1을 차지할 정도였다. 카네기는 66세가 되던 1901년에 회사를 4억8천만 달러에 팔고 남은 생애 18년 동안 막대한 재산을 사회공헌에 사용하였다. 카네기는 400만 달러의 구제 기금을 설립하였고 5,600만 달러를 각 지역에 도서관을 건립하는 데 사용하였다. 카네기는 연구조사 사업에 1,000만 달러의 기금을 출연했으며 대학 교수의 노후 연금으로 1,500만 달러를 내어 놓았다. 카네기는 공과대학

---

53) Andrew Carnegie, *The Autography of Andrew Carnegie*, Houghton Miffin Company, 1920.

에 3억 달러를 투자하였다. 카네기는 부자들이 축적한 재산은 사회적 공헌에 사용하여야 한다고 최초로 주장하였고 이를 전적으로 행동으로 보여준 기업가이다. 그는 다음과 같이 말하였다.

"부자인 체로 죽는 것은 부끄러운 일이다."(The man who dies thus rich dies disgraced.)

카네기는 자손에게 부를 물려주는 것은 자손을 망치는 것으로 생각했다. 부자는 살아 있는 동안에 축적한 부를 사회를 위해 다 사용하여야 한다고 믿었으며, 자본가는 곧 자선가가 되는 것이 옳다고 주장하였다. 카네기 시대의 부자들은 카네기의 주장에는 동의하면서 실제로 실천한 부자는 록펠러와 헨리 포드뿐이었다. 부자가 자기소유 전액을 사회에 공헌한다는 것이 얼마나 어려운 일인가를 보여 주는 실상이다.

카네기는 글쓰기를 좋아하여 자서전 외에도 신문과 잡지에 많은 기고를 했다. 그 중에서도 North American Review에 게재된 "부의 복음"(Gospel of Wealth) 1, 2는 부의 사용에 대한 그의 철학을 잘 나타내주고 있다. 부의 복음 1에서는 자선의 방법에 대하여, 부의 복음 2에서는 자선이 소득의 불평등을 개선하는 효과가 있다는 것을 말하고 있다. 카네기는 부를 사용하는 방법에는 자손과 가족에게 유산으로 나누어 주는 방법, 공공기관에 기증하는 방법 또는 부자 본인이 살아 있을 동안에 자선활동을 통하여 소외되고 가난한 자들을 도와주는 방법이 있다고 하였다.

첫째 방법은 피상속자가 재산이나 기업을 경영할 능력이 있어야 한다. 둘째 방법은 공익을 높이는 효과가 눈에 보이므로 쉽게 기부를 할 수 있는 이점이 있으나 공공기관을 선택하기가 어려운 점이 있다. 셋째 방법은 부자가 될 때의 탁월한 능력을 자선사업에 활용 할 수 있으므로 자선 행위의 효율성을 확보할 수 있다. 이른바 자선 전문가가 되는 것이다. 카네기는 셋째 방법이 최선이라고 했다.

헨리 포드(Henry Ford, 1863-1947)는 모든 국민이 값싸게 구매할 수 있는 모델 T 자동차를 개발하여 1915년 한해에 472,350대를 판매하였다. 포드는 자동차 모델을 바꾸면 가격이 높아지므로 T형 모델만 생산하였다. 자동화와 표준화, 그리고 부품의 자체제작을 통하여 자동차 생산 원가를 낮추고 자동차 가격을 싸게 함으로써 만인이 자동차를 갖도록 하여야 한다는 철학이었다. 기업은 세상에 제품의 품질을 최상으로 하는 동시에 가격을 최대한 낮게 책정함으로써 소비자에 대한 회사의 서비스를 최대한 확대하는 것이 기업의 사명이라고 하였다. 포드의 서비스 원칙은 다음과 같다.[54]

첫째, 미래를 두려워하고 과거를 숭배하는 자세를 버리라. 미래를 두려워하지 말고 실패를 겁내지 말라.

둘째, 경쟁에 관심을 두지 말라.

셋째, 이익보다 서비스를 앞세워라.

---

54) 헨리 포드, 『헨리 포드 자서전』, 고병호, 송은주 역(서울: 21세기북스, 2006), 38-40.

넷째, 제조업은 싸게 사서 비싸게 파는 것이 아니다. 제 값에 자재를 사서 가능한 한 최소의 비용으로 제품을 생산하고 이를 소비자에게 제공하는 것이 중요하다.

모델 T 자동차는 1908년부터 1927년간 자동차 디자인에 기본적인 변화가 없었다. T형 자동차는 강하고 튼튼한 강철로 제작하여 안전성이 높고 아무나 운전하기 쉬운 자동차로 만들어졌다. 포드는 자동차 가격을 1910년 $950에서 1921년 $440-355로 인하했다. 자동차 연간 생산 능력은 1908년 6,000대에서 1911년에는 35,000대까지 불어났다. 그 당시 경쟁관계에 있는 자동차 회사들은 포드가 곧 망할 것이라고 비난했다. 엔진부문은 끊임없이 기술 혁신을 하였다. 그 결과 포드 자동차회사는 세계에서 가장 큰 자동차회사가 되었다.

포드가 처음으로 시작한 사회봉사 활동으로는 미국 내 여러 지역에 도서관을 짓는 일이었다. 또한 포드는 직업훈련학교와 종합병원을 설립했다. 포드의 직업훈련학교는 가난 때문에 일찍 학교를 그만둔 청소년들을 모아서 이론교육과 제품제작 훈련을 실시했다. 학생들은 1주는 수업을 받고 다음 2주는 공장에서 실습을 하도록 했다. 포드는 1919년 디트로이트 종합병원을 인수하여 600여 개의 병상을 가진 대형 병원으로 성장시켰다. 이 병원의 투자금액은 900만 달러였다. 포드는 기업은 이익을 내기 위해 존재하는 것이 아니고 사회에 봉사하기 위해서 존재한다고 생각하고 이를 성실히 수행했다.

록펠러(John D. Rockefeller, 1839-1937)는 Standard Oil 석유회사를 설립하여 미국최대의 정유회사가 되었다. 록펠러의 나이 50대에 스탠더드 석유회사의 시장점유율은 90%에 이르렀다. 록펠러는 회사를 경영하느라 몸을 돌보지 아니하여 심각한 병에 걸렸다. 하루는 록펠러가 병상에 있을 때 병원 로비에 걸린 액자에서 다음과 같은 글귀를 보는 순간 마음속에서 울리는 소리를 들었다.

"주는 자가 받는 자보다 복이 있나니"

55세 때 록펠러는 기업에서 은퇴하고 자선사업에 전념키로 작정하였다. 은퇴 후 록펠러는 교육 사업에 눈을 돌려 1903년에 일반교육위원회를 창립하였다. 이 위원회는 1억 3,000만 달러토 수천의 고등학교, 농업학교, 의과대학 등을 지원 하였는데 특히 시카고 대학에 대하여는 전적인 지원을 아끼지 아니하였다. 록펠러는 록펠러 의학 연구소를 설립하여 기초의학 연구를 하게 하였다. 이 연구소는 황열병의 백신과 소아마비와 폐렴 백신을 개발하여 수많은 사람들을 살려내었다. 1913년 록펠러재단을 설립하고 1억 달러를 기부하였다. 록펠러재단은 기아근절과 인구문제의 해결, 대학의 발전, 미국 내의 기회균등과 문화발전을 목적으로 하였다.

기업의 사회적 책임의 개념

1930년대 이래 기업들은 대중들의 반기업 정서를 완화시키기 위해서 자신의 금고를 열어 자선 사업에 기부한 일이 많이 있었다. 기업은 주로 기업전략의 일환으로 자선활동, 장학사업, 의료사업 등을 자발적으로 수행하여 왔다.

보웬(H. R. Bowen)은 1953년 『기업의 사회적 책임』에 관하여 처음으로 저서를 발간하였다. 그는 "사회적 책임은 우리 사회의 목표와 가치에 부합되는 정책들과 의사결정에 따라야 한다."고 했다.[55]

기업의 사회적 책임은 기업이 사회구성원에 대하여 가지는 의무(obligation)로서 인식되었으나 기업이 자발적으로 선택하고 이행한다는 점에서는 전략적이다. 기업의 사회적 책임의 대상은 주주, 고객, 종업원, 공급자 및 지역사회 등으로 구성되는 이해관계 당사자들이다.

기업의 사회적 책임은 2차대전 중에 참전국 기업들은 전쟁에서 승리하도록 지원하는 것이 사회적 책임이라고 인식하기도 했다. 전후에는 사립대학에 장학금 지원, 오케스트라에 대한 재정지원, 소년단 지원, 지방의료기관 지원, 인종 차별 철폐를 위한 흑인 고용 확대 등의 형태로 확장되었다. 1960년대에는 고용안전과 산업안전이 기업의 사회적 책임의 주요한 대상으로 인식됐다. 가장 최근에는 환경오염 문제가 추가되었다. 기업은 법, 도덕, 관습, 윤리 등을 어기는 경우에는 대중으로부터 비윤리적인 기업이라고 낙인이 찍힌다. 특히 비윤리적인 기업은 소비자가 거부한다. 소비자가 기업을 거부하면 불매운동을 당한 것과 같은 효과를 가진

---

55) H. R. Bowen, *Social Responsibility of the Businessman* 6 (New York, Harper & Row, 1953).

다. 그러므로 기업은 사회적 요구에 응하여 정부의 공공사회복지제도가
미치지 못하는 부문에 접근한다. 기업은 공익기구의 부족한 재원의 공
급, 사회적 행사의 주관 또는 지원, 지역사회 활동에 적극적으로 참여하
게 되었다.

　2001년 말 미국의 투자회사 엔론(Enron)사는 비용으로 계상하여야 할
부분을 계상하지 않음으로써 이익을 부풀리는 분식회계를 하였다. 이와
같은 사실이 알려지자 엔론사의 주식가격이 대폭락하여 뉴욕증권시장이
대혼란에 빠졌다. 세계적인 신발회사인 나이키(Nike)사의 본사 정문 앞
에는 동아시아 지역의 나이키 공장에서 아동 노동으로 아동들을 혹사시
킨다고 항의하는 시위가 끊이지 않았다. 기업은 이윤 추구만을 목적으로
하는 경우에는 윤리적으로 문제가 없어도 대중으로부터 적대감을 받는
경우가 많이 있다. 우리나라에서도 재벌에 대한 막연한 적대감이 대중에
게 널리 유포되어 있다.

　1980년대에 기업의 사회적 책임(corporate social responsibility)의
개념에 환경보호윤리 문제와 준법 윤리 문제가 추가되었다. 처음에는 이
러한 기업의 활동을 사회적 책임이라고 불렀으나, 기업윤리(corporate
ethic), 기업반응(corporate responsiveness), 사회공헌(corporate
philanthropy) 또는 윤리경영(ethical management)이라고 다양하게 불
려지게 됐다.

기업의 사회적 책임은 기업존립의 목적이다.

기업은 혼자서 존립할 수 없으며 주주, 고객, 공급자, 지역사회, 정부, 지방자치 단체 등 이해관계 당사자들(stakeholder)과의 관계에서 운영된다. 기업은 수많은 이해관계 당사자들과의 관계에서 이들의 욕구를 만족시키는 동시에 이해관계자들 간의 의견충돌을 조정하고 통제하여야 한다. 이해관계자들의 이해관계는 기업에 있어서 위협적이기도 하고 상호의존적이기도 하다. 이들이 기업에 미치는 영향도 각각 다르다. 이해관계자의 지향가치는 성장성, 공정성 및 신뢰성을 들 수 있다.

기업과 이해관계자들은 다 함께 성장하기를 원한다. 이해관계자들이 나누어 갖는 열매가 많기 위해서는 우선 기업이 성장하여야 한다. 파이가 커져야 분배되는 파이 조각도 커진다. 그러나 경쟁기업은 성장하는데 자기 기업은 성장하지 않고 정체되어 있다면 시장에서 시장점유율이 낮아져 상대적으로 경쟁력이 약해진다.

기업의 이익을 분배할 때 공정성이 보장되어야 한다. 각 이해관계자들은 부가가치 창출에 기여한 비율에 따라 분배되어야 공정하다고 인정한다. 만약 그렇지 않으면 대립과 반목이 발생하여 기업의 신뢰성과 성장성을 저해한다.

기업은 이해관계 당사자들에 대하여 단기적으로 자신에게 손해가 나더라도 장기적으로는 이익이 발생할 것이라는 신뢰성이 있어야 한다. 이해관계자들은 기업에 대한 신뢰성이 없으면 성장성에 대한 기대도 가지지 않게 된다. 기업의 지향가치는 기업의 성장성, 신뢰성 및 공정성이 균형을 이룰 때 정립된다.

또 다른 기업의 목적 중 중요한 것은 생태계의 유지와 보호에 있다. 기업은 자연자원을 사용할 때 자원이 고갈되지 않도록 하는 동시에 먹이사슬의 생태계를 보호하여야 한다. 오늘의 세대가 자원을 다 소모한다면 기업은 지속적일 수 없다. 이를 위해서 폐기물의 재생, 청정생산 체제의 구축, 제품 혁신, 기술 혁신, 서비스의 강화 등이 강구되어야 한다. 이해관계 당사자 모형과 생태계 모형에서는 기업의 사회적 책임이 기업의 중요 사명으로 대두된다. 기업은 이해관계 당사자 별로 가치분배체계를 갖추고 있다. 즉 주주에게는 배당금을, 종업원에게는 임금을, 공급자에게는 납품 대가를, 지역사회에는 지역개발과 자선을, 정부에는 세금을, 소비자에게는 낮은 가격과 서비스를, 환경부믄에서는 환경오염 개선비용을 지출하여야 한다.

그런데 기업에게 사회적 책임을 지워 사회에 봉사하기를 요구한다면 사회적 공헌 비용 지출과 주주에 대한 배당 또는 종업원에 대한 임금과의 사이에서 갈등이 발생한다. 기업은 시장에서 피나는 경쟁을 한다. 기업이 사회적 책임을 수행한다는 명목으로 과도한 지출을 하면 경쟁력을 상실할 우려가 있다. 사회적 책임은 준법경영의 윤리를 제외하고는 원칙적으로 자율적인 것이므로 책임을 다하지 않는다 하여도 공적인 제재를 당하지 않는다. 그런데도 왜 기업의 사회적 책임이 기업에게 의무적인 것으로 나타나는가? 어느 때부터인지 기업의 사회적 책임은 대중의 대기업에 대한 적대감을 완화시키기 위한 고육지책으로 성행하였다. 따라서 기업의 사회적 책임이란 이름으로 위장한 것이지 진정한 의미의 박애정신과 자비심의 발로에 의한 것이 아닌 경우가 많았다.

기업이 사회에 대한 공헌이 없으면 대중은 기업을 이윤만 추구하는 집단으로 치부하여 외면하게 되므로 기업생존이 위협을 받는다. 오늘날 기업의 상대방이 되는 소비자 대중의 구성이 종전보다 훨씬 복잡하여 졌는데 특히 소비자보호기구와 환경보호단체 등 비정부기구의 영향력이 매우 커졌다. 기업이 사회적 책임을 다하는 기업으로 사회적으로 인정받는데는 수년의 시간이 필요한데 환경오염 기업으로 한번 낙인이 찍히면 사실을 변명할 시간도 없이 즉시 사회적 적대감이 발생한다. 몇 년 전에 라면을 제조할 때 인체에 해로운 공업용 우지를 사용한다고 하여 정부가 조사를 한 적이 있었는데 그 사실이 보도되자 라면 회사에 대한 국민적 불만이 하늘을 찌를 듯이 높아졌다. 그 이후 인체에 해롭지 않은 우지라고 판정되었으나 라면 회사가 입은 손실은 회복하기 어려웠다.

왜 대중은 대기업에 대하여 적대감을 갖는가? 기업이 이익을 낸다는 것은 사회로부터 그 만큼 받은 것이 있다는 것이다. 우리나라에서는 기업이익의 사회 환원이라는 말을 자주 사용한다. 훌륭한 표현이다. 기업의 사회적 책임은 의무이다. 기업이 의무를 다하지 않는 경우에는 그 기업에 대하여 대중은 적대감을 갖는다.

기업의 사회적 책임은 자발적이므로 사회적 책임 수행의 형태와 범위는 그 기업이 소속하는 사회의 기대에 따른다. 그러나 사회의 기대가 성문화되어 구체적으로 나타나는 것은 아니므로 경영자가 예리한 통찰력으로 이를 감지해내어야 한다. 기업의 사회적 책임은 조세와 다르므로 공권력이 개입하여 사회적 책임 분야와 공헌도를 지정할 수 없다.

라이덴바흐(R. E. Reidenbach)와 로빈(D. P. Robin)은 기업윤리 경영의 전개단계를 [그림 8-1]과 같이 5단계로 이루어진다고 하였다. 제1단계는 법이나 도덕성 면에서 깨끗하나 기업이 이익의 극대화만을 목표로 하는 단계이다. 이러한 단계의 기업은 머지않아 이익만 추구하는 이기적 기업으로 인식된다. 비도덕적이거나 비윤리적 행위가 없음에도 불구하고 비윤리적 기업으로 인식된다. 제2단계는 법률은 준수하나 도덕적 및 윤리적 의무를 이행하지 않는 경우를 말한다. 법률을 어기지 않았으면 문제가 없다고 한다. 제3단계는 기업이 사회적 책임을 잘 수행하는 경우로서 사회공헌 비용지출을 하게 된다. 제4단계는 윤리관을 확립하여 기업 이익과 윤리를 조화시키는 단계이다. 제5단계는 주어진 윤리를 실천하며 모든 경영 원칙에 있어서 윤리기준과 사회적 책임을 수행하는 단계이다.

기업의 사회적 책임 윤리는 본질적으로 자발적이나 다국적 기업의 국제적 활동이 활발해지면서 현지국에서의 준법 윤리가 중요한 사회적 책임으로 인식되기 시작됐다. 미국은 부패방지 부문에서 해외부패방지법 등 11가지 법규가 실시되고 있으며 OECD에는 국제적 부패방지 협약이 있다.

누구에게 어떠한 방법으로 얼마를 공헌할 것인가는 전적으로 경영자의 의사 결정에 달려 있다. 경영자는 마음씨 고은 자선가이기 때문에 사회적

[그림 8-1] 기업윤리의 전개단계

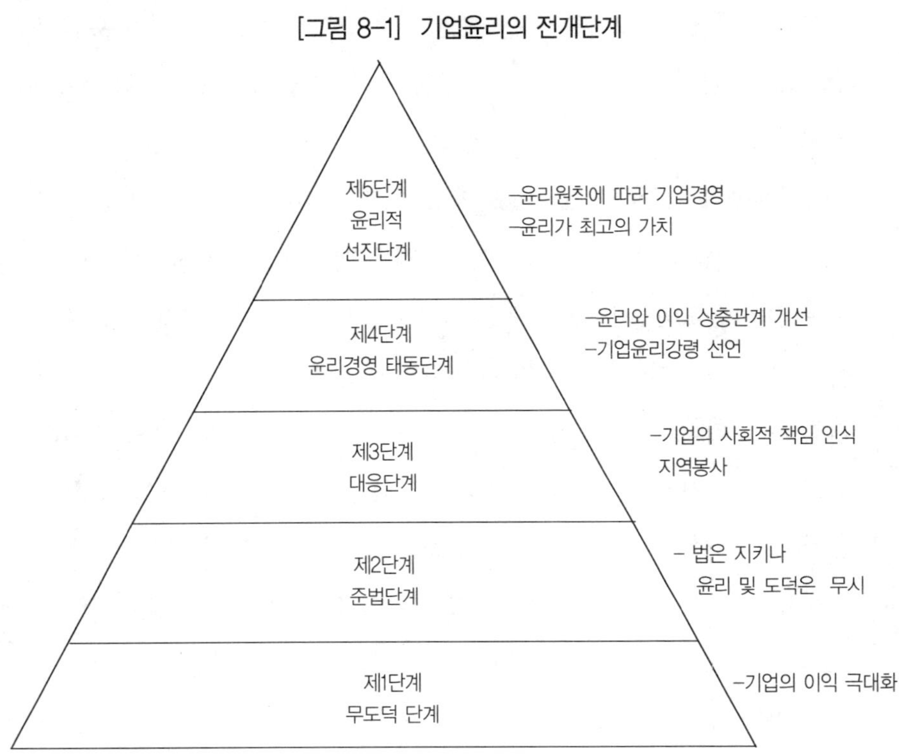

자료: R.E. Reidenbach and D.P. Robin, "A Conceptual Model of Corporate Moral Development," Journal of Business Ethics, 1991.

책임을 수행하는 것은 아니다. 경영자는 이해관계 당사자와 대중의 요구 간에 균형과 조화를 이루도록 의사결정을 하므로 정부가 개입하거나 명령하여서는 아니 된다. 그러나 정부나 공공 기관이 기업의 자선활동에 인센티브를 제공할 수는 있을 것이다. 미국은 1935년에 기업의 기부행위에 대하여 세액공제 혜택을 인정한 적이 있다. 또한 특정 공공 프로젝트에 민간 기업이나 개인이 기부행위를 하면 정부가 민간의 기부금액의

2~3배에 달하는 매칭 펀드(matching fund)를 제공하여 적정규모로 프로젝트가 추진되도록 할 수도 있다.

　1950년 이전에는 미국은 주주이익에 직접적인 관련이 없는 기부행위는 금지되어 있었다. 1952년 재봉틀 회사인 A. P. 스미스가 프린스턴 대학에 1,500만 달러를 기부하자 주주인 바로우가 기부금 무효소송을 제기하였다. 이 소송사건에서 뉴저지 법원은 기업의 사회적 책임으로 인정하여 원고에게 패소 판정을 내렸다. 이 사건 이후에 기업의 사회적 책임은 이익추구 행위에 못지않게 중요하게 되었고 사회적 책임 활동도 활발하게 되었다. 기업은 이해관계 당사자뿐만 아니라 국가, 사회, 교육기관 등과 공동체를 형성하면서 운영된다. 라우라 네시(Laura Nash)는 기업은 이러한 공동체에 빚을 지고 있으므로 기업의 사회적 책임은 사회에 진 빚을 갚는 것으로 생각했다.[56]

　기업의 사회적 책임은 기업에 대한 사회적 기대에 따라 형성되는데 그 기대를 저버리면 사회는 기업에 대하여 등을 돌리게 된다. 케롤(Carroll)은 기업에 대한 사회적 기대를 [표 8-1]와 같이 재량적 기대, 윤리적 기대, 법률적 기대 및 경제적 기대가 있다고 하였다.

　프리드만(Milton Friedman)은 기업의 사회적 책임에 대하여 정면으로 반대하였다.[57]

---

56) Naura Nash, *Good Intentions Aside*(Boston, Harvard Business School Press, 1990), 95.
57) Milton Friedman, "The Social Responsibility of Business is to Increase its Profits" in *The New York Times Magazine*, September 13, 1970.

[표 8-1] 기업의 사회적 책임에 대한 사회적 기대

부문	중요내용
재량적 기대	기부, 이익의 사회 환원, 환경보호
윤리적 기대	상도덕, 사회봉사, 복지 후생, 투명성
법률적 기대	기업시민으로서 자세, 뇌물 수수 금지, 탈세금지, 돈세탁금지, 기업회계기준 준수
경제적 기대	기업이익 창출, 일자리 창출, 경제적 효용의 최대화

자료 Carroll, A. B., Business and Society, Managing Corporate Social Performance, Boston: Little, Brown and Co., 1989.

프리드만은 자유기업 체제에서는 사유재산제도가 기본을 이루는데 경영자는 기업의 소유자 즉 주주의 피고용인으로 이윤을 창출할 의무가 있다. 경영자의 사회적 책임이 국가의 강제, 비정부기구의 요구 또는 지역사회의 요청에 의하여 어떠한 지출을 한다면 희소자원의 배분에 있어서 시장원리가 제약을 받으므로 자원의 효율적 배분이 불가능하게 된다. 기업의 사회적 책임의 수행을 위하여 비용지출을 하는 것은 주주, 소비자 또는 피고용자에게 돌아갈 돈을 이들의 동의도 없이 사회적 공헌 비용으로 사용하는 것이 된다. 이는 자유사회(free society)의 근간을 훼손시킨다. 기업의 목적은 이윤을 최대한 창출함으로써 생존하고 성장하는 데 있다. 즉 기업은 이익을 많이 창출하여 주주에게 배당을 많이 해주고 소비자에게 가격을 낮추어 주며, 종업원에게 임금을 많이 주는 것이 주요 사명이요 책임이다. 그래도 남는 돈이 있으면 이익잉여금을 많이 적립함으로써 확대 재생산 능력을 제고하는 것이 타당하다.

프리드만의 주장은 기업의 목적을 효율성의 최대화에 두고 있다. 기업의 효율성이 아무리 높다 하여도 기업의 행동이 비윤리적이면 그러한 기업은 존립할 가치가 없으며 오히려 사회 발전에 걸림돌이 된다. 기업의 가장 중요한 목적은 이해관계 당사자의 욕구를 만족시키는 것이므로 기업은 사회적 책임의 수행으로 이를 달성해야 한다. 이를 수행하지 않으면 기업에 대한 대중의 적대감이 높아진다.

　기업의 사회적 책임은 비용지출을 요구한다. 따라서 이익의 극대화를 추구하는 기업은 사회적 비용지출을 억제하려 한다. 그러나 사회적 비용지출은 기업의 대소비자관계의 개선, 재무상태의 개선, 기업의 이미지 개선 등의 효과를 가지므로 편익이 발생한다. 마치 광고비 지출과 같으므로 사회적 비용 지출은 기업이익과 상충된다고 볼 수 없다. 사회적 비용 지출은 이익을 창출하므로 기업의 전략 중의 하나가 된다. 기업의 사회적 책임의 대중의 인식에는 임계점이 있다. 즉 어떤 기업이 사회적 책임을 잘 수행하고 있다고 인식하기까지는 인식의 임계점을 초과하여야 한다. 따라서 기업의 사회적 책임은 일관성이 있고 지속적이라야 한다.

기업의 지역사회 개발에 대한 사회적 책임

　기업은 기업시민(Corporate Citizen)으로서 지역사회에 소속되므로 지역사회의 일원으로서의 책임을 다해야 한다. 특히 다국적 기업의 경우 해외 현지 지역사회와의 유대를 강화함으로써 지역시민의 사랑을 받아야

한다. 기업은 지역사회가 필요로 하는 부문에서 사회적 공익 향상에 기여
하여야 한다. 지역사회에 대한 사회적 책임은 다음과 같이 전개된다.

① 지역사회와의 연계: 기업은 수익배분, 사원 채용, 마케팅 활동에
   있어 지역사회와 연계한다.
② 지역사회투자: 기업은 지역사회 발전을 위하여 투자한다.
③ 봉사활동: 사원들의 지역 봉사활동을 장려한다.
④ 공익연계 마케팅: 지역사회 단체와 연계함으로써 지역사회의 소
   비자로부터 호응을 얻는다.
⑤ 자선활동: 지역사회 시민을 위한 자선활동을 지속적으로 추진한
   다.

SK그룹은 2005년에 공해에 찌든 울산시에 도심공원을 조성한 후 공
원을 울산시에 기부하였다. 1997년부터 10년 동안 공원 조성공사를 하여
왔는데 1천억 원의 막대한 자금이 투입되었다. 울산대공원 면적은 110만
평으로서 뉴욕의 센트럴 파크 공원 103만평보다 더 크다. 울산대공원은
최소한의 손질만 하고 자연생태계를 최대한 살리는 방식으로 조성됐다.
공원에는 생태연못, 느티나무 산책로, 장미계곡, 어린이 동물 농장, 테마
화원, 나비공원, 4계절 썰매장, 파크골프장 등 어린이들과 어른들이 함께
즐기는 시설이 있다. 장미원에는 100만 송이의 다양한 종류의 장미가 피
어나며 나비원에는 4계절 내내 나비가 날라 다닌다. 공원의 중앙을 흐르

는 태화강에는 조정경기장도 건설했다.

윤리 강령 전개(Code of Ethic, Code of Conduct)

기업윤리를 확립하기 위해서는 기업 내에 윤리위원회를 조직하고 독립적인 위치에서 기업윤리를 실행하고 감독한다. 위원장은 CEO 중에서 임명하며 사회적 책임 업무만을 전담토록 한다. 윤리위원회는 사회적 책임 사항을 전 종업원이 실행하는지를 모니터링 하여야 하며, 비윤리적인 행위를 하는 사람에 대하여 징계를 한다.

윤리강령은 기업이 추구하는 최고의 윤리적 가치와 실천 기준(code) 또는 신조(credo)를 말한다. 윤리강령은 너무 고조적이면 실천이 어렵다. 어떤 기업은 체면 치례에 불과한 경우도 있다. 윤리강령은 기업윤리의 옳다 또는 그르다의 판단 기준이 되는 동시에 업무지침이 되기도 한다. 윤리강령은 기업의 이해관계 당사자에 대하여 선포된다. 미국기업의 76%는 윤리강령을 제정하고 있다. 윤리강령은 공허하거나 지나치게 일반적이어서는 아니 되나 그렇다고 하여 지나치게 구체적이어서도 아니 된다. 윤리강령은 경영자, 주주, 종업원 및 이해관계 당사자의 공감대를 이루어야 하며 국내외의 법률은 물론 극제적 합의를 지켜야 한다.

투명성의 제고

기업은 이해관계 당사자에게 기업의 정보를 투명성 있게 공개하여야한다. 투명성이 없으면 신뢰가 생기지 않는다. 투명성은 진실한 정보공개에 의하여 확보된다. 우리는 1997년 외환위기 때 한국은 투명성이 없어 믿을 수 없다고 하는 국제사회의 비난을 들었다. 그리하여 우리는 국제적 기준의 회계기준을 받아들여야 하였다. 기업의 공개정보에는 각종 재무제표, 대주주 변동 상황, 기술정보, 투자전망, 종업원 상황 등이 포함된다. 투명경영의 기대할 수 있는 편익을 생각해보면 투명성이 높으면 시장에서 신뢰가 높아지므로 자본시장에의 접근, 다른 기업과의 전략적 제휴 또는 인수 및 합병을 원활케 한다. 투명성은 이해관계 당사자와의 관계를 우호적으로 만들며 관계가 형성된다. 구성원 간의 지식공유의 활성화와 공정한 평가와 보상을 받을 수 있다. 또한 투명성은 윤리적 기업 풍토를 조성하는 데 도움이 된다.[58]

투명성을 저해하는 요인을 생각해보면 사회의 전반적 의식이 부패하여 오히려 투명성이 높은 기업이 경쟁력을 잃게 되는 경우가 있다. 부당한 이익을 추구하는 기업은 분식회계를 하게 마련이다. 기업지배구조가 낙후되어 있을 경우에 통제하는 세력이 없으므로 기업성과를 조작하기 쉽다.

회계정보의 투명성은 매우 중요하다. 회계정보에 의하여 증권시장에서 증권 시세가 결정되며 세금을 납부하게 된다. 회계 기준은 글로벌 스탠더

---

58) 한정화, "투명성 제고를 통한 경영성과 향상방안" 『기업의 사회적 성과』, 경실련경제정의연구소 편 (서울:예영커뮤니케이션, 2002), 106-133.

드에 따라야 국제비교가 가능하다. 특히 다국적기업은 국제적으로 사업장이 흩어져 있기 때문에 결합재무제표의 작성이 필수적이다.

다음의 Johnson & Johnson 회사의 투명성에 관한 사례는 투명성이 기업윤리로서 얼마나 중요한가를 시사한다.

Johnson & Johnson 회사는 미국의 제약 및 화장품회사로서 1935년에 Robert Wood Johnson 회장이 기업의 사회적 책임 수행을 선포하여 윤리강령의 효시가 됐다. 윤리강령은 "우리들의 신조"(Our Credo)로 불린다. Johnson & Johnson 회사는 "〈신조의 도전회의〉"에서 직원들의 토론을 통해 실효성을 확보하였다. 그러나 1982년 감기약 타이레놀(Tylenol)에 누군가 시안화물이라는 독극물을 투입한 사건이 시카고에서 발생하여 기업이 위기에 처하게 되었다. 이에 Johnson & Johnson 회사는 시카고뿐만 아니라 미국 전역에서 타이레놀을 전량 수거하여 폐기처분하였다. Johnson & Johnson 회사는 언론에 타이레놀 제조과정을 공개하고 제조과정에서 독극물이 투입될 수 없음을 증명하였다. 한편 유통과정에서 독극물이 투입되었다 하니 타이레놀을 복용하지 말라고 신문에 광고를 게재했다. Johnson & Johnson 회사의 컨설팅 담당 회사는 타이레놀이라는 브랜드를 계속 사용하지 말 것을 권고하였으나 "투명성이 최고의 정책이다"(Transparency is the best policy.)라는 기치를 내걸고 철저하게 경영 상황을 공개하였다. 한편으로 타이레놀은 독극물 투입이 불가능한 알약으로 제조하게 되었다. 이를 위하여 1억8천만 달러가 소요됐다. 사고가 난지 4년 후에 소비자의 신뢰가 완전히 회복되었는데

1986년 7월에 시장점유율이 32%까지 회복되었다.

부패방지

부패는 비윤리적이다. 부패는 부정직, 속임수, 사기, 뇌물 공여, 불법행위 등으로 나타나며 사전에 예방하는 것이 현명하다. OECD는 1997년 12월에 뇌물방지 협약을 체결하였는데 국제적 상거래와 관련하여 해외 공무원에게 뇌물을 제공하는 행위에 대하여 형사 처벌하도록 규정하고 있다. OECD 회원국은 1998년까지 뇌물방지를 위한 국내 입법을 취하도록 하였다. 미국의 부패방지법을 보면 뇌물을 주는 기업과 개인은 최고 200백만 달러의 벌금을 부과할 수 있다. 한국에서는 1999년에 〈해외뇌물방지법〉을 제정하였다. IMF는 부패국가에 대해서는 자금지원을 중지하며, WTO에서는 정부조달에 있어서 뇌물을 제공하는 행위를 감시한다. 부패방지를 위한 비정부단체(NGO)들의 활동도 강화되고 있다. 국제투명성위원회(Transparency International)는 국가별 부패지수를 작성하고 각국이 부패방지정책을 실시하도록 하고 있다. 그 동안 한국에서는 정부주도형 개발 체제에서 정부와 기업이 결탁하는 경우가 많았다. 한국의 부패지수는 세계 85개국 중 43위로서 부패의 정도가 심각한 수준으로 평가되고 있다. 반성할 일이다.

성경은 뇌물에 대하여 다음과 같이 경고하고 있다.

"너는 뇌물을 받지 말라 뇌물은 밝은 자의 눈을 어둡게 하고 의로운 자의 말을 굽게 하느니라"(출 23:8).

"너는 재판을 굽게 하지 말며 사람을 외모로 보지 말며 또 뇌물을 받지
말라 뇌물은 지혜자의 눈을 어둡게 하고 의인의 말을 굽게 하느니라"(신
16:19).

[표 8-2] 부패방지를 위한 국제적 노력	
추진주체	활동영역
경제협력개발기구(OECD)	– 국제상거래 뇌물 수수금지, 돈세탁 금지, 탈세금지, 회계투명성, 지배구조 개선
국제통화기금(IMF)	– 부패로 인한 금융시장 왜곡감시
세계무역기구(WTO)	– 뇌물을 주는 해외기업 감시
세계은행(the World Bank)	– 개도국의 기업지배구조 개선, 정부조달 가이드라인 – 뇌물수수 및 돈세탁 금지
국제상업회의소(ICC)	– 뇌물수수금지
미국	– 해외 부패 관행법
유럽연합	– 유럽 내 공무원에 대한 뇌물 금지
국제투명성위원회	– 윤리경영 중시

신세계는 1999년에 윤리규범과 윤리실천지침을 제정하고 윤리경영전
담부서를 신설하였다. 윤리규범은 ① 고객존중 경영, ② 준법 경영, ③ 협
력회사 존중 경영, ④ 청결 경영, ⑤ 인재중시 경영, ⑥ 사회봉사 경영을
신세계 6대 테마로 선정하였다. 윤리실천지침은 임직원들의 협력회사 및
외부 이해관계자에 대한 금품 및 향응 접대의 경우에 금품 또는 향응 수
수 신고서를 작성하도록 하는 등 윤리경영실천 방안이 자세하게 규정되
어 있다. 신세계는 1999년 상반기부터 협력회사 만족도 조사를 실시하고

있으며, 2002년 9월에는 윤리경영활동을 임원 평가에 20% 반영하고 있다. 2002년 1월에는 공정거래 자율준수 프로그램을 선포하여 준법경영을 강화하였다. 2001년부터 직원들의 윤리경영의식 함양을 위하여 윤리대상을 시상하고 있다. 윤리경영을 실천하기 위해 직원들의 연수과정에 윤리경영 과목을 필수과목으로 추가하고 윤리경영 정신을 제고하는 한편 전 임원을 대상으로 하는 윤리경영 워크숍을 개최하였다. 신세계는 전경련에 의하여 윤리경영 벤치마킹 우수기업으로 선정되었다.

2005년 2월 17일 신세계 백화점 그룹의 임원들과 중견직원들이 윤리경영 워크숍을 개최하였다. ①뇌물을 주면 기업이 살고 뇌물을 주지 않으면 파산 한다는 토론주제를 제시하였다. 이때 뇌물을 주고라도 기업을 살려야 하지 않겠는가? ②대고객이 물품을 대량구매하면서 부당한 리베이트를 요구하였다. 담당 직원은 이 요구를 거절 하였다, 잘한 일인가? 여러 가지 대안이 토론에 부쳐졌다. 첫째 이슈에 대하여 직원들은 기업이 사라지면 윤리 경영도 아무 의미가 없으므로 일단 뇌물을 주어서라도 기업을 살려야 한다고 하였으나 CEO는 파산할망정 뇌물은 안 된다고 대답하였다. 둘째 이슈에 대하여는 고객의 요구가 부당하지만 할 수 없이 요구를 들어주어야 한다는 주장이 있었으나 사장과 임원들은 고객요구가 부당한 것이라면 고객의 요구를 거절한 직원이 잘한 것이라고 하였다. 경영진이 직원 편을 들지 않으면 다음에 같은 일이 발생하면 직원은 원칙대로 하지 않을 것이기 때문이다. 윤리경영의 원칙을 지키자니 당장 기업의 이해가 침범 당하는 경우가 있다.

지난해 이마트는 납품업체에 대하여 무반품 정책을 선언하였다. 잘못된 납품이 있어도 일체 반품하지 않음으로 스스로 대량 구매자로서의 횡포를 막겠다는 의지이다. 무반품 정책으로 불량 제품을 떠안은 손실이 연간 300억 원에 달하였으나 공정거래법상 납품 후 10일이 지난 후에는 반품할 수 없다는 규정을 지키겠다고 임원진은 언명하였다. 백화점이 설날 등에 판촉행사를 많이 하는데 판촉비용을 협력회사에 전가하는 사례가 있었다. CEO는 판촉비용 전가행위는 시장 질서를 어지럽히는 처사이므로 금지되어야 한다고 선언하였다. 신세계 홈페이지에는 사례별 윤리경영 대응지침이 360여 가지가 나타나 있다.

최고경영자의 사회적 책임 리더십

기업의 사회적 책임은 최고 경영자의 과감한 결단에 의하여 도입되고 실천된다. 임원 중의 한 사람을 기업의 사회적 책임 또는 기업윤리 담당으로 지정하고 기업윤리위원회를 운영토록 한다. 기업윤리위원회는 기업 내에서 중립적이어야 하며 최고경영자나 이사회에 직접 보고 한다. 기업윤리위원회는 특히 준법윤리와 부패문제에 있어서 단호한 태도를 견지하여야 한다.

기업의 사회적 책임 담당 위원장은 개인으로서의 윤리와 경영자로서의 윤리를 매트릭스 구성해보면 4가지 유형을 블 수 있다. 첫째, 개인으로서와 윤리 경영자로서의 윤리가 둘 다 강력한 경우에는 최대로 윤리 경영의 리더십을 추진할 수 있다. 개인 윤리는 강하나 경영자로서의 윤리에 있어서 약한 경우에는 윤리적으로 중립적인 리더가 된다. 개인 윤리와 경영자로서의 윤리가 모두 약한 경우에는 비윤리적 리더이므로 사회적 책임의 성과를 얻을 수 없다. 경영자로서의 윤리는 강하나 개인으로 윤리가 약할 때에는 위선적 리더가 되므로 이 경우에도 효과를 기대할 수 없다.

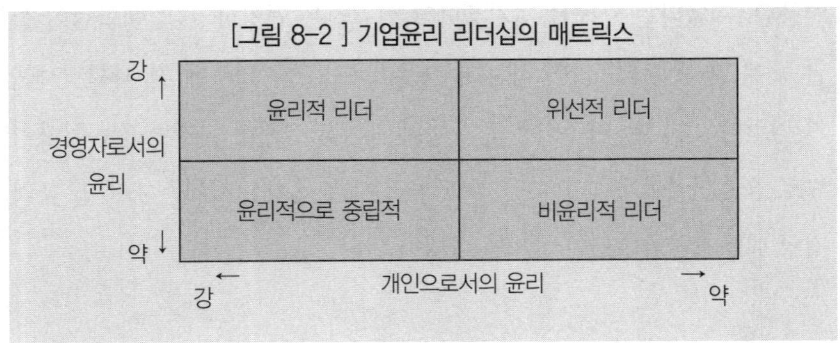

[그림 8-2] 기업윤리 리더십의 매트릭스

사회적 책임 펀드와 윤리경영의 감시체제

사회적 책임 투자 펀드

하나님은 기업으로 하여금 윤리경영을 실천할 수 있도록 감시체제를 구성하였다. 윤리경영 기업의 주식을 편입하는 사회적 책임기업은 펀드(Social Responsibility Investment Fund : SRIF)를 설립하여 투자자들이 투자를 하게 한다.

SRI펀드 운영자는 투자적격 회사를 설립한다. SRI에 편입되는 회사들이 사회적 책임을 잘 수행하고 있어야 SRI펀드에 편입하므로 SRI펀드는 사회적 책임의 감시자가 된다.

　사회적 책임기업은 대중의 호감에 힘입어 주식시장에서 성장주로 인정을 받게 된다. 사회적 책임기업은 재무구조도 건실하고 소비자의 반응도 좋으므로 주가가 상승할 잠재력을 가지고 있다. 자연히 SRI 펀드의 수익률이 다른 기업 주식 펀드보다 투자 수익이 높게 마련이다. 이는 기업의 사회적 책임 수행을 적극적이게 하는 동기가 되기도 한다. 사회적 책임을 수행하지 않는 기업의 주식은 시장에서 외면당하므로 생존하기 어려운 위험에 처하게 된다. 특히 환경 비친화적인 기업에의 투자는 기피된다. SRI 펀드운영자는 투자대상 기업이 사회적 책임기업으로서의 자격을 갖추고 있는가를 심사한다.

　미국과 영국의 SRI 펀드 시장에서 큰 비중을 차지하는 펀드로는 캘버트 사회투자 펀드(Calvert Social Investment Fund: CSIF)와 프렌즈 프로비던트 스튜어드십 트러스트(Friend Provident Stewardship Trust: FPST)가 있다. 캘버트 사회투자 펀드는 메릴랜드 주에 근거를 두고 있는 회사로서 본래는 채권과 금융시장 펀드를 전문으로 투자하였는데 1982년부터 SRI 펀드시장에 진입하였다. 1982년 남아프리카의 인종 차별정책으로 아프리카 흑인들이 억압을 받게 되자 남아프리가공화국에 대하여 배제적 적격심사를 하여 경종을 울렸다. 1994년 남아프리카에서 민주혁명이 성공하여 인종차별이 없어지자 캘버트는 남아프리카 펀드를 설정하고 대규모의 투자를 시작하였다.

　캘버트의 투자적격기준은 환경 친화 기업, 의사결정과정에 직원들이 참여하는 기업, 인종, 성, 종교, 연령, 장애여부, 민족, 취향 등에 있어서 직원을 차별하지 않는 기업, 창의성을 존중하며 지역사회에 기여하는 기업 등에 대하여 우선적으로 투자한다는 것이다. 배제적 기업으로는 핵에너지 생산 기업, 억압적 정권과 이에 협조하는 기업, 무기생산 기업, 주류, 담배류, 도박 기업 등을 지적하였다.

프랜즈 프로비던트 스튜어드쉽 트러스트(FPST)는 영국의 투자회사로서 그 투자기준은 사회에 긍정적이고 건설적인 영향을 미치는 제품과 서비스를 제공하는 회사들에 투자를 목적으로 한다고 천명하고 있다. 특히 노사관계, 공해 방지, 환경보호와 같은 가치를 중요시하였다. 담배산업, 주류산업, 무기산업, 억압적인 국가들에는 투자를 하지 않는다. FPST는 1980대와 1990년대에 매우 활발하게 운영되었다.[59]

주식시장에서 사회적 책임 기업을 중심으로 투자 펀드를 조성하는 신종 투자 방식이 활발하게 전개되고 있다. 이를 사회적 책임 투자 펀드(Social Responsible Investment: SRI)라 한다.

SRI 펀드 설정 규모는 전 세계적으로 약 4조 달러에 달하는데 이는 미국 전체 펀드 시장의 약 10%에 해당된다. 만약 SRI 펀드에 편입된 기업이 사회적 책임 수행에 있어서 기대치에 이르지 못하면 투자자들이 해당 기업의 경영진에게 시정할 것을 권고하게 되므로 기업의 사회적 책임의 넓이와 깊이를 제고하는 효과가 있다. SRI 펀드는 기업의 사회적 책임 수행을 평가하는 효과도 있다. 또한 어떤 기업의 주식이 SRI 펀드에 편

___

59) 러셀 스팍스, 『사회책임 투자』, 넷임팩트 코리아 역, 홍성사, 2007, 116-132.

입되어 있다고 하면 투자자들의 신뢰를 얻을 수 있으므로 기업의 이미지 개선에 효과적이다.

[표 8-3] 한국의 SRI 펀드

펀드	운용사	수익률(6개월) %
산은 SRI좋은 세상 만들기 주식	산은	20.95
미래에셋 좋은 기업주식	미래에셋	18.25
행복 나눔주식	대신	16.85
농협 뉴리더 주식	NHCA	16.52
프런티어 지속가능 주식	우리CS	16.52
아이좋은 구조주식	아이	18.60
Tops 아름다운 주식	SH	15.33
기업가치 향상장기주식	알리양쯔	14.83

일찍이 기독교계는 SRI 펀드 투자와 이에 따른 적격심사기능을 통해 기업의 사회적 책임 수행을 독려하그자 하였다. 영국성공회, 감리교 및 퀘이커 교도들은 1948년부터 SRI 펀드 투자를 하나의 캠페인으로 전개 하였다. 한국 천주교회는 2003년에 〈기업책임을 위한 시민연대〉(The Center for Corporate Social Responsibility: CCSR)를 설립하고 활발 한 SRI 펀드 투자활동을 전개하고 있다. 국내 SRI 펀드로는 약 10개의 펀드가 조성되어 있는데 아직은 초창기이다.

사회적 감사(social audit)

일반적으로 기업은 자신의 윤리경영과 사회적 책임 수행의 의지와 목표를 문서화 하여 일반에게 약속한다. 이를 사회경제적 운영 성명서 (Socio-Economic Operating Statement: SEOS)라 한다. SEOS에 의하여 기업은 자신의 사회적 책임의 목표를 명확하게 공개하는 동시에 책임 수행의 성과를 평가하는 기준으로 삼는다. 이러한 일련의 과정을 사회적 감사라 한다. 사회적 감사 항목은 다양하다. 사회적 감사항목은 ① 사회적, ② 정치적, ③ 경제적, ④ 기술적 요소로 구분된다. 기업은 장기적 환경변화를 예측하고 여러 경영분야에서 어떻게 사회적 책임을 수행할 것인지를 사회적 프로그램으로 계획한다. 사회적 감사를 담당하는 자는 사회적 책임 수행의 성과를 평가한다.

사회적 감사에는 사회적 개념을 어떻게 정의하느냐에 따라 기업의 사회적 책임이 규정되어진다. 사회적 개념은 공공적인 면, 소비자적인 면 및 종업원적인 면이 있다. 기업의 사회적 책임에는 공공적인 면에서 박애적 기부금의 지출, 소비자 측면에서는 광고의 정직과 공익성의 확보, 소비자 불만 해소, 제품안전성 확보, 환경 레이블의 부착 등이 포함된다. 종업원 측면에서는 적정 임금과 간접급여 지급, 종업원 안전 등이 포함된다.

국제적 표준화에 의한 감시

기업윤리의 확산과 국제비교를 위해 UN 글로벌 컴팩트(UN Global Compact), 국제표준화협회(ISO)와 미국윤리경영자협회(Ethics Officer Association: EOA)는 윤리경영의 표준화 작업을 진행하여 왔다. 윤리경영의 표준화는 기업 성과를 종합적으로 뿐만 아니라 국제적으로 비교 분석 및 평가를 할 수 있게 된다.

UN 글로벌 컴팩트는 각국 기업의 사회적 책임 수행을 위한 자발적 협의체이다. 인권, 노동, 환경 및 기업의 사회적 책임 원칙에 대한 글로벌 표준을 설정하고 평가한다. UN 글로벌 컴팩트의 10개 원칙은 [표 8-4]와 같다. UN 글로벌 컴팩트에 가입한 기업, NGO, 노동단체, 기타 UN기관들 간에 네트워크를 구성하고 아이디어를 교환하는 한편 구성원간의 협력관계를 강화한다. 세계 전체 회원수는 4,000여개이다. 우리나라는 공기업, 금융기관 및 시민 단체 29개가 가입하고 있으나 매우 소극적이다.

[표 8-4] UN 글로벌 컴팩트 10대 원칙

구분	원칙
환경	1. 환경문제에 대한 예방적 접근
	2. 환경에 대한 책임성 강화
	3. 환경친화적 기술개발과 보급지원
인권	4. 국제적으로 선언된 인권의 보호와 존중
	5. 인권침해에 가담하지 않음을 확인
노동	6. 결사의 자유와 단체교섭 실질적 인정
	7. 강제노동 폐지
	8. 아동노동 실질적 폐지
	9. 고용과 업무에서 차별금지
반부패	10. 독직, 뇌물 등 모든 부패 반대

자료: www.unglobalcompact.org

국제표준화협회(ISO)의 표준화는 소비자 단체를 중심으로 논의되고 있으며, 미국윤리경영자협회(EOA)는 기업이 중심이 되어 논의가 진행

중이다. ISO는 표준화 인증기구로서 최소한의 윤리기준을 설정하고 이에 의하여 윤리경영의 성과를 측정한다.

ISO는 제품의 품질 ISO 9000과 제품의 환경관리정도 ISO 14000의 제목 하에 경영윤리의 표준을 설정하는 작업을 진행 중이다. ISO는 2005년 3월 브라질의 살바도르에서 기업의 사회적 책임(CSR)에 관한 첫 번째 회의를 개최하였으며, 2008년까지 기업의 사회적 책임에 관한 표준화 작업을 완료키로 결의했다.

EOA는 기업의 이해관계와 요구를 대변하는 단체이므로 표준화 작업도 기업의 이익을 중시하고 있다. 그러나 EOA는 기업의 비윤리적 행위는 철저하게 처벌하고 재발 방지를 위한 조치를 취하게 되어 있다. 뉴욕 증권거래소는 상장기업이 윤리강령을 제정하고 이를 실천할 것을 의무화하고 있다. 따라서 미국에 있어서는 윤리경영이 더 이상 자발적인 제도가 아니며 필수적인 제도가 됐다.

사회적 책임 경영의 효과 [60)]

재무상태의 호전

사회적 책임 경영을 하는 기업에 대한 시장의 반응은 매우 호의적이다.

---

60) Business for Social Responsibility, "Overview of Corporate Social Responsibility," 2005, http://www.bsr.org/Print/PrintThis Page.htm.

전국경제인 연합회의 조사에 의하면 윤리강령과 윤리담당 전담 부서가 있는 기업은 증권시장에서 주가 상승률이 일반 기업의 3배에 달했으며, 매출액 이익률은 일반기업보다 30% 높게 나타났다. 그러나 윤리강령만 있는 기업의 경우는 효과가 없는 것으로 나타났다. 이는 윤리강령만 있는 기업에 대하여는 구호만 있고 실천은 하지 않는 것으로 인식되기 때문이다. 신세계와 유한 킴벌리의 경우에 매출액이 윤리경영을 도입한 이후에 크게 신장되었고 이에 따라 순이익도 증가하였다.

투자자들(SRI)은 기업의 수익 창출 실적보다는 환경보호 및 사회적 책임 수행실적 투자의 가중치를 높게 인정하고 투자한다. 사회적 책임 기업은 소비자의 충성도가 높을 뿐만 아니라 브랜드 이미지와 재무상태가 개선되므로 기업가치도 그만큼 높아진다.

운영비용의 절감

사회적 책임을 수행하는 기업은 기업의 운영비용을 절감할 수 있다. 어떤 기업이 환경오염을 일으킨다고 하건 오염자 부담원칙에 따라 환경오염처리비용을 부담하여야 하는데 이 비용은 친환경생산체제를 구축하는 것보다 클 경우가 있다. 장기적으로 보면 친환경체제가 비용이 적을 수가 있다. 재활용 및 재생이 가능하면 새로운 수익 원천이 될 수 있다.

브랜드 이미지 제고

사회적 책임을 잘 수행하는 기업은 지역사회에서 존경을 받으므로 브랜드 이미지가 높아진다. 종업원은 자기 회사에 대한 자긍심을 가지게 되므로 생산성이 높아지며 품질관리가 완전해진다. 또한 제품의 가격, 품질, 기능, 안전성 및 편의성에 대한 고객의 신뢰도가 높아진다.

정부규제에서 해방

모든 법규와 규정을 준수하므로 법규 등을 어길 때의 법적 제제가 적용되지 않는다.

자본 참여

자본가는 사회적 책임을 잘 수행하는 기업에 자본을 공여하려 한다. 왜냐하면 그러한 기업은 생존에 있어서 안전하고 매출액이 증가하여 수익성이 높아지기 때문이다.

크리스천 기업의 사회적 책임

특성

기독교인 기업의 사회적 책임은, 사회가 기독교인 기업에 대하여 원하는 것이 무엇인가를 생각하면 그 해답을 얻을 수 있다. 사회적 책임을 수행하는 기업은 종업원에게 적정임금을 지불한다, 좋은 품질의 제품을 만든다, 산업안전을 철저히 보장한다, 자선활동을 확대한다는 등 일반적인 형태의 사회적 책임은 비신자 기업과 다름이 없다. 그러나 신자의 기업과 비신자의 기업의 사회적 책임은 기업의 사경과 목표에 따라 달라진다. 비신자 기업은 대중이 적대감을 가지지 않을 정도의 수준에서 사회적 책임을 수행하며 역시 주주와 경영자에게 배분되는 이익의 최대화를 최종적인 목표로 한다. 기독교 신자 기업은 기업의 목표를 기업의 경영을 통하여 하나님께 영광을 돌리는 데 둔다. 그러므로 기독교 신자 기업은 사회적 공헌의 목표를 먼저 정하고 다음에 지속가능한 기업의 이익목표를 정한다.

기독교인 기업은 다음과 같은 면에서 비기독교인 기업과 차별화 된다.

첫째, 기독교인 기업이든 비기독교인 기업이든 기업의 생존과 성장에 필요한 최소한의 기업이윤을 창출하여야 한다. 기업이 생존하고 성장하는 것 자체가 기업의 사회적 책임에 속한다. 기업의 파산은 노동자로 하여금 실업상태로 내몰며 이해관계 당사자들의 이득의 기회를 박탈하기 때문이다.

둘째, 비기독교인 기업은 사회가 요구하는 임계치를 상한으로 하여 사회적 공헌을 최대 기준으로 설정하지만 기독교 신자의 기업은 지속가능한 이윤이 보장되면 사회적 요구보다 더 크게 사회적 공헌의 양을 책정한다.

셋째, 기독교인 기업의 주주는 자신에게 배분된 배당금의 일부를 사회적 공헌에 내놓을 수 있다. 이는 분배의 균등에 기여하는 일도 된다.

넷째, 사회는 기업에 대하여 고용 기회를 유지하거나 확대할 것을 요구한다. 실업은 곧 빈곤을 뜻한다. 기업은 외부환경변화에 따라 구조조정을 실시함으로써 경영합리화를 도모한다. 구조조정은 주로 종업원의 해고를 수반한다. 기독교 신자의 기업은 해고 대상자를 최소화 한다.

다섯째, 기독교인 기업의 경영자는 자신이 하나님의 청지기임을 인식하고 소비자를 포함한 이해관계 당사자의 이해를 조정한다. 주주의 이익만을 대변하지 않는다.

여섯째, 기업은 특히 지역사회의 요구에 민감하게 순응한다. 기독교 신자의 기업은 지역 교회와 공동으로 사회적 책임 프로그램을 만들어 사회에 봉사한다. 기독교 신자의 기업과 교회는 지역사회에서 사회 복지를 위하여 애쓰는 기구로 인정을 받아야 한다.

기업의 사회적 책임은 하나님이 신자에게나 불신자에게나 동시에 주신 책임이다. 어떠한 분야에 어떠한 방법으로 책임을 수행할 것인가는 경영자가 선택한다. 그러나 사회적 책임 수행에 있어서는 신자와 불신자와 차이가 있다. 사회적 책임의 선택기준은 선과 정의이다. 선하고 정의롭지 않은 사회적 책임은 아무 가치가 없기 때문이다. 무엇이 선하고 정의로운 것인지는 하나님의 뜻에 맞는지 아닌지가 기준이 된다. 바울 사도의 말씀을 들어보자.

"그러므로 형제들아 내가 하나님의 모든 자비하심으로 너희를 권하노니 너희의 몸을 하나님이 기뻐하시는 거룩한 산 제물로 드리라 이는 너희가 드릴 영적 예배니라 너희는 이 세대를 본받지 말고 오직 마음을 새롭게 함으로 변화를 받아 하나님의 선하시고 기뻐하시고 온전하신 뜻이 무엇인지 분별하도록 하라"(롬 12:1-2).

기업의 사회적 책임은 사회를 향한 하나님의 뜻이다. 하나님을 믿는 기업은 이 지상에서 사회적 공헌을 통하여 하나님의 뜻을 이룬다. 사회에 공헌하는 것은 하나님께 드리는 영적 예배와 같다. 기업의 사회적 책임에 대한 윤리적 척도는 이 세대에 있지 않고 하나님께 있다. 즉 하나님께 대한 봉사이냐 아니냐에 달려 있다. 하나님의 선하시고 기뻐하시고 온전하신 뜻에 따라야 한다. 기업이 사회적 책임을 다하기 위해서는 기업가 정신의 갱신이 필요하다. 날마다 변화하는 기업환경에 따라 기업도 변화하여야 한다. 탐욕에 가득 찬 이 세대를 본받지 말고 마음을 새롭게 함으로 변화를 받아야 한다. 기업은 날마다 혁신되어야 한다.

이랜드는 기업이 사회적 책임을 다하기 위해서는 먼저 이익을 발생시켜야 한다고 주장한다. 이랜드는 1980년대 이화여대 앞 2평의 옷가게에서 시작하였는데 중간 정도의 가격으로 젊은이에게 알맞은 캐주얼을 만들어 판매하였다. 생산은 철저하게 아웃소싱에 의하였고 점포는 프랜차이즈 방식에 의하여 전국 네트워크를 이루었다. 2000년 이후에는 패션과 유통 사업에 사업 역량을 집중하고 있다.

이랜드의 윤리강령은 다음과 같다.

첫째, 기업은 이익을 내어야 하며 그 이익을 바르게 사용하여야 한다. 돈을 벌기 위해서가 아니라 쓰기 위해서 일한다. 기업은 소속되어 있는 직원의 생계와 기업에 투자한 사람들을 보호하기 위해 이익을 내어야 한다.

둘째, 기업은 이익을 내는 과정에서 정직해야 한다. 돌아가더라도 바른 길을 가는 것이 지름길이다. 기업은 반드시 이익을 내어야 하고 그 이익을 내는 과정에서 정직해야 한다.

셋째, 직장은 인생의 학교이어야 한다. 일하는 과정에서 배우고 그 과정도 우리에겐 목표이다. 직장은 인생의 모든 짐을 나누어 질 수 있는 사랑의 공동체이어야 하며, 사회의 지도자를 길러내는 학교이어야 한다.

넷째, 기업은 고객을 위하여 운영되어야 한다. 고객의 유익을 먼저 생각하는 기업만이 정직한 이익을 낼 수 있다. 고객을 왕으로 섬기는 기업만이 존경 받는 기업으로 성장할 수 있다.

자선활동

기업은 사회를 향한 자선행위를 통하여 자신의 존재 의의를 확인 할 수 있다. 만물은 다 하나님의 소유이다. 이를 관리할 청지기로 인간을 세우셨다. 삼림의 짐승들과 뭇 산의 가축이 다 하나님의 것이요(시 50:10), 은과 금도 하나님의 것이다(학 2:8). 인간의 손에 있는 재물은 하나님의 선한 목적에 따라 사용할 것을 위탁받은 것이다. 기독교인 기업의 사회를 향한 자선행위는 다음과 같은 의미를 가진다.

첫째, 자선은 본질적으로 하나님의 일상사이다. 사람이 하나님의 일인 자선을 하나님을 대신하여 행할 수 있다는 것은 하나님이 주신 큰 은혜이다. 사회를 위하여 이익 공동체인 기업이 자선행위를 할 수 있다는 것은 하나님의 축복이다. 기업의 사회적 책임은 대중의 기업에 대한 적대감을 완화시키기 위한 경영전략의 일환으로 실시되었으나 하나님이 이를 통하여 자선을 하도록 조직하신 것이다. 하나님은 하나님을 믿지 않는 불신자 기업도 사회적 자선을 행하지 않으면 생존할 수 없도록 제도화 하셨다. 하나님의 계명을 받은 신자의 자선행위는 더할 수 없이 고귀한 일이다. 이러한 은사는 하나님께로부터 내려 온 것이다.

"온갖 좋은 은사와 온전한 선물이 다 위로부터 빛들의 아버지께로부터 내려오나니…"(약 1:17).

둘째, 기독교인 기업의 자선행위는 하나님이 기뻐하시는 제사이다. 선한 이웃이 되어 사마리아 사람과 같이 강도 만난 사람을 도와주어야 한다. 사마리아 사람 이전에 제사장이 지나갔으며, 레위 사람도 그냥 지나갔다. 기독교인 기업은 강도 만나 쓰러진 이웃을 그냥 지나 갈 수 없다. 위로부터 사랑을 받았으니 수평적으로 이웃을 도와야 한다. 이웃에게 선을 행하는 것은 그것 자체가 하나님을 향한 제사이다.

"오직 선을 행함과 서로 나누어 주기를 잊지 말라 하나님은 이같은 제사를 기뻐하시느니라"(히 13:16).

셋째, 하나님은 기독교인 기업으로 하여금 가난한 자들을 기억하도록 부탁하셨다.

"다만 우리에게 가난한 자들을 기억하도록 부탁하였으니 이것을 나도 본래부터 힘써 행하여 왔노라"(갈 2:10).

이 말씀은 NIV(New International Version) 영어 성경에는 "우리는 가난한 자들을 기억하는 것을 계속하여야 한다"라고 하였다. 가난한 자들은 가난함의 원인을 제거 할 수 있으면 다행이지만 그렇지 못하여 상당기간 계속되는 것이 일반적이다. 기업은 계속적 기업(going concern)이므로 자선도 지속적이어야 한다. 여기서 "기억한다"는 것은 "지킨다"는 뜻이다. 기억하라는 말씀은 안식일을 지키는 것과 같이 구체적인 행위가 따라야 한다. 기독교인과 기독교인 기업은 가난한 자들이 어디에 있는가를 찾아보고 그들의 호소를 들어야 한다고 하였다. 즉 오감(五感)으로 가난한 자들을 받아들여야 한다.[61]

① 가난한 자를 보라(See the poor).
　"의인은 가난한 자의 사정을 알아주나 악인은 알아 줄 지식이 없느니라"(잠 29:7).

---

61) David Smith, "Christian Charity-Forget me not," Surf-in-the-Spirit, http://www.surfinthespirit.com/charityforget-me-not , 2000.

② 가난한 자들의 호소를 들어라(Hear the poor).

"귀를 막고 가난한 자가 부르짖는 소리를 듣지 아니하면 자기가 부르짖을 때에도 들을 자가 없으리라"(잠 21:13).

③ 가난한 자들의 형편을 돌아보라(Smell the stench of poverty).

"하나님 아버지 앞에서 정결하고 더러움이 없는 경건은 곧 고아와 과부를 그 환난 중에 돌보고…"(약 1:27).

④ 가난을 맛보아라(Taste a bit of poverty).

"너희 소유를 팔아 구제하여 낡아지지 아니하는 배낭을 만들라…"(눅 12:33).

⑤ 가난한 자를 얼싸 안아라(Touch the poor).

"잔치를 베풀거든 차라리 가난한 자들과 몸 불편한 자들과 저는 자들과 맹인들을 청하라"(눅 14:13).

넷째, 기독교인과 기독교인 기업의 자선행위는 기독교인의 삶의 목적이다. 이는 하나님께 영광 돌리는 일이기 때문이다. 자선을 받은 사람은 하나님께 감사한다. 이는 하나님께 영광 돌리는 일이 된다. 행여 자선을 행하는 자가 감사와 영광을 받는다면 이 세상에서 상급을 다 받았으므로 하나님이 되 갚아 줄 일이 없어진다.

"그런즉 너희가 먹든지 마시든지 무엇을 하든지 다 하나님의 영광을 위하여 하라"(고전 10:31).

다섯째, 자선은 하나님의 사랑을 실천하는 것이다. 성경은 이웃이 굶주리는 것을 보고도 도우려 하지 않는 것은 하나님의 사랑이 그 속에 거하지 않는다고 가르친다.

"누가 이 세상의 재물을 가지고 형제의 궁핍함을 보고도 도와줄 마음을 닫으면 하나님의 사랑이 어찌 그 속에 거하겠느냐"(요일 3:17).

여섯째, 기독교인과 기독교인 기업의 자선행위는 경제적 균등을 이루는 길이 된다. 예수님께서 이 세상에 계실 때에 가난한 자가 되심은 가난한 자를 부요하게 하려 하심이었다. 바울 사도는 안디옥 교회가 자발적으로 가난한 자를 위하여 풍성한 연보를 한 것을 매우 기뻐하였다.

"이제… 그들의 넉넉한 것으로 너희의 부족한 것을 보충하여 균등하게 하려 함이라"(고후 8:14).

일곱째, 자선을 행하는 자에게 하나님은 갚아 주신다. 자선은 씨를 밭에 뿌리는 것과 같다. 선한 씨를 심으면 선한 수확이 있다. 하나님은 자선을 베푼 자에게 넘치는 축복을 주신다.

"주라 그리하면 너희에게 줄 것이니 곧 후히 되어 누르고 흔들어 넘치도록 하여 너희에게 안겨 주리라…"(눅 6:38).

마이크로소프트(Microsoft: MS)의 빌 게이츠 회장은 MS의 독점시비로 끊임없이 비난을 받아 왔으나 엄청난 사회공헌으로 세계의 칭찬을 듣는 인물이다. 2000년 1월에 부인과 공동 명의로 "〈빌 & 멜린다 게이츠 재단〉"을 설립하고 재단에 250억 달러를 출연하였다. 이는 빌 게이츠 개인 재산의 절반에 가까운 금액이다. 또한 MS를 통해 벌어드린 재산 중 매년 30억 달러를 추가 출연하고 있다. 빌 게이츠는 3,330만 달러를 장학기금으로 출연하였고, 최근 5년간 23억 달러를 교육부문에 기증하였다. 게이츠 재단은 잠비아 등 5개국에 말라리아 예방과 치료를 위해 7억6천만 달러, 에이즈, 결핵 및 말라리아 퇴치를 위한 글로벌 펀드에 6억 5천만 달러를 투입하였다. 이러한 노력으로 70만 명의 목숨을 구하였다. 또한 미국의 1만1천 개 도서관에 인터넷을 설치하였으며 소수 그룹에 속하는 학생 9천 명에게 장학금을 지출했다. 게이츠 재단은 개발도상국의 난치병 어린이와 질병연구소의 연구 활동, 공공서비스 개선을 적극적으로 지원하고 있다. 2006년 현재 게이츠 재단의 기금은 320억 달러에 이른다.

미국의 NGO 파운데이션 센터의 재단기부금에 관한 연차보고서에 의하면 2005년 중 미국 내 재단들의 총 기부금액은 336억 달러로서 2004년 중 318억 달러보다 5% 증가했다. 1995년 123억 달러에 비하면 2배의 규모로 증가하였다. 재단을 통해 사회공헌을 하는 기업, 개인 및 단체 수는 1994년 38,800개에서 2005년 70,000개로 증가했다. 사회공헌 사업비를 크게 지출한 재단으로는 월마트 재단(154백만 달러), 웰즈 파고 재단(64백만 달러), 프루덴샬 재단(28백만 달러), 캐터필러 재단(15백만 달러), 와초비아 재단(4백만 달러) 등이었다.

한국의 아모레 퍼시픽은 1945년에 설립된 회사로서 "인류를 아름답게, 사회를 풍요롭게"라는 캐치프레이즈로 하여 발전하여 왔다. 여성 고객을 타깃 시장으로 하는 회사이므로 여성의 삶의 질을 향상시키는 사회적 책임 사업을 전개했다. '핑크 리본 캠페인'을 통해서 유방암 예방과 조기검진 사업을 진행하고 있으며, 해마다 '핑크 리본 사랑 마라톤 대회'를 개최했으며 마라톤 대회 참가비는 한국유방건강재단에 기부했다. (고)서성환 회장 작고 시 유산으로 주식 50억 원을 출연하여 "〈아름다운 재단〉"을 설립하고 여성 가장들의 소자본 창업을 지원하기 위해서 무담보대출을 해 주고 있다. 2005년에는 아모레 퍼시픽 여성 과학자 상을 제정하였는데 총 상금이 7,000만원에 달한다. 서경배 대표이사는 개인 재산 1억5천만 원을 유니세프에 출연했으며, 북한 어린이 건강증진 사업에 1억5만 원을 지원했다(자료: 국민일보 2007. 7. 18).

한국도자기 그룹은 한국도자기와 수안보 파크 호텔을 운영하여 왔는데 회장은 기독교회 장로인 김동수이다. 한국도자기는 훌륭한 경영실적을 보였으나 호텔사업은 적자였다. 이에 김 회장은 하나님의 방식대로 경영을 하기로 결심하고 호텔 경내에 채플을 세우고 인근 주민들과 종업원들과 더불어 예배를 드리게 했다. 그리고 호텔 내에 있는 나이트클럽, 바,

술집 등을 철거했다. 호텔의 주 수입원인 유흥 시설을 폐쇄하니 종업원들이 난감해 하였다. 김 회장은 수안보 온천의 특성을 살려 가족단위 고객을 유치하여 휴양지에서 기독교적 분위기에서 휴식을 취할 수 있도록 호텔을 운영했다. 2006년에는 호텔 사업이 흑자를 기록했다(자료: 국민일보 2007. 2. 26).

청지기 사명

기업의 사회적 책임은 하나님이 경영자에게 맡기신 청지기 직분에 의하여 구체화 된다. 청지기 직분은 하나님이 창조 때부터 주신 것이다.

"하나님이 이르시되 내가 온 지면의 씨 맺는 모든 채소와 씨 가진 열매 맺는 모든 나무를 너희에게 주노니 너희의 먹을 거리가 되리라"(창 1:29).

첫째, 하나님은 천지를 창조하시면서 인간에게 생육하고 번성하라는 복을 주셨다. 하나님은 경영자에게 기업이 생육하고 번성하는 축복을 주셨다. 땅 위와 땅 속의 생물과 무생물, 하늘의 새와 바다의 물고기를 다스릴 권한과 책임을 주셨다. 기업을 경영하는 경영자는 기업의 이윤을 최대한 창출하는 동시에 사회적 공헌을 확장함으로써 생육하고 번성하여야 한다. 이윤이 없으면 사회적 책임을 수행하는 데 소요되는 비용을 감당할 수 없다.

둘째, 하나님은 인간에게 자연자원을 관리할 책임을 주셨다. 기업의 사

회적 책임 속에는 자연자원을 잘 이용하고 환경을 잘 보호하여 환경생태
계가 파괴되지 않도록 하여야 한다는 책임이 포함되어 있다. 이는 생육
하고 번성하는 축복의 전제조건이다. 환경오염을 발생시키고 자연 자원
을 고갈시키는 행위는 창조 질서를 파괴하는 것이므로 생육하고 번성할
수 없다. 하나님은 인간에게 모든 생물을 인간의 먹을거리로 주시고 모
든 자연 자원을 이용하여 생활을 할 수 있도록 하였는데, 자연은 생태계
를 형성하고 있으므로 자연의 한 부문이 파괴되면 전체 시스템이 무너지
는 속성을 가지고 있다. 하나님은 여섯째 날에 인간을 창조 하신 후 심히
좋았더라고 했다. 하나님은 이 세상의 기업이 맡은바 사회적 책임을 다
하는 모습을 보고 인간을 창조하신 기쁨을 누릴 것이다.

셋째, 하나님은 인간에게 에덴동산을 만드시고 그것을 경작하는 책임
을 맡기셨다. 인간이 타락한 후에는 얼굴에 땀을 흘리도록 수고하여야
먹을 것을 얻도록 하였다. 노동은 고통을 수반한다. 인간은 땀 흘려 수고
하여야 먹을거리를 얻을 수 있었다. 인간은 노동을 하면서 땀을 흘릴 때
하나님께 범죄 하였음을 깨닫고 회개하도록 하셨다. 또한 선악과를 먹는
날 정녕 죽으리라 하였는데 죽이지 않으시고 얼굴에 땀을 흘리는 정도의
징계에 그치니 감사할 뿐이라는 것을 깨닫도록 하셨다.

넷째, 기업의 사회적 책임에는 빈곤추방이라는 하나님의 지상 명령이
포함되어 있다. 하나님은 인간에게 생육하고 번성하라 하셨는데 빈곤한
사람이 있다는 것은 공동체의 책임이다. 예수님을 찾아온 부자 청년에게
네 소유를 다 팔아 가난한 자들에게 나누어 주고 나를 따르라 하였다. 부

자 청년은 근심하며 돌아갔다. 왜 하나님은 어떤 사람에게 부자가 될 기회를 주셨을까? 부자에게 가난한 고아와 과부를 돌보라는 소명을 주셨다. 절대 빈곤의 인구가 지구상의 개발도상국 인구의 3분의 1이라는 것은 하나님이 세우신 사회정의가 아니다.

다섯째, 기업의 사회적 책임은 이웃 사랑의 한 방편이다. 기독교의 크고 첫째 되는 계명은 하나님을 사랑하고 동시에 이웃을 내 몸같이 사랑하는 것이다. 기업에게 있어서 마케팅의 이념은 소비자 지향(consumer orientation)이다. 기업은 소비자의 삶의 질을 향상시키는 것을 최상의 사명으로 한다.

기독교회의 사회적 책임

기업의 사회적 책임은 물론 박애 활동은 생존 전략의 하나로 추진되기도 한다. 흔히 기업은 사회에 빚진 자로서 기업이 창출한 이익을 사회에 환원한다고 한다. 동기야 어떠하든 수혜자인 사회로서는 고마운 일이다. 사회가 꼭 필요한 부문을 해결해주는 사회공헌을 하는 기업에 대하여 호감을 가지지 않을 수밖에 없다. 기업이 사회적 책임을 다하는데 하물며 기독교회야말로 사회적 책임을 느끼지 않는다면 교회 본래의 사명을 망각하는 일이다. 교회는 땅 끝까지 복음을 전파할 뿐만 아니라 소외되고 가난한 이웃을 땅 끝까지 찾아가 도와주어야 한다. 우선 절대 빈곤 인구를 먹여 살리기 위해서 식량 공급 프로그램을 추진하여야 하며, 그들의 교육, 위생, 질병 치료, 환경 보호 등을 위한 가시적인 활동이 이루어져야 한다.

교회의 사회적 책임과 유사한 개념은 1948년 세계교회협의회(WCC) 창립총회에서 영국 성공회 신학자 올담(Ohldam)이 '책임사회' (responsible society)라는 이름으로 주장됐다. 그는 그리스도인은 세상의 모든 삶의 영역에서 자유롭고 책임 있는 존재로 부름 받았으므로 세상에서 일어나는 모든 일에 대하여 응답하여야 한다고 주장했다. 이러한 개념은 우리나라에서 1970년대에 산업선교 운동 또는 도시선교 운동으로, 또한 남미에서는 해방신학 운동으로 나타났다. 이 두 운동은 매우 급진적으로 흘러 과격한 행동을 유발하였는데 그 때문에 권력층 및 부자들과 대립하였으므로 탄압을 많이 받았다. 결국 이들은 사회의 평화를 위협하게 되어 교회의 전적인 호응을 얻지 못하였다.

교회의 사회적 책임이라는 개념은 사회의 아픈 상처와 고통을 외면하지 않고 이를 싸매어 주어야 한다는 것을 교회의 핵심 사명으로 인식하고 이를 실천 한다는 것이다. 가난한 자를 경제적으로 자립할 수 있도록 프로그램을 운영하고, 병들었으나 돈이 없어 병원에 가지 못하는 자를 위한 사회안전망을 구축하여야 한다. 세계 인구 중 11억의 인구가 기아선상에서 고통 받고 있는데, 교회는 성도의 교제가 중요하다고 하여 자색 옷을 입고 고급 호텔 식당에서 기름진 음식을 먹는데 열심이라면 공평과 정의가 하수같이 흐른다고 할 수 있겠는가?

교회는 이 세상에서 사회정의를 구현할 책임이 있다. 지상교회는 하나님의 나라가 임재하는 교회가 되어야 한다. 교회가 사회에 영향을 미쳐 사회구조를 개선하고 세상을 변화시킬 수 있어야 한다. 한국교회는 그동안 개 교회 성장과 해외선교에 힘을 쏟았으며 상당한 성과를 거둔 것은 사실이다. 마치 한국경제가 성장에만 치우친 결과 1인당 소득이 2만 달러에 이르게 되었으나 50년 전에 가난하였던 시절을 까맣게 망각하고 가난한 이들을 멸시하고 도와주지 않을 뿐만 아니라 이들의 고통을 외면하고 있지나 않는지 염려스럽다. 우리나라 사람들은 우리보다 빈곤한 국가에 여행하면 현지인들을 멸시하는 행위를 스스럼없이 행한다고 한다. 100만 명에 가까운 외국인 이주 노동자들이 동남아 각국에서 한국을 찾아와 노동하고 있는데, 공장에서 이들의 인권이 유린당하는 경우와 산업재해를 당하여도 구제받지 못하는 비참한 사태가 비일비재로 발생하고 있다. 산업 현장에서 어떤 경우에는 외국인 노동자에게 욕설을 하고 매까지 때린다고 한다.

아프리카와 아시아 남쪽의 빈곤 국가들을 상대로 하는 해외선교에는 한국교회가 열심을 다하였으나 세계적으로 그들을 빈곤으로부터 해방시키기 위하여 재정적으로 돕는 일은 외면했다. 그들의 사회 속에 한국 기독교인의 사랑을 심어주지 못하였으며 그들의 사회 속에서 빛과 소금이 되어 그 사회를 변화시키지 못했다. 선교의 세계화는 성공했으나 구제의 세계화는 소홀히 하였다.

요약

  기업의 사회적 책임은 일찍이 철강왕 카네기, 자동차왕 헨리 포드, 석유왕 록펠러에 의하여 실천되기 시작했다. 그들은 물론 그들의 선행이 기업의 사회적 책임이라는 사실도 몰랐다. 그들은 자선재단을 만들고 은퇴 전 또는 은퇴 후에 자기 재산을 모두 재단에 출연하여 자선활동을 전문적으로 수행했다. 기업의 목적을 어디에 두느냐에 따라 기업의 사회적 책임 수행여부가 결정된다. 기업모형에는 주주모형, 공동선 모형, 이해관계자 모형, 생태계 모형이 있는데, 이해관계자 모형과 생태계 모형을 택할 때에 기업의 사회적 책임을 동감할 수 있다. 사회적 책임 기업은 그들 고유의 윤리강령을 가지며 지역사회에 대한 자선활동 이외에 투명성 제고와 부패방지에 노력을 기울이고 있다. 21세기 들어와서 기업의 사회적 책임은 기업의 조건 없는 자선행위라고 하는 면도 있으나 기업의 고도의 전략이라고도 한다. 이 시대에 있어서 윤리경영을 하지 않으면 생존할 수 없도록 기업을 감시하는 눈들이 있다. 윤리경영을 기업의 사명으로 나아가서 하나의 경영전략으로 만드신 이는 하나님이시다.

  기업의 사회적 책임을 강조하다 보니 교회의 사회적 책임도 생각하지 않을 수 없다. 기독교회는 지역사회의 굶주리는 이웃을 외면할 수 없다. 초대교회가 행한 일을 보면 구제하는 일과 복음 전하는 일 두 가지가 있다. 구제하는 일은 집사에게 맡기고 사도들은 복음 전하는 일에 전념했다. 기독교회는 사회의 빛과 소금이 되어 사회를 변화시킬 수 있어야 한다.

결론

# 결론

　　하나님은 천지와 인간을 창조하신 후 인간을 당신의 청지기로 세우셨다. 그러나 인간은 에덴동산에서 먹지 말라고 한 선악과를 따 먹음으로 타락하였다. 언제부터인가 모르지만 인간은 그들의 끝없는 탐욕 때문에 하나님이 창조한 생태계를 파괴하기 시작하였다. 환경오염은 시장실패에 해당한다. 하나님은 인간에게 생육하고 번성하라고 축복하여 주었다. 또한 인간은 "땅을 정복하라, 모든 생물을 다스리라"라는 말씀을 오해하여 자연자원을 마구 개발함으로써 지구 생태계를 파괴하였다. 정복하라는 말씀은 잘 관리하라는 뜻이다. 20세기 후반에 신자유주의의 등장은 시장원리의 회귀를 촉진시켜 시장의 효율성 극대화를 도모하고 있는데

환경오염은 환경오염 개선비용의 지출로 경제 성장에 발목을 잡았다. 현재 각국에서 발표하고 있는 GDP 또는 GNP 통계는 환경오염 비용지출을 차감 조정하여야 한다.

그러나 20세기 후반에 추진된 예외 없는 무역자유화는 개발도상국으로 하여금 대외경쟁력을 상실케 하였다. 개도국은 경쟁력을 미처 확보하기도 전에 국경이 개방되었기 때문에, 무역자유화는 세계경제를 부익부 빈익빈의 상황으로 몰아갔다. 선진국들은 과거에 경제개발을 할 때 보호무역주의를 실시함으로써 공산품의 비교우위를 확보하였다. WTO 체제 하에서는 모든 선진국과 개도국에 대하여 무차별적으로 무역자유화를 적용하고 있다. 이에 따라 선진국과 개도국간의 경제 양극화가 심각한 수준에 이르게 되었다.

경제는 효율성의 극대화를 목표로 삼는다. 한편으로는 분배의 평등을 목표로 하는 사회정의의 구현을 중요하게 여긴다. 경제의 효율성은 희소자원을 효율적으로 이용하여 생산을 하고 유통을 영위함으로써 자원의 효율적 배분을 도모한다. 사회정의는 소득이 계층 간에 평등하게 분배가 이루어져야 한다는 이념에 근거를 두고 있다. 사회정의를 구현하려면 경제의 효율성을 다소간에 희생하여야 한다. 경제 주체가 사회정의를 경제 내에서 구현하려면 대가를 지불해야 하는데, 사회정의를 구현하는데 소요되는 비용을 누군가 지출해야 한다. 양자는 상충관계에 있으므로 효율성과 사회정의의 원칙들이 조화를 이루어야 한다.

구약시대의 선지자들은 가난한 자를 속이고 억압하는 부자들을 향하여 회개하라고 경고하였다. 예수님께서도 맘몬을 숭배하는 부자들을 향하여 부자가 천국 가는 것이 약대가 바늘구멍을 통과하는 것보다 더 어렵다고 하였다. 부자가 가난한 자들을 돕는 것이 천국에 보화를 쌓는 길이다. 예수님은 이 세상에서 지극히 작은 자에게 음식을 주고 입을 옷을 준 것은 예수님께 음식을 주고 입을 옷을 준 것과 같다고 하였다. 하나님의 은사로 부를 차지하게 된 사람은 절제, 검소 및 절약을 통한 금욕주의를 실천함으로써 부를 이 세상에서 가난하고 소외된 이웃을 위한 자선에 사용하여야 한다. 이는 부자의 사회적 책임이다.

하나님은 재물을 잘 관리 할 수 있는 자에게 재물 얻을 능력과 기회를 주신다. 그런데도 부자가 되기만 하면 교만해진다. 부를 가지게 되면 권력이 생긴다. 선량한 사람은 부자가 되면 혹시 배불러서 하나님을 모른다 하거나 가난한 자를 멸시하고 수탈 할까 보아 자신을 두려워해야 한다. 부자가 이 세상에서 재물을 축적하기만 하는 것은 진정한 부자가 아니다. 재물을 잘 내려놓을 수 있는 자가 진정한 부자이다. 그러나 오늘의 부자들은 종말의 때에 자본 축적에만 관심을 가질 뿐이다.

이 세상에는 누구도 가난하게 되기를 원하는 사람은 없을 것이다. 가난하면 인간 소외에 빠지기 쉽고 하나님의 이름을 욕되게 하는 자리에 들어가기 쉽다. 또 어떤 이는 사업에 실패할 때에 하나님을 원망하기도 한다. 아시시의 성 프란시스코는 하나님의 특별한 은사를 받아 가난한 자를 위하여 모든 재산을 흩어 구제하고 자신도 가난한 자의 자리에서 그들의 고통을 체험하고 그들을 위하여 기도하였다. 가난한 자들은 영양실조, 질병, 환경오염, 교육부재, 인간소외 등 온갖 위험에 노출되므로 가난에서 벗어날 수 있도록 부자들이 도와주어야 한다.

빈곤국가의 빈곤은 악순환 한다. 저축이 부족하면 투자가 부족하게 되고 투자가 부족하면 경제성장이 둔화되어 국민소득이 증가하지 않는다. 빈곤국가에서는 민주주의적 리더십을 갖춘 국가 지도자가 부족하다. 빈곤국에서는 정권을 한번 잡으면 독재자가 되기 쉽고 내란이 발생하여 난민들이 기아에 허덕이게 된다.

종교개혁자들은 직업을 하나님의 부르심으로 알고 근면하고 성실하게 직무에 임해야 한다고 하였다. 돈을 많이 벌면 많은 소외된 사람들을 도울 수 있다. 근대에 자본주의가 발흥할 때에 근면, 검소 등을 생활신조로 하는 프로테스탄트들은 경제에 적극적으로 참여함으로써 자본주의를 정착시키는 데 큰 기여를 했다. 이후 자본주의 현장에서는 이러한 프로테스탄트의 윤리가 지배적인 에토스가 됐다.

환경오염 중 가장 무서운 것은 기후변화이다. CO_2가 주범인 온실가스는 기후온난화 현상을 가속화 하고 있다. CO_2는 화석연료를 태울 때에 발생하는데 주로 화력발전소, 공장 및 자동차가 배출원이다. 온실가스 세계 제1위국은 미국이고, 제2위국은 중국이다. 미국은 기후변화협정 교토의정서에 비준하지 않고 있으며, 중국은 경제개발과정이므로 불가피한 온실가스 배출은 허용되어야 한다고 주장하고 있다. 만약 중국이 소득 증대로 집집마다 자동차를 1대씩 갖게 되면 중국의 CO_2배출량은 상상을 초월하는 수준으로 증가하게 될 것이다. 우리나라는 기후변화협약에서 개발도상국으로 분류되어 온실가스 배출량 억제 목표는 주어지지 않고 있으나 CO_2배출량이 세계 제10위 국가이므로 우리나라도 이에 대비하여야 한다. 하나님이 창조하신 생태계를 파괴하는 것은 하나님의 창조역사에 도전하는 것이나 다름없다. 이는 하나님의 진노를 면치 못할 것이다.

노동은 하나님의 부르심이다. 하나님은 노동을 통해서 이웃 사랑을 실천하며 가계를 운영해 나간다. 그 동안 노예 노동과 상업을 천박하게 여기었는데 종교개혁자들은 이들의 하는 일이 거룩하신 하나님이 인정한 직업이라고 하니 사람들은 크게 기뻐했다. 노동자의 인간으로서의 존엄성은 존경 받아야 하며 누구도 이를 침해할 수 없다.

오늘날 기업의 사회적 책임은 단순한 자선행위가 아니며 기업의 중요 전략 중의 하나가 되었다. 당초에는 많은 기업들이 대중의 대기업에 대한 적대감을 해소하기 위해서 기업의 사회적 책임을 강조하였다. 그러나 지금은 사회공헌을 하지 않는 기업은 주식시장에서 외면을 당하며 주식가격도 낮게 된다. 사회공헌에 열심인 기업은 사회적 책임투자(SRI)의 투자 대상이 됨으로써 기업 가치를 높일 수 있다. 기업의 사회적 책임에는 윤리적으로 하자가 없어야 한다. 기업의 사회적 책임을 다하는 기업은 소비자 충성도가 높으며 매출도 증가한다는 것이 실증적 연구에 의하여 밝혀졌다. 기업의 사회적 책임윤리는 제3의 자본주의의 에토스가 됐다.

교회는 그 시선을 항상 하나님과 이웃을 향하여 열려있어야 한다. 교회의 외향성은 선교와 구제로 집약되는데, 선교는 복음 전파활동이고 구제는 사회공헌 활동이다. 교회도 기업과 같이 사회를 향하여 마음을 열어야 한다. 교회가 사회적 책임을 수행하지 않으면 대중은 교회에 대하여 섭섭한 마음을 가지게 된다. 이는 복음을 전파하는데 걸림돌이 된다. 크리스천은 이 세상의 모든 사람을 섬기는 종이다. 이스라엘과 유다가 각각 앗수르와 바벨론에 멸망당한 것은 부자들이 가난한 자들에게 저울추를 속이며 가난한 자의 재산을 수탈하였기 때문이었다.

하나님은 인간이 자연과 더불어 생육하고 번성하기를 원하신다. 하나님이 부자를 만드시는 목적은 사회에 공헌하라는 것이다. 부자가 재물을 흩어 구제함으로써 가난하게 되면 복있는 사람이 된다. 한편 가난한 자는 실망치 말고 믿음에 굳게 서야 한다. 한국교회는 열심히 세계선교를 하였으나 세계자선은 외면하지 않았는지 돌아보아야 한다.

바울 사도는 빌립보 교회 교인들에게 보낸 편지에 다음과 같이 자족의 삶을 살아야 한다고 말했다.

"나는 비천에 처할 줄도 알고 풍부에 처할 줄도 알아 모든 일 곧 배부름과 배고픔과 풍부와 궁핍에도 처할 줄 아는 일체의 비결을 배웠노라"(빌 4:12).

❖ 용어해설

- **경제정의(Economic Justice)** 경제정의는 경제 참여자 전원에게 소득이 평등하게 분배되는 상태를 말한다. 평등한 분배를 완전하게 달성하기 위해서는 자유시장원리가 희생되어야 한다.
- **공리주의(Utilitarianism)** 공리주의는 최대다수의 최대행복이 이루어 질 때, 선이 이루어진다고 주장한다. 벤담 및 J. S. 밀 등이 주장하였다.
- **공적개발원조(Official Development Assistance: ODA)** 선진국은 개발도상국에게 무상원조 또는 공여조건이 완화된 원조를 자국의 GDP에 대하여 0.7%에 이르도록 ODA 공여를 늘려야 한다.
- **기업의 사회적 책임(Corporate Social Responsibility: CSR)** 기업은 존립 목표를 이익의 증진과 더불어 사회적 공헌에 두고 자선사업, 지역개발, 문화 창달 지원, 의료지원, 장학 사업 등을 자발적으로 수행한다.
- **내국민 대우(National Treatment)** 외국으로부터의 수입품에 대하여 내국세를 부과 할 때 국내제품에 대한 대우와 다른 대우를 수입품에 적용할 수 없다.
- **노박(Michael Novak)** 노박은 미국의 저명한 가톨릭 신학자인 등시에 경제학자로서 시러큐스 대학 교수이다. 또한 American Enterprise Institute의 연구책임자이다. 노박은 자본주의 체제를 옹호하며 워싱턴의 정책 수립에 있어서 보수적인 입장에서 영향을 미친다. 『자본주의와 사회주의』 및 『민주자본주의와 기업의 성장』 등 다수의 저서가 있다.
- **마르크스(Karl Marks, 1818-1883)** 독일의 철학자로서 『자본론』과 『공산당선언』을 저술하였다. 마르크스는 자본주의 사회의 운동법칙을 밝힘으로써 자본주의 경제체제의 모순을 과학적으로 증명하였다. 자본주의 생산체제에서는 생산과정에서 생성된 잉

여가치를 실제로 생산한 노동자에게 배분하지 않고 자본가에게 배분함으로써 노동자가 착취당하고 있다고 주장하였다.

• **맘몬(Mammon)** 재물을 우상으로 섬기는 것

• **밀레니엄 개발 목표(Millenium Development Goals: MDG)** 유엔은 1990~2015년간에 절대빈곤인구를 50% 감축하는 동시에 교육기회의 확대, 유아 사망률 감소 등 빈곤퇴치 운동을 전개할 것을 추진하고 있다.

• **베버(Max Weber, 1864-1920)** 독일의 사회학자로서 1904년에 "프로테스탄트 윤리와 자본주의 정신"이라는 논문을 발표하였다. 베버는 19세기 후반 독일의 주류를 이루고 있던 신역사학파의 이론적 약점을 공격하였으며 독자적인 사회과학 방법론을 수립하였다. 그는 마르크스의 유물사관에 대하여 그 허구를 파헤쳤으며 프로테스탄트의 금욕과 근면은 자본주의를 발흥시킨 정신이라고 주장하였다.

• **벤담(Jeremy Bentham, 1748-1832)** 벤담은 공리(功利)의 원리로서 모든 인간의 행동은 쾌락을 극대화 할 때 최대 행복이 이루어진다고 주장하였다.

• **보이지 않는 손(Invisible Hand)** 수요가 공급이 일치하는 점에서 가격이 결정되며, 동시에 가격이 상승하면 수요가 감소하고 공급이 증가한다. 가격기구가 스스로 조정되는 과정을 보이지 않는 손이라 한다.

• **북미자유무역협정(North American Free Trade Arrangement: NAFTA)** 미국, 캐나다, 멕시코간의 지역자유무역협정.

• **브래튼 우즈 협정(Bretton-Woods Arrangement)** 1944년 7월 세계 제2차 대전 후의 경제 체제에 관하여 미국을 비롯한 44개국 대표들이 미국 뉴헴퍼셔주 브래튼 우즈에서 회합을 가졌다. 이 때, 고정환율제도 유지를 위하여 국제통화기금(IMF)의 설립, 전후 유럽경제의 복구와 부흥을 위하여 세계은행(IBRD)의 설립, 무역자유화를 위하여 관세와 무역에 관한 일반협정(GATT)의 체결에 합의하였다. IMF는 각국이 미 달러 또는 금에 대하여 고정환율인 평가(Par Value)를 설정하고 시장 환율은 평가를 중심으로 상하 1% 범위 내에서 환율을 유지토록 하였다.

- **세계교회협의회(World Council of Churches: WCC)** 세계 제1차 대전 후 교회 일치운동이 일어났다. 1937년 세계교회 대표들이 에든버러에서 회의를 갖고 세계 모든 교회가 협동하여 사회문제에 대하여 공동으로 대응하기로 결의하였다. 그러나 제2차 대전의 발발로 추진되지 못하였다가 1948년에 제1차 총회를 개최하였다. 2000년 현재 100개국, 330개 교회가 회원으로 가입하고 있으며, 스위스 제네바에 본부를 두고 있다.

- **세계무역기구(World Trade Organization: WTO)** WTO는 1995년 1월 1일 우루과이라운드 협상의 결과로 창설되었다. WTO는 세계적으로 자유무역을 창달하는 것을 기본 임무로 하며 자유무역의 입장에서 무역 분쟁을 해결하는 기능을 갖고 있다. 다만 지속가능개발을 위하여 환경보호 목적의 무역제한조치는 예외적으로 인정하고 있다. WTO의 협상은 다자간협상이다. 2004년 현재 WTO 회원국은 148개국이며 본부는 스위스제네바에 있다.

- **세계화(Globalization)** 국가 간 무역과 투자의 범위가 세계적으로 확대되어 세계시장이 하나로 통합되는 현상.

- **소비자 지향(Consumer Orientation)** 기업은 소비자의 욕구충족을 위하여 존재한다. 소비자 지향은 4"P"전략에 따른다. 4"P"전략은 소비자가 원하는 ① 가격(Price), ② 판매촉진(Promotion), ③ 판매경로(Place), ④ 제품(Products)이 무엇인가를 알아내어 소비자의 욕구를 만족시키는 것이다.

- **소명(Calling)** 직업은 하나님의 부르심이다. 사람은 맡은바 직무를 하나님의 소명으로 알고 최선을 다해야 한다.

- **스미스(Adam Smith, 1723-1790)** 아담 스미스는 글레스코 대학의 도덕철학 교수로서 『도덕감정론』과 『국부론』을 저술하였다. 국부론은 경제학 이론을 최초로 종합함으로써 경제학이 독립적인 학문체계를 이루게 되었다. 아담 스미스는 경제학의 아버지라고 부른다.

- **예방의 원칙(Precautionary Principle)** 과학적인 근거가 확실하지 않으나 환경오

염이 발생될 것이 예상되면 과학적인 증명이 이루어 지지 않았더라도 환경오염을 예
방하기 위한 필요한 조치를 취해야 한다.

- **오염자부담원칙(Polluter Pays Principle: PPP)** 환경오염을 발생시킨 자는 환경
개선 비용을 부담하여 환경오염 상태를 치료하여야 한다.
- **유엔무역 및 개발회의(United Nations Conference for Trade and
Development: UNCTAD)** 1964년 개발도상국의 산업화, 무역 및 경제 개발을 지
원하기 위하여 설립한 유엔 상설기관으로서 본부는 스위스 제네바에 있다.
- **윤리강령(Code of Ethic)** 윤리강령은 기업이 추구하는 최고의 가치와 행동기준을
정하고 이를 내외에 공표하여 실천할 것을 약속한다. 이에 따라 기업의 사회적 책임
을 실천하고 투명경영을 도모한다.
- **윤리(Ethic)** 사람이 지켜야 하는 도리로서 윤리를 따르는 행위는 옳다고 사회가 인
정한다.
- **이해관계자(Stakeholder)** 이해관계자는 기업경영에 영향을 주거나 받는 개인, 지
역사회 및 조직을 말한다. 이해관계자는 제1차 이해관계자와 제2차 관계자로 나뉘어
진다. 제1차 이해관계자는 근로자, 주주, 채권자, 소비자, 공급자 등이 포함되며, 2차
관계자에는 지역사회, 생태계, 해외진출지역 금융기관, 경쟁자 등이 속한다.
- **인권(Human Rights)** 인간으로서의 존엄성이 존경받을 권리. 누구도 타인의 인권
을 침해할 수 없다.
- **자기실현의 욕구(Self-actualization)** 마슬로우(Maslow)에 의하면 사람의 욕구는
5단계로 구성되어 있는데 상위단계의 욕구는 하위단계의 욕구가 충족되어야 충족된
다. 욕구단계는 ① 생리적 욕구, ② 안전의 욕구, ③ 소속의 욕구, ④ 존중의 욕구, ⑤
자기실현의 욕구로 이루어져 있다.
- **자본주의(Capitalism)** 자본주의는 사유재산제도, 영리 추구 및 자유경쟁을 원칙으
로 하는 경제체제로서 개인의 이익추구 항위를 중시한다.
- **자유무역(Free Trade)** 국제무역에서 관세장벽 및 비관세장벽을 제거한 무역체제.

자유무역은 세계의 생산과 고용을 증가시킨다.

• **절대빈곤(Absolute Poverty)** 1인당 1일 국민소득이 1달러 미만인 사람들로서 세계의 10억 인구가 절대적 빈곤에 처하여 있다.

• **제조물 책임(Product Liability)** 생산자는 제품의 결함으로 소비자가 피해를 입었을 때 피해자에게 그 손해를 배상하여야 하는 책임이 있다.

• **중상주의(Mercantilism)** 중상주의는 15세기로부터 18세기 중엽에 이르러 경제 및 정치의 주요 지배원리로서 국부는 무역에 의하여 금 또는 화폐를 많이 획득한 경우에 축적된다고 본다. 중상주의는 항해술의 발달, 신대륙의 발견, 인도항로의 발견, 금광의 발견 등에 의하여 촉진되었다.

• **지속가능개발(Sustainable Development)** 현재 세대는 미래세대가 그들의 필요를 충족시킬 수 있는 능력을 훼손시키지 않는 범위 내에서 개발을 하여야 한다.

• **청지기(Steward)** 주인의 부탁으로 주인의 일을 전적으로 맡아서 하는 사람.

• **최혜국대우(Most Favoured Nation Treatment)** GATT 회원국은 어떤 회원국에게 관세상의 특혜를 제공하면 다른 회원국에도 같은 대우를 해줌으로써 모든 회원국에 대하여 무차별 대우를 해야 한다.

• **토니(R. H. Tawney)** 토니는 열렬한 개신교도로서 『종교와 자본주의의 발흥』을 저술하였다. 토니는 개신교가 자본주의 발흥에 미친 영향은 긍정적으로 인정하나 교황, 루터, 크롬웰 등의 반민중적이고 비인간적인 면모와 행위를 비난하였다. 토니는 막스 베버의 프로테스탄트 윤리와 자본주의 정신에 대하여는 대체로 인정하였다.

• **프리드만(Milton Friedman)** 미국의 경제학자로서 시카고학파의 태두이다. 19세기에 유럽을 지배하였던 자유주의 시장경제를 되살려 신자유주의를 주장하였다. 재정정책보다 금융정책에 우선권을 두어야 한다고 주장하였다. 1976년 노벨 경제학상을 받았다. 기업의 사회적 책임론에 대하여 반대론을 주장하였다.

• **환경 쿠즈넷 곡선(Environmental Kuznets Curve: EKC)** EKC는 소득수준이 낮을 때 소득이 증가하면 환경오염도 증가하나, 소득이 어느 최고점을 통과하여 증가하

면 환경오염은 감소하는 현상을 말한다.

- **황금률**(Golden Rule) 남으로부터 대접을 받고자 하면 먼저 남을 대접하라는 가르침으로서 이웃관계의 대강령이다.

- **해외직접투자**(Foreign Direct Investment: FDI) 해외에 생산 및 유통기지를 설립하기 위하여 해외투자를 하는 경우.

- **해외간접투자**(Portfolio Investment) 외국의 주식 및 채권에 투자하는 경우

❖ 참고문헌

• 강원돈, 『인간과 노동』 성남: 민들레책방, 2005.

• 강위규, 『기독교와 직업논리–한국적 노사 협상을 중심으로–』 서울: 도서출판 동서남
　북, 1992.

• 경실련, 『윤리경영이 경쟁력이다』 서울: 예영커뮤니케이션, 2002.

• ＿＿ , 『새로운 경쟁력 기업의 사회적 성과』 서울: 예영커뮤니케이션, 2002.

• 고범서, 『라인홀드 니버의 생애와 사상』 대화문화아카데미, 2007.

• 김기찬, "기업윤리경영 실태조사 평가표 개발 및 실태조사 관한 연구," 서울: 산업정책
　연구원 및 산업자원부, 2002. 11.

• 김세열, 『기독교 경제학』 서울: 도서출판 무실, 1990.

• 김재영, 『직업과 소명』 서울: IVP, 1989.

• 김춘호, 『가톨릭교회와 사회변혁』 왜관: 분도출판사, 1998.

• 김태진, 이삼열 임희섭, 황경식, 『삶과 일』 서울: 정음사, 1986.

• 김형기, 『두 얼굴을 가진 하나님: 성서로 보는 미국노예제』 (주) 살림출판사, 2003.

• 김홍기, 『존 웨슬리의 경제윤리』 서울: 대한기독교서회, 2001.

• 고범서, 『기독교와 사회윤리』 서울: 범화사, 1983.

• 대천덕, 『토지와 경제정의』 서울: 홍성사, 2003.

• 류상영, "부패라운드와 정부 기업관계" 서울: 삼성경제연구소, 기업윤리 심포지움,
　2004. 2. 18.

• 류정순 "2004년의 빈곤현황과 전략대안" 함께하는 여성회 창립대회 보고, 서울: 한국
　빈민 문제연구소, 2004.

• ＿＿＿＿, 이한주, 류기철, 『소득분배 정의와 기초생활 보장제도』 서울: 한국빈민문제

연구소, 2004.

• ────, 『외환위기 이후 한국의 빈민규모 추정』 서울: 한국빈민문제연구소, 2000.

• 맹용길, 『크리스챤의 사회의식』 서울: 대한기독교출판사, 1981.

• ────, 『현실과 책임』 서울: 성광출판사, 1981.

• 박영호, 『교회와 산업사회』 서울: 기독교문서선교회, 1984.

• 박찬용, "불평등 빈곤과 재분배 정책 과제," 한국보건사회연구원, 2003.

• 삼성경제연구소, "윤리경영의 선진 사례와 도입방안," 2002. 6. 5.

• 서인석, 『성서의 가난한 사람들』 서울: 분도출판사, 2판, 1983.

• 손규태, 『세계화 시대의 기독교』 서울: 한들아카데미 2007.

• 신기영, 『기업윤리』 서울: 한들, 1998.

• 유미호, 기독교환경운동연대, 『개신교 환경운동의 과거, 현재 그리고 미래』 2001. 11.

• 윤석범, 『성장, 체제, 빈곤의 경제학』 서울: 학민사, 1983.

• 이기우, "빈민운동과 한국천주교회," 한국빈민문제연구소, 2003.

• 이두호 외 3인, 『빈곤론』 서울: 나남, 1981.

• 이만기, 『기독교와 경제윤리』 서울: 일신사, 1992.

• 이병찬 "전적타락과 기업윤리," 한국로고스경영학회, 2003년 춘계학술대회, 2003. 5. 16.

• 이원재, 『전략적 윤리경영의 발견』 서울: 삼성경제연구소, 2005.

• 이운재, 『성경 속의 경제학』 서울: 숭실대학교 출판부, 2004

• 이한주, 『기업과 사회』 서울: 탑21 Books, 2004.

• 이형준, 서영보, 『기업의 사회적 책임이란 무엇인가?』 한국경영자총협회 부설 동경제 연구소, 2004.

• 임인호, 『영성과 소유』 서울: 한들출판사, 2004.

• 류상영, "부패라운드와 정부, 현대사회와 기독교윤리" 서울: 장로회신학대학 기획실, 1991.

- 전국경제인연합회, "기업윤리의 기업가치 및 성과간의 관계분석," CEO Memo, 2003. 2.
- 재정경제부 외, "일을 통한 빈곤 탈출 지원정책" 2004. 11. 10, 제56회 국정과제회의 자료.
- 조용훈, 『기독교환경윤리의 실천과제』 서울: 대한기독교서회, 1997.
- 채수일, "기독교 신앙과 경제문제" 서울: 한국과학연구소, 1993
- 최인철, "한국기업의 도덕적 해이 최소화 방안" 서울: 삼성경제연구소 기업윤리 심포지엄, 2004. 2. 18.
- 최재선, 『경제윤리론』 서울: 법문사, 2003.
- 한국개혁신학회, 『개혁신학과 경제윤리』 서울: 한들출판사, 1999.
- ──────, 『신약성경의 경제원리』 서울: 한들출판사, 1998.
- 한국교회환경연구소 편, 『현대생태신학자의 신학과 윤리』 서울: 대한기독교서회, 2006.
- 한국기독교문화연구소, 『기독교와 마르크시즘』 서울: 도서출판 풍만, 1988.
- 한국기독교윤리협회, 한국복음주의윤리학회 편, 『경제문제와 기독교 윤리』 서울: 예영커뮤니케이션, 2004.
- 한국빈곤문제연구소, "빈민의 생존권과 노동권은 보장되고 있는가?" 창립기념 공청회 자료집, 2001.
- 한국신약학회, 『신약성서의 경제윤리』 서울: 한들, 1998.
- 황봉환, 『기독교경제윤리』 서울: 예영커뮤니케이션, 2003.
- 황선명, 『직업윤리』 서울: 일문사, 1987.
- 황의서, 『경제와 신앙』 서울: 시그마프레스, 2003
- ____ , 『경제발전과 경제윤리』 서울: 서광사, 2002.
- 허순중, "21세기 빈곤문제에 대한 기독교의 대응방안" 『창립기념공청회논문집』 한국빈곤 문제연구소, 2003.

• 호남신학대학교(편), 『기독교와 경제』 서울: 한들출판사, 1999.

• Alcon, Randy, *Money, Posession and Eternity*, Tyndal House Publishers, 2003, 김신허 역, 『돈, 소유, 그리고 영원』, 서울: 예경커뮤니케이션, 2006.

• Allen, William R. and Louis K. Bragaw, Jr., *Social Forces and the Manager, Readings and Cases*, New York: John Wiley & Sons, 1982.

• American Bar Association, *Report of the American Bar Association Task Forces on Corporate Responsibility*, 2003. 3. 31.

• Anderson, Kym, *Agricultural Trade Reform and Poverty Reduction in Developing Countries*, The World Bank, Working Paper, no. 3396, 2004.

• Anshen, Melvin, *Corporate Strategies for Performances*, New York: Macmillan Publishing Co., Inc. 1980.

• Authur, John & William H. Show, (ecs), *Justice and Economic Distribution*, Englewood Cliffs, N. J.: Prentice–Hall, Inc.,1978.

• Atkinson, A. B., *Social Justice and Public Policy*, Cambridge, MA.: The MIT Press, 1983.

• Baker, Judy, and Nina Schuler, *Analyzing Urban Poverty: A Summary of Methods Approaches*, The World Bank Working Paper, no. 3399.

• Baker, Raymond, *Capitalism's Achilles Heel*, 건혜정 역, 『자본주의의 아킬레스건』 지식의 숲, 2007.

• Backman, Jules, (ed), *Social Responsibility and Accountability*, New York: New York University, 1975.

• Beach, Walds and H. Richard Niebuhr, *Christian Ethics— Sources of the Living Tradition*, New York: The Ronald Press Co., 1973, 김중기 역, 『기독교 윤리학』 대한기독교출판사, 1985.

• Beauchamp, Tom L. and Norman E. Bowie, *Ethical Theory and Business*, 2nd Ed., Englewood Cliffs, N. J.: Prentice-Hall Inc., 1983.

• *Behrman, J. N., Discussion on Ethics and Business*, Cambridge MA.: Oelgeschlager Gum and Haim Inc. Publishers, 1981.

• *Beisner, E, Calvin, Prosperity and Poverty*, Wheaton Ill.: Crossway Books, 1988, 김재영 역, 『경제정의 실천을 위한 바른 경제윤리』 서울: 도서출판 나침판사, 1993.

• Bieler, Andre, *The Social Humanism of Calvin*, John Knox Press, 홍치모 역, 『칼빈의 경제윤리』 서울: 성광문화사, 1985.

• Boerma, Conrad, Richman, *Poorman, and The Bible*, SCM Press Ltd., 김철영 역, 『성서의 가르침에서 본 부자와 가난한 자』 서울: 성지출판사, 1998.

• Brakelmann, Guenter, *Zur Arbeit geboren*, Bockum: SWI-Verlag Bechum, 1988, 백용기 역, 『기독교노동윤리』 한들출판사. 2004.

• Brunner, Emil, *Justice and the Social Order*, 전택부 역, 『정의사회질서』 서울: 평민사, 1976.

• Burkett, Larry, *Using Your Money Wisely*, Chicago: Moody Press, 정득실 역, 『돈 잘 쓰는 그리스도인』 서울: 생명의 말씀사, 1994.

• Busse, Mathias, "Trade, *Environmental Regulation and the World Trade Organization-New Empirical Evidence*," The World Bank Working Paper, no. 3361, 2004.

• Carnegie, Andrew, *The Gospel of Wealth Essays and Other Writings*, New York Penguin Books, 2006.

• Cannon, Tom, *Corporate Responsibility*, London: Pitman Publishing, 1992.

• Cartright, S. A. & Michaela, J. Naighton, *Rethinking the Purpose of Business*, Notre Dame, University of Notre Dame Press, 2002.

• Cavanagh Gerald F., *American Business Values*, 2nd Ed, Englewood Cliffs, N. J. : Prentice-Hall Inc., 1984.

• Chewning, R. (ed), *Biblical Principles and Business: The Practice*, Colorado Springs Colorado, 1990, 기독경영연구회 역, 『기업경영과 성경적 원리』 1993.

• ────, John W. Eby and Shirley J. Roels, *Business Through The Eyes of Faith*, Christian College Coalition, 1990, 안동규 및 한정화 역 『신앙의 눈으로 본 경영』 서울: 한국기독학생회출판부, 1995.

• Cressey, Donald R. & Charles A. Moore, "Managerial Values and Corporate Codes of Ethics," *California Management Review.* Vol. 25. no.4, Summer, 1983.

• Davis, Keith and William C. Frederick, 5th Ed., *Business and Society*, Management, Public Policy, Ethics, McGraw-Hill International Book Company, 1984.

• De George, R. T., *Business Ethics*, New York: Macmillan Publishing Co., Inc., 1982.

• Desjardins, Joseph R., and John J. McCall, *Contemporary Issues in Business Ethics*, Blamont, CA.: Wadsworth Publishing Co., 1990.

• Dehejia, Rajeev, Kathleen Beegle, and R. Gatti, "Why Should We Care About Child Labor? The Education, Labor Market, and Health Consequences of Child Labor," The World Bank Working Paper, no. 3479, 2005.

• Donaldson, Thomas, *Corporation and Morality*, Englewood-Cliffs N. J. : Prentice-Hall, Inc., 1982, 유장선 역, 『기업윤리』 서울: 법문사, 1995.

• Dollar, David, "Globalization, Poverty and Inequality Since 1980," The World Bank Working Paper, no. 3333, 2004.

• Elbers, Chris, T. Fujii, Peter Lanjouw, Berk Oezler, and Wesley Yin, "Poverty Alleviation through Geographic Targeting: How Much Does Disaggregation

Help?", The World Bank Working Paper, no. 3419, 2004.

• Friedman, Benjamin M. *The Moral Consequences of Economic Growth*, New York, Vintage Books, 2005

• Friedman, Milton, *Capitalism and Freedom*, Chicago: The University of Chicago Press.

• ______ , *Essay in the in Positive Economics*, Chicago: The University of Chicago Press, 1953.

• Ford, Henry, *My Life and Work*, Heinemamn, 1923.

• George, Sasan, *The Rugano Reports*, 이대훈 역 『루가노 리포터』 도서출판 당대, 2006.

• Gilbert, Jr. Donald R. *Ethics Through Corporate Strategy*, Oxford: Oxford University Press, 1996.

• Green, Robert W., *Protestantism and Capitalism: The Weber Thesis and Its Critics*, D. C. Heath and Company, 1959, 이동하 역 『프로테스탄티즘과 자본주의』 서울: 종로서적.

• Grenz, Stanley J., *The Moral Quest–Foundation of Christian Ethics*, Downers Glove, Il., 1997, 신원하 역, 『기독교 윤리학의 토대와 흐름』 IVP, 2001.

• Harvey, Brian, and John D. Hallet, *Environmental Society: An Introductory Analysis*, Cambridge, MA.: The MIT Press, 1979.

• Haughey, John C., *The Faith that Does Justice*, New York: Paulist Press, 1978, 성염 역, 『정의를 실천하는 신앙』 왜관: 분도출판사, 1980.

• Hay, Donald, *A Christian Critique of Capitalism(1972), A Christian Critique of Socialism(1985)*, Bramcote Notingam England: Grove Books, 김정식 역, 『자본주의와 사회주의』 한국기독학생회출판부, 1990.

• ————, *Economic Today, A Christian Critique*, Inter Varsity Press, 1989. 전강

수, 조상국, 한동근 역, 「현대경제와 청지기 윤리」 한국기독학생회출판부, 1998.

- Hayek, F. A., *Road to Serfdom*, London: George Rownerllge, 1946.
- Heilbroner, Robert L., *The Making of Economic Society*, 2nd Ed, Englewood Cliffs, 1968.
- __________, *The Worldly Philosophers*, 장상환 역, 「세속의 철학자들」 이마고, 2005
- Hengel, Martin, *Property and Riches in the Early Churches*, 송영익 역, 「초대교회의 문제, 부와 재산」 서울: 지평서원, 1993.
- Hoeffner, Joseph K., *Christliche Gesellschaftliches*, Verlag Butzon Bercker, 1975, 박영도 역 , 「그리스도교 사회론」 왜관: 분도출단사, 1979.
- Hood, John U., *The Heroic Enterprise*, New York: The Free Press, 1996.
- Hurst, Nathan E, *Corporate Ethics, Governance and Social Responsibility: Comparing European Business Practices to Those in the United States*, Santa Clara University, Spring, 2004.
- International Monetary Fund, *Poverty Reduction Strategy Paper–Operative Users*, IMF and the World Bank, December 10, 1999.
- ____, *Evaluation of the IMF's Role in Poverty Reduction Strategy Papers and the Poverty Reduction and Growth Facilities*, Independent Evaluation Office, IMF, 2004.
- _____, *The Poverty Reduction and Growth Facility(PRGF)*, *A Factsheet*, September 2004.
- Jones, Donald G. (ed), *Businesses, Religion and Ethics, Inquiry and Economics*, Cambridge, MA.: Oelgeschlager, Gum & Haim, Publishers, Inc., 1982.
- Johnson, Luke T. *Sharing Possessions*, 최태영 역, 「소유와 분배」 서울: 도서출판

대장간, 1990.

• Klag, Rabin K., *Counting the Cost, the Economics of Christian Stewardship*, Grand Rapids, Mich: William B. Erdmans Publishing Company, 1986.

• Lopez, Humberto, *Pro-growth, Pro-poor: Is These a Tradeoff?* The World Bank Working Paper, no. 3378, 2004.

• Manne, Henry G., and Henry C. Wallich, *The Modern Capitalism and Social Responsibility*, Washington D. C.: American Enterprise Institute for Public Policy Research, 1972.

• McKie, James W. (ed), *Social Responsibility and The Business Preticament*, Washington D. C.: The Brookings Institute, 1974.

• Meeks, Dougla, *God the Economist: The Doctrine of God Political Economy*, Minneapolis: Fortress Press, 1989.

• Myers, Mitton L., *The Soul of Modern Economic Man: Ideas of Self-Interest Thomas Hoffes to Adam Smith*, Chicago: The University of Chicago Press, 1983.

• Mueller, Jerry Z. *The Mind of and the Market*, Notre Dame Press, New York: Randome House, Inc. 2002, 서한주, 김청한 역, 『자본주의 매혹』 서울: Human & Books, 2006.

• Nash, Ronald H., *Poverty and Wealth, the Christian Debate over Capitalism*, Westchester, Ill.: Crossway Books, 1986, 이상용 역, 『기독교와 자본주의』 서울: 한 뜻으로, 1991.

• Nell-Breuning, Oswald von, *Kapitalismus kritisch betrachtet, Zur Anseinandersetzung um das blessere System?*, Verlag Herder KG Freiburg im Breisgau, 1974, 김종민 역, 『자본주의론-체제개선을 위한 분석』 왜관: 분도출판사, 1986.

• Novak, Michael, and John W. Cooper (eds), *The Corporative: A Theologicall Inquiry,* Washington D. C.: American Enterprise Institute for Public Policy Research, 1981.

• ──────, *The Catholic Ethic and the Spirit of Capitalism,* New York: the Free Press, 1983, 허종열 역, 『가톨릭 윤리와 자본주의 정신』 한국경제신문사, 1993.

• OECD, "Accelerating Pro-Poor Growth through Support for Private Sector Development: An Analytical Framework," OECD 2004.

• ──────, "Encouraging the Positive Contribution of Business to Environment through the OECD Guidelines for Multinational Enterprises, Roundtable on Corporate Responsibility," June 2004.

• Paggy, Gianfranco, *Calvinism and the Capitalist Spirit, Max Weber's Protestant Ethic,* Amherst: The University of Massachusetts Press, 1983.

• Pejovich, Svetozar, (ed), *Philosophical and Economic Foundations of Capitalism,* D. C. Heath and Company, 1983.

• Pemberton, Prenties C.. and Daniel Rush Finn, *Toward A Christian Economic Ethic,* Winston Press, 1985.

• Petkoski, D., and C. I. Essvig, (eds), *A Report of the E-Conference on Business Ethics of Corporate Accounting: The Search for Standards,* September 27 2002, The World Bank Institute and The Ethics Officer Association.

• Phelps, E. S., *Economic Justice,* Harmondeswarths Middlesex, England: Penguin Books Ltd., 1973.

• Rich, Arthur, *Wirtschaftsethik, Grundlagen im Theologischer Perspective,* Guetersloh, Guetersloher Verlagshaus, Gerd Mohn, 1984, 강원돈 역, 『경제윤리』 서울: 한국신학연구소, 1993.

• Rovallion, Martin, "Competing Concept of Inequality in the Globalization Debate," The World Bank Research Working Paper no. 3243, 2004.

• ――――, "Looking beyond Averages in the Trade and Poverty Debate," The World Bank Research Working Paper, no. 3461, 2004.

• Rotter, Hans, *Christliches Handeln*, Koeln: Verlag Styria, 안명옥 역, 「그리스도교 윤리―근거와 특성」 서울: 분도출판사, 1987.

• Sack, Jeffrey O, *The End of Poverty*, 김한구 역, 「빈곤의 종말」 서울: 21세기 북스, 2006.

• Schaeffer, Franky(ed), *Is Capitalism Christian?* Westchester, Ill.:, Crossway Books, 1985.

• Schumpeter, Joseph A., *Capitalism, Socialism and Democracy*, New York: Harper & Row, Publisher, 1950.

• Sethi, S. Prakash and Carl L. Swansson, *Private Enterprise and Public Purpose*, New York: John & Wiley & Sons, 1981.

• Shaw, William H., *Business Ethics*, Belmont, CA.: Wadsworth Publishing Co., 1991.

• Sider, Ronald J. *Rich Christian in an Age of Hunger*, Nashville: Ward Publishing, 1997, 한화동 역, 「가난한 시대를 사는 풍요한 그리스도인」 한국기독학생 회출판부, 1998.

• Smith, HI Adam, *An Inquiry into the Nature and Causes of the Wealth of Nations*, New York : The Morden Library, 1737.

• Stapleford, John E., *Bulls, Bears, & Golden Calves: Applying Christian Ethic in Economics*, Downers Glove: IVP, 1984.

• UNDP, *Human Development Report 2004*, Cultural Liberty in Today's Diverse World, 2004.

• UNEP, 2004 *Annual Report*, 2005.

• UN Secretary General, "Investing in Development: A Practical Plan to Achieve the Millennium Development Goals," The UN Millennium Project, 2005.

• Van Dyke, Fred, David C. Mahan, Joseph K. Sheldon, and Raymond H. Brand, *Redeeming Creation The Biblical Basis for Environmental Stewardship*, Downers Glove Ill.: IVP, 1993, 유영철 역, 『환경 문제와 성경적 원리』 한국기독학생회출판부, 1999.

• Velaqurez, Manuel G., *Business Ethics: Concept and Cases*, 5th Ed., Prentice Hall, 2002, 한국기업윤리경영연구원 역, 매일경제신문사, 2002.

• Vermes, Geeza, *Jesus and the World of Judaism*, London: SCM Press Ltd, 1986.

• Walton, Clarence C. *Corporate Social Responsibilities*, Belmont CA: Wardworth Publishing Co., Inc., 1967.

• Weiss, Joseph W., *Business Ethics*, 2nc ED., Fort Warth, Phl.: The Dryden Press, 1998.

• Williams, Oliver and John Houck(eds), *The Judeo-Christian Vision and the Modern Corporation*, Notre Dame & London: University of Notre Dam Press, 1982.

• Wingeren, Gustaf, *Luther on Vocation*, Phi.: Muhlenberg Press, 1957.

• World Bank *"Poverty and Growth-Manual,"* 2004.

• ______, *World Development Report 2000/2001* Attacking Poverty, Oxford University Press, 2001.

• ______, *"Poverty and Government,"* April 2000.

가난한 부자(하나님의 경제)

2008년 5월 30일 초판 발행
저   자 • 김 영 생
발 행 인 • 김 수 곤
발 행 처 • 선 교 횃 불
등 록 일 • 1999년 9월 21일 제54호
등록주소 • 서울시 송파구 삼전동 103번지
총   판 • 선 교 횃 불
　　　　전 화: 02)2203-2739
　　　　팩 스: 02)2203-2738
　　　　이 메 일: 02)2203-2738
　　　　홈페이지: www.ccm2u.com